하나님과의 독대

기도의 **힘**과 **권능**

서종한 지음

하나님과의 독대

신교횃불

차 례

서문

제가 이 책을 쓰게 된 동기는 제 자신에게 묻게 된 두 가지 물음에서 시작되었습니다. 첫 번째 물음은 지난 10년간 교회를 다니면서 '내 자신이 주님을 경외하며 참된 믿음의 신앙인으로서 깊이 있는 영적 성장의 신앙생활을 해오고 있었는지?'하는 반성의 물음이었습니다. 그리고 두 번째 물음은 앞으로 살아갈 여생을 정말 하나님을 기쁘시게 할 만한 동기로 단 한 가지만이라도 찾아서 시작해 보고자 하는 결단에 대한 물음이었습니다.

저는 그 구심점을 찾기 위해 한동안 고심한 결과 신앙생활의 중심에 가장 중요한 것이 기도라는 사실을 깨닫게 되었고, 하나님이 기뻐하시는 일 중에 무엇보다 복음을 전하는 전도가 중요하다는 것을 다시금 알게 되었습니다. 그래서 저는 본격적으로 기도에 관한 체계적인 공부를 하는 것과 하나님을 기쁘시게 할 동기로 복음 전도를 효과적으로 추진할 수 있는 실행방안을 고민하던 차에 신앙서적(기도서)을 집필해야겠다는 결단을 내리게 되었습니다. 그렇게 목표를 세우지 않고서는 영적 게으름으로 인해 또 다시 옛날처럼 밋밋한 신앙생활을 답습할 것만 같았습니다.

그런데 황무지에 가까운 메마른 신앙생활을 해온 제가 막상 기도에 관한 책을 내겠다는 결단을 내리자 두려워졌습니다. 왜냐하면 신학을 공부한 학자도 아니고 목회자나 선교사, 전도사도 아닌 평범한 평신도에 불과한 제가 어디서부터 시작해야 할지 몰랐기 때문입니다. 저는 원래 컴퓨터

S/W 분야를 전공한 개발자(프로그래머) 출신으로 관련 전공서를 여러 권 출간하기도 했습니다만, 전혀 다른 분야의 기독교 서적을 펴낸다는 것은 정말이지 저에게 큰 도전이었습니다. 또한 수년간 미지근한 신앙생활로 인해 기도에 대한 아무런 응답 체험도 없었기에 주님의 허락과 간구를 구해야만 했습니다. 그 허락이란 제가 기도에 관한 책의 집필에 착수해도 괜찮은가 하는 문제였습니다. 또 다른 문제는 원고를 집필하는 중에 기도 응답의 직접적인 체험 없이는 이 책을 낼 수 없겠다는 염려가 앞섰습니다. 그래서 저의 첫 시작은 주님께 이 두 가지 문제를 기도제목으로 놓고 기도하는 것이었습니다.

그러던 어느 날 성경을 펼쳐 읽던 중 문득 마음속에 제 자신이 그동안 살아오면서 지은 죄를 주님 앞에 고백하고 용서를 구하지 않고서는 안 되겠다는 생각이 들었습니다. 그날 밤 저는 태어나서 처음으로 무릎을 꿇고 저의 죄를 고백하고 시인하며 지은 죄를 용서하옵소서라는 간구의 기도를 주님 앞에 전심을 다해 드렸습니다.

그런 후 저는 책을 쓰려는 동기 및 원고의 집필 착수에 대한 허락해주심을 간구하는 기도를 드렸습니다. 또한 허락을 하신다면 제가 직접 기도의 응답체험을 해보지 않고서는 책으로서의 가치를 상실하게 됨을 주님께 솔직하게 아뢰면서 간절한 마음으로 기도를 드렸습니다. 나의 기도입문은 이렇게 시작되었습니다.

기도를 하면서 마음에 응어리진 죄의 보따리가 떨어져 나가고 그 자리에 평안과 담대함이 자리를 잡으면서 매일 조금씩 성경 말씀을 소리 내어 읽어나가며 가까이 하게 되었습니다. 책을 내겠다는 마음보다는 기도의 실체에 관한 연구와 기도하기에 힘쓰고 말씀을 묵상하며 직접적인 실천에 옮겨가는 과정들을 통해 자신이 나날이 변화되어가고 있음을 알게 되었습니다. 말씀이 정말 송이 꿀보다 더 달고 말씀을 사모하며 말씀을 찾는 재미가 쏠쏠했습니다. 성경공부와 읽기를 매일 꾸준히 해가던 중 눈이 밝아지고 깨달은 것을 메모하고 기도해가며 집중적으로 성경말씀을 파헤치기 시작했습니다. 원고를 집필하는 중 시간가는 줄도 모르고 새벽까지 글을 쓴 적도 많았습니다.

그렇게 시간이 흐르던 중, 나는 하나님이 어떤 분이시며 하나님이 우리들에게 보여주시는 인도하심과 그분의 뜻과 길이 무엇인지 성경을 통하여 하나하나 알아가기 시작했습니다. 동시에 나는 기도와 관련된 여러 응답 체험의 간곡한 청을 기도로 하나님께 진심으로 구했습니다. 사실 본격적인 기도에 들어가기 전 나에게 떠오르는 생각은 정말 내 기도를 하나님께서 듣는 것일까? 그렇다면 정말 내 기도에 응답해주시고 체험을 할 수 있는 것인가 하는 진지한 의문이 나를 사로잡고 있었습니다. 나는 내 믿음을 시험하였고 '하나님을 기쁘시게 할 동기로 내린 결단이오니 주님께서 응답해주시리라 믿습니다.'라는 거리낌 없는 속마음을 내보이며 전심으로 기도하기 시작했습니다. 그렇게 달이 바뀌면서 2017년 11월 5일 늦은 저녁 시간에, 저에게 뜻밖의 초자연적인 방식으로 주님의 응답이 임하여 평생 잊지 못할 경이로운 초자연적인 체험을 하게 되었습니다. 정말 그런 일이 일어나리라곤 상상조차 못했습니다.

하나님의 음성을 약 3분간에 걸쳐 오른쪽 귀로 직접 듣게 되었고, 이후 이어서 다음해 2월에는 하나님의 영광을 두 눈으로 제가 직접 보게 된 것입니다. 이 체험들이 바로 이 책을 집필하는 기간 중에 일어난 일들입니다. 하나님은 저의 기도에 놀라운 방식으로 응답을 해주시고 저의 얄팍한 믿음의 신앙관을 송두리째 바꾸어놓았습니다.

사실 저는 기도에 관한 하나님의 응답 체험을 못하게 되면 원고 집필을 접으려고 했습니다. 그런 생각의 배경에는 그동안 올바른 신앙생활을 해오지 못한 죄스러운 마음이 늘 도사리고 있어서 기도 응답의 불안감을 떨칠 수 없었기 때문입니다. 그래서 더더욱 하나님 앞에 무릎을 꿇고 전심을 다해 쉬지 않고 기도에 임하게 되었던 것입니다.

지속적인 기도의 응답 체험을 한 이후로 저는 세상을 바라보는 관점이 완전히 뒤바뀌게 되었고, 하나님이 정말 살아계시고 오늘날에도 역사하신다는 것이 제 마음속에 확고한 증거로 남게 되었습니다. 하나님께서는 저를 교훈시키려고 응답체험을 통하여 깨닫게 하셨습니다. 체험하길 원하는 간구의 기도 요청에 응답하셔서, 이 책에 기도의 힘과 실제적인 증거를 입증하는 놀라운 체험과 간증들을 넣을 수 있도록 때에 따라 순적하게 인도해주셨습니다. 또한 하나님께서는 이 책을 쓸 수 있도록 허락하심을 성령님의 인도를 통하여 환경으로 알려주시기도 했습니다.

성경은 분명히 예수님의 초자연적 역사하심을 곳곳에서 보이셨음을 기록하고 있습니다. 성경 말씀이 곧 하나님이기 때문에 성경에 기록된 기적의 현상을 부인하는 것은 그분을 대적하는 행위입니다. 예컨대 거짓선지자들의 표적과 기사로 미혹하는 행위는 조심해야 합니다. 또 우리는 그런 사람들을 분별할 수 있는 영 분별력을 가져야 합니다. 예수 그리스도는 어제나 오늘이나 영원토록 동일하신 분입니다. 앞으로도 하나님의 강력한 임재 아래 이런 기적적인 개인의 체험과 부흥의 열기는 전 세계 곳곳에서 지속적으로 일어날 것입니다. 저는 결코 체험을 강조하는 것이 아닙니다. 그러나 분명한 점은 하나님을 경험하지 않고서는 뜨거운 신앙생활을 할 수 없다는 점입니다. 신앙생활의 핵심을 이루는 근간은 '말씀과 기도, 응답과 체험'에 있습니다. 이 네 가지 중 어느 한쪽에 편중되어서도 안 됩니다. 어느 한쪽을 버려서도 안 됩니다. 어느 한쪽을 외면해서도 안 됩니다. 말씀을 읽고 묵상하며, 기도를 하고 주님의 음성을 귀 기울여 들으며, 응답을 간절히 기대하며, 응답결과의 체험을 통하여 그분의 뜻과 길을 깨닫고 감사와 회개함의 자연스런 순환이 일어나야 합니다.

성경을 알아간다는 것은 곧 하나님이 누구시며 그분이 어떤 분이신가를 아는 것입니다. 저는 그분의 온전하신 뜻이 성경에 담겨 있고 우리는 기도로써 그분의 성품과 뜻에 합당한 길을 응답으로 인도받아 그분에게 영광을 돌리는 삶을 살아가야 한다는 결론에 이르게 되었습니다.

제가 알게 된 또 한 가지는 신앙생활의 중심을 잡아주는 측면에는 반드시 기도가 있다는 사실입니다. 이 책에서 언급되는 내용들의 근간을 이루는 핵심도 바로 기도입니다. 하나님은 기도채널을 통하여 우리와 커뮤니케이션을 이루십니다. 하나님은 특히 기도의 동기가 어디에 있는지를 주목하십니다. 그분의 응답하심도 기도를 통해서 이루어집니다. 기도의 응답은 곧 그분의 뜻입니다. 그분의 인도하심과 역사하심도 기도를 통해서만 가능합니다. 인도하심과 역사하심의 배후에는 기도의 강력이 있습니다. 그리고 기도의 강력 뒤에는 전지전능하신 하나님의 권능이 계십니다.

이 책에 담긴 내용은 모두 기도의 힘과 증거에 집중되어 있습니다. 기도의 강력은 주님에 대한 믿음과 순종에서 나옵니다. 새가 날려면 두 날개가 반드시 필요하듯이 말이죠. 저는 이 책을 통하여 성경 말씀에 입각한 기도의 실전을 익혀 나갈 수 있으리라 확신합니다. 이 책은 기도의 이론적인 체계를 다루지 않습니다. 대신 기도의 실천을 완성시키는데 집중했습니다.

그럼에도 불구하고 부족함이 있습니다.

하나님은 완벽한 준비를 하시는 분입니다. 그분의 뜻과 길을 보여주시기를 말씀을 붙들고 갈급하게 기도하십시오. 기도는 영혼의 언어로 육의 세계에서 영적세계로 들어가는 관문을 통과하도록 해주는 도구입니다. 기도는 영과 혼의 불일치를 일치하게 만들어 부조화에서 조화로움으로 바꾸는 신비로운 힘이 있습니다. 말씀으로 기도의 문을 열게 되고, 그분을 향한 기도는 하늘의 문을 열게 하며, 응답으로 축복과 은혜의 문이 열려 어느 날 당신에게 쏟아질 것입니다. 그러므로 말씀은 곧 체험이라 할 수 있습니다. 무릇 사람이 할 수 없는 것을 하나님은 하실 수 있다고 하셨습니다. 우리는 단지 그분을 전폭적으로 신뢰하고 의지하며 주어진 말씀을 읽고 듣고 믿고 따르고 말씀대로 순종하며 믿음으로 행할 때 주님은 크게 기뻐하시고 우리의 기도 응답 요청을 결코 외면하시지 않을 것입니다.

그런즉 우리는 먼저 하나님의 나라와 하나님의 의를 구해야 합니다. 그러면 이 모든 것을 너희에게 더하시리라 말씀하셨습니다(마태복음 6:33).

이 책의 내용에 대해 전폭적인 지지를 해주시고 출간을 결정해주신 선교 횃불의 김수곤 대표님께 진심으로 감사의 마음을 전합니다. 그리고 항상 격려를 해주신 저의 어머니와 미국에 거주하는 매제님과 아낌없는 응원을 해준 첫째 여동생 서미경, 오빠를 늘 생각하는 둘째 여동생 서미옥과 든든한 응원자인 매제님, 막내 남동생 서종현과 책 출간의 기쁨을 함께 하고자 합니다. 그리고 뉴질랜드에서 선교활동을 하시며 귀한 자료 제공에 협조해주신 조철환 선교사님께 깊은 감사를 드리며, 그 외 이 책을 쓰는데 자료를 협조해주신 관계자 분들께도 감사함을 전합니다. 또한 책에 대해 여러 가지로 조언을 해주신 김정식 선배님께도 감사의 마음을 전합니다. 또 평소 지대한 관심을 가지고 격려와 중보기도를 해온 주안장로교회의 김인숙 권사님께 깊은 감사를 드립니다.

끝으로 이 책이 나오기까지 저를 인도하여 주신 주님께 감사와 영광을 돌립니다.

제 1 장

하나님의 뜻과 기도의 권능

「항상 기뻐하라 쉬지 말고 기도하라 범사에 감사하라 이것이 그리스
도 예수 안에서 너희를 향하신 하나님의 뜻이니라」(살전 5:16-18)

성경은 하나님의 말씀이 성령의 감동으로 기록된 것임이 틀림없다. 구약
(39권)과 신약(27권)에 걸쳐 전 66권에 담겨진 하나님의 말씀은 진리를 담고
있으며, 첫 페이지에서 마지막 페이지까지 하나님의 거룩한 뜻을 세세하게
전하고 있다. 짧은 문장으로 함축되어 표현된 말씀 구절들은 우리의 마음
을 경탄스러움으로 차오르게 한다. 주후 이천년이 지난 오늘까지도 언약
의 말씀은 불변이시다. 그분의 말씀은 생명이시며 생생하게 살아 움직이고
우리의 발걸음을 인도하시며 주의 본을 가르쳐 주시며 이끄시고 우리를 보
호하신다. 성경은 구약의 창세기부터 신약의 요한계시록에 이르기까지 '하
나님의 뜻'을 온전하게 담고 있는 보고(寶庫)이다. 성경은 당신의 영혼을 살
아 숨 쉬게 만드는 생명력을 가진 그분의 음성으로 말씀하심이 기록된 책
이다.

「하나님을 경외하고 그의 명령을 지킬지어다 이것이 모든 사람의 본분이니라」(전 12:13)

하나님께서 모세에게 자신을 "스스로 있는 자이니라" 말씀하셨다(출 3:14). 그분은 '영'이시며 주의 영이 계신 곳에는 자유가 있다고 하셨다(고후 3:17). 그분은 우리들을 지으신 창조주이시자 우리가 이 땅에서 살아갈 수 있도록 온갖 만물들을 창조하셨다. 하나님은 우리가 이 땅에서 하나님의 자녀로서 하나님의 계명을 지키고 하나님께 온전한 믿음으로 순종하고 하나님과 항상 교통하며 살아가기를 원하신다. 하나님께서는 나 외에 다른 신이 없으며 공의를 행하며 구원을 베푸는 하나님이라 하셨다(사 45:21). 또한 우리를 죽을 때까지 인도하시겠다고 말씀하셨다(시 48:14).

그분은 지금 이 순간에도 살아계시고 우리의 삶속에 개입하여 역사하시며 그분의 뜻을 펼쳐 나가신다. 우리가 성경을 펼칠 때에는 하나님과 만나기 위해 마음의 문을 열어젖히는 순간임을 늘 자각해야 한다. 성경은 말씀이 곧 하나님이시니라 하셨기 때문이다.

「태초에 말씀이 계시니라 이 말씀이 하나님과 함께 계셨으니 이 말씀은 곧 하나님이시니라」(요 1:1)

그분의 말씀은 첨단 과학시대인 현대에 와서도 우리의 삶의 여정에 놀랍도록 그대로 적용되고 있다. 하나님께서는 우리에게 큰 선물을 남기신 것이다. 우리에게 언약하신 것을 지키시겠다는 약속을 말씀의 증거로 삼으신 점이다. 그분의 언약의 말씀을 지켜 행하면 우리가 하는 모든 일이 형통하리라고 말씀하신다(신 29:9).

> 「내가 내 언약을 나와 너 사이에 두어 너를 크게 번성하게 하리라 하시니」(창 17:2)

하나님은 이 땅 위의 그리스도인들을 통하여 세상의 무대 뒤편에서 알게 모르게 은밀히 그분의 뜻을 펼치시며 행하시고 계신다. 때로는 하나님께서 행하신 일들이 우리의 눈에는 기이하게 비춰지기도 한다.

그분이 추구하는 궁극적인 총체적 뜻은 무엇인가? 주님의 부르심을 받은 자를 통하여 하나님에 대한 믿음이 없는 사람들에게 복음을 전하고, 주 예수 그리스도를 영접하게 하여 하나님의 자녀로 구원받고 새롭게 거듭나도록 하는 데 있는 것이다.

> 「그런즉 그들이 믿지 아니하는 이를 어찌 부르리요 듣지도 못한 이를 어찌 믿으리요 전파하는 자가 없이 어찌 들으리요」(롬 10:14)

하나님의 뜻 가운데 기도하라

아무리 지식적으로 신앙서적을 많이 읽어 박학다식하고 신학적 배움의 학식이 높더라도 올바로 깨닫지 못하고 편견을 가진 채 하나님을 경험하지 못하면 그 지식과 배움에서 더 이상 성장을 이루어 나가지 못하게 된다. 그 옛날 바리새인들이 자신들이 만든 율법을 열성적으로 공부하고 열띤 토론을 벌여가며 논쟁을 하고 있을 때, 예수님은 그들에게 "너희가 성경에서 영생을 얻는 줄 생각하고 성경을 연구하거니와 이 성경이 곧 내게 대하여 증언하는 것이니라 그러나 너희가 영생을 얻기 위하여 내게 오기를 원하지 아니하는도다"라고 책망하셨다(요 5:39-40). 그 당시 바리새인들은 머리로 지식적으로 성경을 파고들었으나 성경에서 전하는 하나님과 나와의 관계에 대한 본질을 꿰뚫지 못했던 것이다. 그들은 율법의 실천에 얽매여 스스로를 결박시켰고, 예수님의 말씀대로 그들 마음의 중심에는 진정 하나님을 모시지 않았던 것이다. 그 이유는 자신들이 만들어놓은 율법을 성경의 말씀보다 우위에 두었기 때문이다. 신약 로마서 6장 14절에서는 하나님의 자녀들이 더 이상 율법에 속하지 아니하고 은혜 아래에 있다고 분명하게 밝히고 있다.

「너희가 만일 성령의 인도하시는 바가 되면 율법 아래에 있지 아니하리라」 (갈 5:18)

그러므로 크리스천은 하나님과의 친밀한 관계 속에 그분의 임재 안에 거할 때, 하나님의 진정한 얼굴을 구하게 되고 그분이 전하시는 말씀의 본질적인 뜻을 확실하게 알아가게 된다. 우리는 성경의 가르침에 절대적인 순종과 겸손의 태도를 가져야 한다. 이 점을 인정하지 않고 신앙생활을 하게 되면 신앙심이 깊게 뿌리를 내릴 수 없다.

하나님을 향한 믿음의 오류

「하나님의 영은 수면 위에 운행하시니라」 (창 1:2)

하나님은 오늘날에도 실재하며 살아 운행하시는 분으로서 그리스도를 믿는 우리와 늘 함께 하는 분이시다. 이 책을 읽고 있는 당신이 무신론자이 거나 비기독교인 또는 교회에 갓 등록한 새신자라면 그분에 대한 실재하심을 나타내는 믿음의 신뢰 눈금이 웬만해선 꿈쩍도 하지 않는다는 것을 나는 잘 알고 있다. 그분은 우리가 살고 있는 이 세상 속에 동행하시는 분임을 진정으로 믿고 받아들이기를 바란다. 왜냐하면 당신이 하나님의 자녀가 되는 시작점이 바로 그곳이기 때문이다.

그렇다고 이것이 하나님에 대한 믿음을 무조건적으로 맹신하는 신앙을 말하는 것은 아니다. 그런 믿음은 잘못된 신앙을 따르게 된다. 온전한 신앙은 성경에 기록된 하나님의 말씀을 읽어 공부하고 이해하여 마음에 새기고 하나님께 순종하며 말씀대로 지키고 온전한 믿음으로 기쁘게 행하는 것이다. 그렇다면 우리는 종교를 학습하는 것인가? 아니다!

우리가 그분의 말씀대로 믿음을 가지고 순종하고 따르고 행하면 세 가지의 놀라운 축복이 우리에게 임한다. 첫째는 하나님께서 우리의 삶을 세상의 죄악에 빠지지 않게 하여 온전한 가운데로 이끄시며, 둘째는 그분과의 친밀한 교제를 통하여 우리의 삶을 코칭하시며, 셋째는 우리의 필요와 간구를 결코 외면하지 않으시고, 그분이 내리시는 하늘의 축복을 응답의 결과로 받게 하신다.

나 역시 믿음 생활을 수년 동안 해왔다고 하지만 지금에 와서 회상해보면 하나님과 세상의 중간지대에서 겉도는 미적지근한 부끄러운 신앙생활을 해왔음을 자인한다. 그런 내가 어느 날 하나님 앞에 나의 작은 뜻을 내비치고 소명을 주시길 간구하는 중에 허락받고 이 책을 집필하기 시작했다. 하지만 내가 마음먹은 대로 할 수 없겠다는 두려움과 착수할 엄두가 나지 않았다. 왜냐하면 나는 신학을 공부한 사람도 아니고 신앙심이 깊은 성도도 아니므로 무엇을 어떻게 시작해야 할지 정말 막막했기 때문이다.

그래서 나는 기도 책에 관한 집필의 생각을 잊어버리고, 먼저 성경 말씀과 기도에 관한 공부를 하겠다는 입장에 서기로 마음을 정했다. 그러면서 내 눈에 비치는 성경 말씀 하나하나가 기도 화살의 제목이 되었다. 나는 주님께 책을 집필하는 기간 중에 저를 인도하시고 원고의 집필이 마무리되는 시점까지 동행해 주시기를 간구하는 기도를 하루도 거르지 않고 매일 수시로 드렸다. 그럼으로써 쉬지 않고 기도하는 자의 행함이 나도 모르게 본격적으로 시작되었다. 이렇게 하나님은 나를 자연스러운 방법으로 인도하시기 시작한 것이다. 나는 그때부터 나를 인도하시기 위한 하나님의 운행이 시작되었음을 인지했다.

나는 시간이 날 때마다 성경의 말씀을 파헤치기 시작했다. 어떤 때에는 말씀을 묵상하던 중에 감동하고 감탄하며 길을 걷다가도 말씀을 생각하면 나도 모르게 눈물이 흐르기까지 했다. 이전에 나는 하나님의 말씀이 담긴 성경을 일반 책처럼 대했고, 주님의 실재하심을 그 옛날 오래전에 역사의 한 페이지를 장식한 성인으로만 인식해왔었다. 따라서 기도하는 행위조차 그분을 기리는 뜻에서 드리는 종교의식으로 받아들였던 것이다. 한마디로 논리적이고 이성적인 판단과 편견, 불신과 의심으로 버무려진 불순물로 가득한 나의 퇴적된 관념이 그동안 나를 지배하고 있었던 것이다.

나는 이 책을 집필하는 기간 중에 기도의 응답 체험으로 그분이 지금도 살아계시고 역사하심을 확증시켜주는 기적적인 놀랍고도 경이로운 체험들을 여러 차례 체험한 바 있다. 기적은 하나님의 개입하심을 나타내는 초자연적인 역사하심의 증표라 말할 수 있다. 물론 그 이전에는 그런 상상을 초월하는 초자연적 응답 체험을 한 적이 단 한 번도 없었다. 나는 이 책에 기도의 응답으로 체험한 하나님이 행하신 기적적인 일들과 성령의 인도하심을 받은 체험들을 가감 없이 사실 그대로 기록하였다. 정말 평생 잊히지 않을 기도의 증거를 통하여 하나님을 증거하고 그분의 운행하심을 확증하게 되었다. 그 체험들로 인하여 나는 지난 수년간의 신앙생활을 되돌아보게 하는 계기가 되었고, 그동안 나 자신의 믿음의 분량 정도가 너무 형편없었음을 다시금 깨닫게 되었다.

성경에는 하나님께서 예전이나 오늘이나 살아계심을 분명하게 기록하고 있다. 골로새서 2장 5절을 보라! "내가 육신으로는 떠나 있으나 심령으로는 너희와 함께 있어 너희가 질서 있게 행함과 그리스도를 믿는 너희 믿음이 굳건한 것을 기쁘게 봄이라"고 했다. 그분의 존재하심과 우리와 늘 함께 하시고 계심을 전적으로 믿고 그분의 말씀을 의심하지 않고 온전한 믿음으로 그분의 말씀을 마음에 받아들여야 한다.

> 「무릇 살아서 나를 믿는 자는 영원히 죽지 아니하리니 이것을 네가 믿느냐」 (요 11:26)

믿음의 문을 열겠다는 것은 주님의 말씀 안으로 깊이 들어가겠다는 채비를 하는 것이다. 하나님은 우리에게 "너희가 만일 내가 전한 그 말을 굳게 지키고 헛되이 믿지 아니하였으면 그로 말미암아 구원을 받으리라"(고전 15:2) 말씀하신다. 그러므로 우리가 매일 그분의 말씀을 접하여 눈으로 읽고 입으로 말하여 귀로 듣게 되면 우리 생명에 양식이 되어 세속의 미혹으로 인한 흔들림과 죄악의 뿌리에서 해방되고 그분이 기뻐하시는 새로운 생명으로 거듭나게 된다.

주의 뜻을 분별하는 영적 지각의 렌즈

「우리 주 예수 그리스도의 하나님, 영광의 아버지께서 지혜와 계시의 영을 너희에게 주사 하나님을 알게 하시고」(엡 1:17)

성경에는 하나님의 뜻에 관해 70회에 걸쳐 언급되고 있다. 하나님의 뜻을 알게 된다는 것은 그분이 추구하시는 그분의 의도를 깨닫는 것이라 말할 수 있다. 주님은 "너희는 먼저 그의 나라와 그의 의를 구하라 그리하면 이 모든 것을 너희에게 더하시리라"(마 6:33) 말씀하셨다. '그의 나라를 구하라'라는 말씀은 하나님의 나라(천국)가 확장되고 이 땅에 속한 세상의 사람들이 하나님의 자녀로 거듭 태어나도록 그들의 영혼을 구원함에 힘써 기도하라는 뜻이다. 그리고 '그의 의를 구하라'라는 말씀은 그분의 말씀의 의미를 깨닫고 그분의 성품을 닮아가고 그분의 뜻하심이 무엇인가를 구하는 기도를 하라는 뜻이다.

나는 모든 기도에 앞서 이 말씀을 앞에 두고 기도할 것을 권면한다. 우리의 지혜와 생각으로 그분의 뜻을 헤아리기를 원하는 것은 그분을 온전히 신뢰하고 있음을 나타낸다. 동시에 그분을 인격적으로 대하고 그분의 말씀 안에 내 영이 깊이 들어가 잠잠히 머물 때 비로소 그분이 품고 계신 뜻의 이해가 가능해진다.

「너희로 하여금 모든 신령한 지혜와 총명에 하나님의 뜻을 아는 것으로 채우게 하시고」(골 1:9)

우리는 매일 적절한 시간을 내어 조용한 가운데 성경을 펴놓고 주님의 말씀을 읽는 습관을 들여야 한다. 성경은 주권자이신 하나님께서 우리에게 값없이 주신 값진 선물이므로 늘 곁에 두고 말씀을 가까이 해야 한다. 중요한 습관은 성경의 해당 말씀 구절을 읽어나가되 그 말씀에 담긴 하나님의 뜻이 무엇인지를 이해하고 깨닫는 묵상의 시간이 반드시 필요하다는 점이다. 말씀을 접하여 읽는다는 것은 음식물을 입에 넣는 것과 같다. 묵상은 입 안에 들어온 음식물을 씹어서 으깨는 과정으로 그분의 말씀을 음미하는 것으로 비유될 수 있다. 음식의 맛을 느끼지 않은 채 단박에 꿀꺽 삼키는 사람은 거의 없다. 소화과정을 거쳐 음식물이 분해되고 비로소 영양분이 몸에 흡수하기 쉬운 형태로 바뀌기 때문에 말씀도 반드시 묵상을 통하여 그 속에 담긴 의미와 뜻을 음미해가는 것이 영적 성장에 큰 도움을 주게 된다. 또 말씀을 읽을 때에는 소리 내어 읽는 것이 좋다. 그러면 말씀이 눈을 통하여 머리로 기억되고, 동시에 그분의 음성이 귀를 통하여 마음으로 전달된다.

「여호와와 그의 능력을 구할지어다 그의 얼굴을 항상 구할지어다」(시 105:4)

우리는 그분의 손길(응답)을 먼저 구할 게 아니라 그분의 얼굴(성품, 뜻, 길)을 먼저 구해야 한다. 시편 105편 4절의 "주의 얼굴을 구하라"라는 말씀은 하나님이 어떠하신 분인지를 알기 위해 기도하라는 뜻으로 그분의 말씀 가운데 새겨진 뜻이 무엇을 의미하는가를 영적 지각으로 이해하고 깨달으라는 것이다.

「그러므로 어리석은 자가 되지 말고 오직 주의 뜻이 무엇인가 이해하라」(엡 5:17)

우리에게 가장 좋은 삶은 하나님의 뜻 가운데 살아가는 것이지만, 모든 면에서 그분의 뜻을 완전하게 충족시켜가며 산다는 것은 불가능에 가깝다. 그러면 어떻게 해야 그분의 뜻을 이해하고 받들어 나의 행실이 변화 받고 그분이 기뻐하시는 삶을 영위할 수 있을까? 내가 추천하는 가장 좋은 방법은 그분이 기뻐하실 만한 단 한 가지 일을 찾아 그것에서 출발해보라는 것이다. 여러 개를 동시에 붙잡으려는 행동은 진을 빼는 결과만 초래한다. 그 한 가지를 제대로 실천해가면 그 안에서 예상치 못한 때에 예상치 못한 하나님의 뜻을 하나하나 발견해 갈 수 있게 된다. 또한 자신이 얼마만큼 하나님의 뜻을 이해하고 있는지를 파악하게 된다.

하나님께서는 우리가 육신에 속한 지각의 렌즈를 통해서만 바라보는 것을 우려하신다. 우리가 신앙의 시간을 갖는 동안에는 그분의 말씀에 전적으로 동의하고 이해하는 마음을 표하지만 세상의 시간으로 돌아서면 어느 새 이성적인 논리와 생각이 앞서 내 인생에 하나님께서 개입하실 여지를 좀처럼 내어주지 않게 된다. 아마도 어떤 사람은 하나님이 개입하시는 것을 싫어하는 분도 있을 것이다. 그 이유는 내 맘대로 할 수 없을 것 같다는 자아의 강한 고집스러움 때문이다. 이는 하나의 육신에 겉사람과 속사람이 공존하는 것과 같다. 겉사람이란 세상의 영을 가진 자이고, 속사람은 그리스도의 영을 가진 자이다. 우리의 주인은 분명 속사람이다. 겉사람은 속사람의 동의를 얻어야 한다. 동의란 영의 주장에 육신의 주장이 이의를 달지 않고 따르는 것이다. 성령의 충만함은 바로 이런 상태를 말한다. 성령이 충만하게 되면 육신의 주장을 결박시켜 전적으로 영에 따르게 한다. 그런데 우리 안에서는 영과 육신이 서로 다른 주장을 하여 우리를 혼란시키게 만들 때가 많다. 언행이 불일치됨을 보이는 것이다. 필요시에는 세상과 타협을 하는데 능숙하기까지 한다. 따라서 우리는 영적 지각의 렌즈를 통하여 그분의 뜻을 파악하고 이해하며 깨달을 수 있어야 한다.

주님은 그런 사람들에게 이렇게 말씀하신다. "그들이 하나님을 시인하나 행위로는 부인하니 가증한 자요 복종하지 아니하는 자요 모든 선한 일을 버리는 자니라"(딛 1:16). 그는 겉으로는 하나님을 믿는 자이지만 속으로는 하나님의 뜻에서 멀어져 있어 결국 세상 속에 파묻히게 된다.

성경 말씀에 기록된 하나님의 뜻은 무엇인가? 그분의 뜻을 받들고 그분의 뜻대로 이행하는 것이 진정 하나님이 원하시는 뜻이다. 하나님의 뜻을 결코 무겁게 받아들이지 말자.

> 「하나님을 사랑하는 것은 이것이니 우리가 그의 계명을 지키는 것이라 그의 계명들은 무거운 것이 아니로다」(요일 5:3)

그분의 뜻은 거창하지 않다. 아주 소박할 정도로, 상식적인 것에 가까울 정도로, 우리가 충분히 이해하고 공감할 수 있을 정도로 선하심을 나타내신다. 그분의 선하심은 우리에게 좋은 것을 얻고 좋은 곳으로 인도받기 위해 불의한 것을 멀리하고 삼가라는 포괄적인 뜻을 포함하고 있다. 그분의 뜻을 분명하게 한 가지씩 이해하는 좋은 방법은 우리가 정한 하나님의 사역 한 가지를 시작해가면서 그 안에서 일어나는 모든 상황을 그분의 말씀에 비추어 가며 기도하는 것이다. 그럴 때 하나님은 우리에게 특정 상황을 통하여 그분의 뜻이 무엇인가를 경험으로 깨닫게 해주시고 그분의 길로 인도하신다.

하나님의 뜻을 우리의 마음속에 담기 위해서 성경에서는 어떻게 하라고 하시는가? "위에 것을 생각하고 땅의 것을 생각하지 말라"(골 3:2). 이 말씀은 이 땅에서 일어나는 일들에 대해 마음을 다하지 말고 하나님의 영이 우리 안에 늘 거하도록 영의 일을 생각하라는 것이다. 땅의 것(세상에 속한 것)을 생각한다는 것은 육신의 생각을 말하며, 이는 곧 하나님과 원수가 된다고 하셨다. 왜냐하면 육신에 있는 자들은 하나님을 기쁘시게 할 수 없기 때문이다(롬 8:8). "육신의 생각은 사망이요 영의 생각은 생명과 평안이니라"(롬 8:6).

그분의 뜻을 알기 위해서 가장 중요한 것은 우리 자신이 그분을 닮아가야 한다는 사실이다. 그분을 닮아간다는 것은 그분처럼 거룩하게 되는 것이고, 거룩한 마음으로 거룩한 삶을 사는 것을 뜻한다. 주님은 우리가 모든 행실에 거룩한 자가 되기를 바라신다. 거룩함을 말하니 왠지 좀 무겁게 들리는가? 그러면 나는 이렇게 말할 수 있겠다. '세상을 그분의 관점으로 바라보라는 것이다.' 우리의 관점은 늘 그 대상에만 초점을 두지만, 그분의 관점은 그 대상이 궁극적으로 그분의 뜻하신 바에 합당한지를 살펴보신다는 점이다. 관점을 바꾸면 생각이 바뀌고 행실이 바뀐다.

「하나님의 말씀과 기도로 거룩하여짐이라」(딤전 4:5)

"오직 우리를 부르신 거룩한 자처럼 너희로 모든 행실에 거룩한 자가 되라 기록되었으되 내가 거룩하니 너희도 거룩할지어다"(벧전 1:15-16).

그럼 우리가 그렇게 변화 받아야 하는 이유는 무엇인가? 답은 우리가 마시는 물이 아직도 죄악의 뿌리에서 빨아들이는 오염된 고인 물을 먹고 있기 때문이다. 하나님은 그것을 정화시키기 위해 중간 필터를 사용하신다. 그 필터의 이름은 바로 '거룩함'이라는 필터이다!

「하나님의 뜻은 이것이니 너희의 거룩함이라」(살전 4:3)

하나님의 뜻을 관철시키는 기도의 동기

「그를 향하여 우리가 가진 바 담대함이 이것이니 그의 뜻대로 무엇을 구하면 들으심이라」(요일 5:14)

하나님의 온전하신 뜻을 구하기 위해 우리는 기도하면서 상황에 따라 그분께 여쭈어볼 때가 있다. 하나님은 무엇보다 우리의 기도에 담긴 내용의 진실한 동기를 알고 싶어 하신다. 하나님은 우리에게 우리의 기도가 정말 타당한지, 어디에 뜻을 두고 있는 기도인지를 묻고 계신다. 다시 말해 기도가 추구하는 방향과 그 동기가 어디에 있는가를 알고 싶어 하시는 것이다. 그의 뜻대로 무엇을 구한다는 것은 우리의 기도의 동기가 그분의 뜻에 비켜 나가지 않는다는 것으로 해석할 수 있다. 우리의 요구 사항을 그분께서 승낙해주시리라는 입장으로 기도하는 것은 그분의 뜻 가운데 기도하는 것이 아니다. 하나님께서 보시기에 올바른 생각과 선을 이루어 본인에게 좋은 유익을 가져다주는 것뿐만 아니라 그 응답으로 인해 '하나님의 의도'가 반영되기를 원하신다는 점이다.

나는 이 책을 집필하기 전에 하나님께 기도에 관한 책을 쓰려는 동기를 분명하게 밝히면서 허락해 주실 것을 기도로 간구했다. 그런 후 한 달째 되던 어느 날 생각지도 않은 환경을 통하여 주님의 응답을 받게 되었다〈2장. 성령의 충만함과 기도의 권능 편 참조〉.

"사랑하는 자여 네 영혼이 잘 됨 같이 네가 범사에 잘되고 강건하기를 내가 간구하노라"(요삼 1:2) 하신 말씀이 있지 않은가? 범사에 잘되기 위해서는 먼저 우리 영혼이 올바르게 서 있어야 한다.

우리가 하나님을 닮아가게 되면 자연스럽게 그분의 뜻 가운데 머물게 된다. 주님의 뜻과 내 뜻을 구분 짓다 보면 항상 그분의 뜻이 무엇인가를 생각하게 된다. 하나님이 진정으로 우리에게 원하시는 것은 먼저 그분이 누구시며 어떤 분이신가를 알아가는 데 있다. 그러므로 하나님의 얼굴 을 구하는 것은 매우 중요하다. 그분의 성품과 뜻과 길을 제대로 알지 못한 채 신앙 사역만을 열심히 한다는 것은 목발을 짚고 외다리로 걷는 것과 같다. 반대로 그분에 대해 잘 알고 있으나 말씀대로 행하지 않는 것은 단지 머리에 지식으로만 남아있을 뿐이다. 항상 말씀과 기도, 응답과 체험이 피드백(순환) 되어야 한다.

주님은 "내 안에 거하라 나도 너희 안에 거하리라"(요 15:4)고 하시면서 나를 떠나서는 너희가 아무것도 할 수 없다고 말씀하셨다. 그분의 말씀(뜻) 가운데 거한다는 것은 가지가 포도나무에 붙어 있어야 열매를 맺듯이 그분의 말씀 안에 머물러 있지 아니하면 온전한 열매를 맺을 수 없는 것과 같은 이치이다.

그분의 뜻에 순종함은 모든 일에 있어 전적으로 예수님의 생각과 관점이 올바름을 인정하는 것이며, 우리가 빚어내는 어리석음으로 인해 일어나는 고통의 좌절을 단절시키겠다는 결단을 포함한다. 우리에게 일어나는 모든 일들과 문제가 되는 상황들에 대해 이를 기도제목으로 놓고 기도하되 성경 말씀에 비추어 신중히 행동해가야 한다. 따라서 하나님의 뜻과 기도를 분리하여 생각한다는 것은 하나님의 뜻을 전적으로 외면하는 것과도 같다. 왜냐하면 기도 자체가 하나님의 뜻을 깨닫는 유일한 길이며 그분의 뜻을 구하는 유일한 통로이기 때문이다. 그 근거로 하나님은 우리가 그분의 뜻대로 무엇을 구하는 기도를 드리면 들으신다 말씀하셨기 때문이다(요일 5:14).

한 가지 주의할 점은 우리가 그분을 경외한다면, 필요할 때만 주문하여 복을 부르는 기복신앙의 저급한 기도 자세가 나올 수 없다. 하나님의 뜻을 외면한 채 일상적으로 개인의 정욕만을 위해 간구하는 기도의 화살은 그분의 보좌를 향해 날아가기도 전에 맥없이 땅에 떨어질 것이다. 진정한 기도의 권능을 불러오는 기도의 자세는 기도하기 전 성경말씀을 먼저 찾아내어 그 말씀을 붙들고(포함하여) 뜨겁게 전심으로 기도하는 것이다. 그럴 때 주님께서는 우리의 기도를 들으시고 구함의 응답 언약을 지키신다.

그러면 말씀을 붙들고 기도할 때 어떤 변화가 일어나는가? 우리가 기도할 때마다 그에 합당한 말씀을 기도에 포함시키면 구체적이지 못한 기도에 하나님의 처방 요청(뜻 또는 길을 구함)이 들어가게 되어 기도의 방향이 그분의 뜻을 향하도록 일치시킨다. 기도는 하나님의 처방전을 구하는 것이다! 하나님은 이런 방식으로 그분의 뜻을 우리에게 한 가지씩 전달시킨다. 그분은 참으로 오묘하시며 자연스런 방법으로 우리를 인도하신다.

정밀한 초점을 이루는 예수님의 시선

「너희는 이 세대를 본받지 말고 오직 마음을 새롭게 함으로 변화를
받아 하나님의 선하시고 기뻐하시고 온전하신 뜻이 무엇인지 분별하
도록 하라」(롬 12:2)

시선을 고정시킨다는 것은 무엇인가? 우리가 어떤 대상에 시선이 고정된
다는 것은 그 대상이 무엇인지를 분간하기 위함이다. 정확히 어떤 모습인
지를 파악하기 위해서이다. 우리가 추정하는 것과 어떻게 다른지 분별하
기 위해서이다. 그런데 편견과 선입견의 창을 통해서 바라본다면 늘 오판
하는 실수를 범하게 된다. 따라서 마음의 창을 평소 깨끗하게 닦아두어야
한다. 그럴 때 있는 그대로의 모습을 온전하게 볼 수 있기 때문이다.

예컨대 우리 마음 안에 일어나는 생각이 하나님의 뜻인지 알기 위해서는
오락가락 하는 생각을 한 쪽에 제쳐두고 예수님에게 시선을 고정시켜야 한
다. 예수님을 우리의 시선에 둘 때 성령께서는 우리 마음의 혼란을 가중시
키는 의심, 편견, 두려움, 불신들을 닦아내어 우리로 하여금 올바른 시야
를 갖도록 인도하신다. 한 가지 예를 들어보자. 안경의 쓰임은 흐릿해 보
이는 사물을 또렷이 보기 위한 용도이다. 안경의 역할은 시력을 최상 치로
교정시켜 줄 수 있는 기능에 있는데, 그 핵심의 중추에는 렌즈가 있다. 렌
즈의 역할은 사물의 이미지를 망막에 잘 맺히도록 하는 것인데 이때 렌즈
의 초점이 중요한 역할을 한다. 초점이 잘 맞아야 상이 또렷하고 편안한

시야가 확보된다. 이와 같이 하나님의 뜻을 알기 위한 영적 분별력을 갖기 위해서는 초점이 잘 맞춰진 영안(물리적 세계에 중첩된 영적세계를 볼 수 있는 눈이 아니라 마음의 눈을 말함)이 열려야 한다. 우리는 마음에서 일어나는 생각을 분별해 낼 수 있도록 도수가 맞지 않는 내 관점의 안경을 지금이라도 벗어버려야 한다. 그리고 예수님의 시선과 말씀의 관점으로 초점을 맞추어야 한다! 그럴 때 그분의 뜻을 제대로 분별할 수 있을 것이다. 그분의 관점으로 초점을 맞춘다는 것은 무엇을 의미하는 것일까? 다른 잡념이나 떠오르는 생각이 멈춰지고 오직 주님의 관점으로 바뀌는 것이다.

그분의 관점은 분별할 수 없는 암흑 가운데 환한 불을 켜는 것과도 같다. 우리가 하나님의 뜻을 분별하는 데 어려움을 겪는 이유는 분별하지 못하도록 어둡게 만드는 어둠의 영 때문이다. 이것과 저것을 비슷하게 만들어 혼동을 일으키고 한쪽으로 빠져들게끔 그럴듯한 모양새를 갖춘 것들로 치장된 생각들에 미혹 당하게 만드는 것이다. 그러므로 주님의 마음을 품어 마음의 불을 환하게 켜라! 그 모든 것이 우리의 눈에 훤하게 아주 잘 보일 것이다.

이 세상을 살아간다는 것은 마치 아무것도 분별할 수 없는 칠흑 같은 깜깜한 밤에 자동차로 주행하는 것과 같다. 곳곳의 장애물들(돌, 가로수, 움푹 패어진 곳, 자갈 길, 가로막힌 곳 등)과 도로의 상태(직진길, 급커브길, 비탈 길, 오르막길 등)를 실시간으로 분별해 가야하는 어려움이 있다. 하지만 이제 우리에게는 전방의 모든 대상을 훤히 내다볼 수 있는 강력한 서치라이트가 준비되어 있지 않은가? 우리는 하나님의 말씀과 그분의 관점, 성령의 충만함으로 내면의 라이트가 항시 밝게 켜있어야 한다. 라이트가 꺼져있다는 것은 배터리가 방전된 상태와 같다. 즉 우리 안에 성령의 충만함을 입지 못한 것이다.

하나님의 말씀이 우리의 마음 판에 온전히 새겨지도록 매일 주님의 말씀을 가까이 하라. 주님의 말씀 한 구절마다 우리의 마음 판에 새겨둔다는 것은 마음의 라이트가 밝아지는 것과 같은 이치이다. 하나님의 말씀은 라이트 역할뿐만 아니라 질병을 고치는 치료약이자 생명의 에너지원이 된다. 실제로 치유를 위한 놀라운 효과가 일어난다!〈8장. 치유기적을 일으키는 기도의 권능 편 참조〉. 하나님의 말씀은 성경에 활자로 인쇄되어 있지만 그 위력은 우리의 생각을 초월한다. 우리가 이것을 체험하면 기도 응답의 확신과 견고한 믿음, 어떤 상황에서도 그분의 인도하심을 의심 없이 흔쾌히 받아들일 수 있을 것이다.

주님의 관점에 대해 혹시나 해서 두 가지를 일러둘 것이 있다. 어떤 주제나 문제에 관하여 주님의 관점을 알기 위해 성경을 임의로 펼쳐서 눈길이 가는 특정 구절을 택해 그분의 뜻으로 받아들이고 판단하려는 요행 행위를 삼가야 한다. 그런 행위는 성경을 점술이나 점복처럼 다루는 아주 저속한 행위이다. 또한 자칫 위험한 상황을 초래할 수도 있다. 성경의 말씀은 그런 식으로 작동(인도하심)하지 않는다. 성경은 원래 스토리처럼 말씀들이 연결되어 있는 것인데 현대에 와서 구절을 찾기 쉽도록 장과 절로 구분시켜 놓은 것이다. 그러므로 전체적인 문맥을 따라가면서 구절에 연결된 말씀의 뜻을 이해해야 한다.

또 한 가지는 주변 환경에서 자신의 행위와 주님의 인도하심을 쉽게 연결지으려는 마음의 해석을 경계하라는 것이다. 예를 들어 자전거를 타고 가다 돌부리에 넘어져 무릎을 심하게 다쳤을 때 주님께서 당분간 어디 가지 말라고 경고하는 것으로 받아들이는 경우다. 그 사고는 부주의로 일어난 것이지 나를 굳이 다치게까지 해서 주님이 그렇게 인도하시리라 보는가? 주님의 뜻을 함부로 '생각의 믹서'에 함께 버무려 넣지 말기를 바란다. 하나님의 인도하심은 결코 우리의 마음에서 일어나는 '생각의 오류'에 섞이지 않는다.

로마서 12장 2절에 이 세대를 본받지 말고 오직 마음을 새롭게 함으로 변화를 받아야 한다고 강조하신다. 마음을 새롭게 함은 기존의 선입견과 편견으로 물들어져 오염된 우리의 프레임(세상을 바라보는 마음의 창)을 새롭고 깨끗한 프레임으로 교체하는 것이다. 그래야 주님이 이끄시는 변화들을 감당할 수 있게 된다.

인간은 본능적으로 변화를 싫어하면서도 때로는 변화를 요구하기도 한다. 싫증이 날만하면 변화를 기대하며, 안정이 찾아오면 변화를 멀리한다. 그러나 하나님의 생각은 다르시다. 하나님은 우리에게 생각의 변화를 받아 우리의 관점이 아닌 주님의 시각으로 변화받기를 요구하신다. 성경적인 관점에서 '변화'란 주님께서 여시는 문과 닫으시는 문을 말하기도 한다. 주님께서 문을 열면 닫을 사람이 없고 닫으면 열 사람이 없다(계 3:7). 하나님께서 우리 앞에 열린 문을 두게 되면 능히 닫을 사람이 없다. 주님이 문을 닫으실 때에는 다른 문을 준비하고 계신다. 반대로 문을 여실 때에는 다른 문을 닫으신다. 여기서 잘 알아두어야 할 점은 열린 문과 닫힌 문의 차이가 허락과 거부가 아니라 인도하시는 방향을 알려준다는 것이다. 허락된 열린 문으로 들어가는 것이 반드시 순탄한 길임을 뜻하는 것은 아니다. 그 열린 문이 진행 과정 중에 놓인 중간 문일 수 있다는 점이다. 우리에게 열린 문이 어느 문인가를 확실하게 알려면 주변 환경 움직임의 전개 상황, 성령님이 주시는 내적 확신과 평안함, 담대함의 점검으로 판단할 수 있다. 이 네 가지가 모두 필터링(통과) 되어야 한다.

하나님은 우리를 사고하는 존재로 만드셨다. 그러기에 우리는 그분의 뜻을 충분히 수용할 수 있다. 사고의 역량에는 한계가 없다. 하나님은 우리가 충분히 감당할 수 있을 만큼만 변화를 주신다. 흥미로운 것은 하나님은 그 변화를 주시는 이유를 성령님을 통하여 우리에게 깨닫게 하신다는 점이다. 그 과정은 아주 자연스럽게 일어나며 그것이 하나님께서 인도하시는 방법이다.

하나님의 마음에 동조시키는 분별력

「너희가 거룩하고 속된 것을 분별하며 부정하고 정한 것을 분별하고」(레 10:10)

하나님의 뜻은 크게 두 가지의 카테고리로 구분하여 분별을 구할 수 있다. 첫 번째는 성경 전체를 통하여 우리를 향하신 그분의 진정한 뜻을 그분의 말씀을 통하여 하나씩 이해하고 깨달으며 우리의 삶속에서 행하는 것이다. 성경에 쓰인 하나님의 말씀을 나의 뜻으로 받아들임은 그분의 뜻에 '순종'하겠다는 증표이다. 그분과의 교제는 믿음뿐만 아니라 절대적인 순종을 필요로 한다. 이 두 가지를 배제한 기도는 하나님을 주권자로 모시는 것을 배척하는 불손한 태도에서 나온다. 하나님의 뜻을 받아들인다는 것은 그분의 말씀을 절대적으로 따르겠다는 것이며, 그렇게 함은 궁극적으로 그분의 뜻을 행하기 위함이다.

「주는 나의 하나님이시니 나를 가르쳐 주의 뜻을 행하게 하소서」(시 143:10)

성경 전체에 담긴 하나님의 뜻은 궁극적인 총체적 의도에 속한다. 총체적 의도는 하나님이 우리를 통하여 세상 속으로 들어가 목적한 바를 이루시겠다는 의도이다. 그분의 의도가 영광을 나타내기 위해서는 먼저 우리의 고집과 완악함을 꺾어야 한다. 우리는 그분 앞에 교만하지 말고 철저하게 낮아져야 하며 그분의 인도하심에 앞서가지 말아야 하며 우리의 고집스런 태도를 접고 순종하는 자세로 임해야 한다.

그분의 온전하신 최상위의 뜻은 우리와 그리스도를 믿지 않는 모든 사람들에게 구원을 받게 하는 것과 전 세계인을 향해 그리스도를 증언하며 복음을 전파하는 데 있다. 하나님은 하늘에서 인생을 굽어 살피사 지각이 있는 자와 하나님을 찾는 자가 있는가 보려 하신다(시 14:2).

「하나님은 모든 사람이 구원을 받으며 진리를 아는 데에 이르기를 원하시느니라」(딤전 2:4)

둘째는 우리의 삶속에서 일어나는 특정한 상황에서의 당면 문제에 대해 하나님께 해결 방안이 무엇인지를 여쭈어 볼 때가 있다. 성경은 우리의 삶 전반에 걸쳐 일어날 수 있는 모든 상황에 맞춰 일일이 그에 맞는 지침들을 안내하고 있지는 않다. 그 이유는 그분께서 우리에게 자유의지와 생각하는 능력과 지혜를 주셨으므로 웬만한 문제는 우리 자신이 극복하고 판단하고 충분히 해결해가고 대처해 갈 수 있기 때문이다. 그럼에도 불구하고 우리는 기도로써 작은 것부터 큰 것에 이르기까지 그분께 인도받기를 언제든지 여쭈어봐야 한다. 혹 우리가 주님에게 여쭈어 볼 때 주님께서 우리에게 "너는 이런 것도 판단하지 못하느냐?"하고 꾸짖으실 것 같은 염려는 하지 않아도 된다. 오히려 주님은 우리에게 갈 길과 판단의 어려움을 아시고 항상 문을 열어두시는 분이다.

「너희 중에 누구든지 지혜가 부족하거든 모든 사람에게 후히 주시고 꾸짖지 아니하시는 하나님께 구하라 그리하면 주시리라」 (약 1:5)

그 대신 여쭈어 보기 전에 그 문제가 어느 범주에 속하는지를 잘 분별하여 말씀 가운데 찾아 그 말씀을 붙들고 기도하라. 가령 기도에 관해서 알고 싶으면 기도의 원칙에 대하여 성경에서는 어떤 지침을 주셨는지를 찾아보면서 묵상하도록 한다. 성경에는 '성령, 하나님의 뜻, 구원, 긍휼, 영생, 기도, 주님의 음성듣기, 재물, 겸손과 교만, 기쁨과 두려움, 위로와 용서, 순종, 정욕, 인도하심, 회개, 징계, 사랑, 지혜, 자녀, 인내, 원수, 온유함, 믿음' 등 하나님의 선하신 뜻이 일목요연하게 기록되어있다.

먼저 누구든지 하나님의 뜻을 구하기 전에 하나님과 우리 사이에 장벽의 허물이 없어야 한다. 이 말은 바꾸어 말하면 하나님을 전적으로 신뢰하는 마음가짐을 가지고 있다면 가로막는 장벽이란 존재하지 않는다는 것이다. 현대인들은 이러한 장애물 주머니를 옆구리에 몇 개씩 달고 다닌다. 그리곤 시간이 날 때마다 확인하고 조급함으로 안달하거나 불안해한다. 우리의 마음 안에 근심, 걱정, 염려, 두려움 등의 장애물이 자리를 차지하고 있으면 온전하신 하나님의 뜻을 분별할 수 없을뿐더러 하나님의 인도하심을 받을 수 없다. 가장 큰 걸림돌은 하나님에 대한 왜곡된 두려움의 감정이다.

「하나님이 우리에게 주신 것은 두려워하는 마음이 아니요 오직 능력과 사랑과 절제하는 마음이니」(딤후 1:7)

하나님에 대한 두려움으로 인해 발생할 수 있는 감정은 정죄감과 죄의식, 꾸짖음과 벌을 주심, 조심스러움과 엄격함 등이 있을 수 있다. 앞서 말한 대로 하나님은 우리에게 말씀하시기를 누구든지 지혜가 부족하거든 모든 사람에게 후히 주시고 꾸짖지 아니하시는 하나님께 구하라고 하시지 않았는가? 우리는 항상 말씀을 붙들고 기도로 그분의 뜻에 비추어 보면서 인도하심을 구해야 한다.

토저(A. W. Tozer) 박사는 그의 저서 《예수 방향으로 가라》(규장)에서 내가 현재 올바른 방향으로 나아가고 있는지 알기 위해 다음과 같은 유익한 말을 남겼다. "하나님의 뜻 안에서 돛을 올리자. 그렇게 하면 바람이 어느 방향으로 불지라도 우리는 올바른 방향으로 나아가고 있을 것이다." 즉 상황을 보면서 그때그때 대처하는 것이 아니라 주변 환경의 돌아가는 정세를 파악하며 바라보는 것이다. 우리는 상황이 눈앞에 닥쳤을 때 기도를 하게 될 때가 많지만 하나님은 단지 그 상황만을 끝내시기 위해 한 개인의 삶에 개입하시지 않는다! 하나님은 그 상황을 잠재우기 위해 주변 환경을 두루 살피시고 서서히 정리해 가신다. 하나님은 상황을 변화시키시는 분이다. 우리가 못하는 일을 그분은 하실 수 있다. 그분에게는 그런 권능이 있으시다.

예컨대 그 상황이 고난의 과정일 때 지속되고 있다면, 내가 알아야 할 뭔가를 주님께서 깨닫게 하시려고 그렇게 하시는 경우가 이에 속한다. 그런 경우 대부분은 처음에 그분의 이끄심(응답하심)에서 참 뜻을 이해하기 힘들고 받아들이기가 난감할 때가 있다. 그런데 나중에서야 그분의 진정한 뜻을 깨닫게 된다. 반대로 주어진 상황과 환경이 잘 풀려 나간다고 해서 하나님의 인도하심이 꼭 들어맞는다는 것은 아니다.

중요한 것은 주어진 환경 속에서 상황에 휘둘리지 말라는 것이다. 성령님께서 주시는 내면의 평안과 내적 확신, 그리고 외적 환경의 변화가 말씀 가운데 일치하는가를 잘 점검해가야 한다! 그리고 환경의 변화는 어디까지나 사건들로 인하여 일어나는 것이지 그것 자체가 우리를 인도해 나간다는 것은 아니라는 점을 꼭 유념해야 한다.

로마서의 말씀을 보면 하나님의 뜻을 알아 분별하는데 필요한 세 가지 기준이 나온다. 첫째는 선하심, 둘째는 기뻐하심, 셋째는 온전하심으로, 그분의 뜻 가운데 분별하도록 하라고 말씀하신다(롬 12:2). 이 구절에서 우리가 알 수 있는 것은 하나님 아버지의 마음을 엿볼 수 있다는 점이다. 그분에 대해 많은 생각과 묵상, 그분이 하신 말씀을 잘 새겨들을 때 우리의 마음이 하나님의 마음과 일치되는 순간이 찾아온다. 따라서 하나님의 뜻을 알게 되는 시점이란 내가 그분의 말씀 안으로 들어가 그분의 임재 안에 머물러 있는 때를 말한다.

"하나님의 뜻 안에서 너희에게로 나아갈 좋은 길 얻기를 구하노라"(롬 1:10)라는 말씀과 같이 그분의 뜻을 이해하고 교훈 받아 정직하며 선량한 것을 분간하라는 것이다. 모든 것을 바라보는 성령님은 우리에게 성령의 인도로 하나님의 뜻을 알게 해주신다. 그럴 때 우리는 주님의 뜻을 분별할 수 있게 되며 그분의 생각을 알게 된다. 결국 우리가 체험하는 분별의 경험이 쌓여갈수록 분별력이 더욱 향상될 것이다.

「사람이 하나님의 뜻을 행하려 하면 이 교훈이 하나님께로부터 왔는지 내가 스스로 말함인지 알리라」(요 7:17)

골로새서 3장 15절에는 "그리스도의 평강이 너희 마음을 주장하게 하라"하신다. 이 말씀에서 뜻하는 바는 말에서나 일에서나 생각에서나 그것이 올바른 것인지 그릇된 것인지를 기도로써 하나님의 말씀(뜻, 길, 교훈)의 조명에 비추어 보도록 하라는 것이다. 우리 안의 성령님은 하나님의 뜻대로 성도를 위하여 간절히 바라시고 도와주시길 원하신다(롬 8:27). 하나님은 그를 사랑하는 자 곧 그의 뜻대로 부르심을 입은 자들을 위해서 모든 것이 합력하여 선을 이루게 하시는 분이기 때문이다.

성령님의 조명하심으로 우리 스스로 "현재 상황의 순리적인 흐름에 따라가도 되겠다."라는 분별의 판단이 생기면 마음의 평안이 따른다. 반대로 뭔지 모르는 찜찜함과 불편함, 불안감과 무거움이 일어난다면 두 번째 발걸음을 내딛지 말라는 성령님의 신호일 것이다. 그럴 때에는 잠시 멈춘 후 다시 기도하면서 성령님이 주시는 내적 확증을 구하도록 한다.

따라서 순적한 인도하심은 그분의 뜻 가운데 기쁨이 일어나며 감사의 기도가 자연스럽게 이어진다. 그럼으로써 마음은 최종 그것이 하나님의 뜻에 합당함을 담대하게 주장할 수 있게 된다.

그동안 성경을 연구해오면서 가장 중요한 핵심이 어디에 있는가를 살펴본 결과, 우리가 제일 먼저 알아야 할 대상은 바로 '하나님'이라는 사실이다.

「나는 인애를 원하고 제사를 원하지 아니하며 번제보다 하나님을 아

는 것을 원하노라」(호 6:6)

하나님이 누구시며 어떤 분이시라는 것을 알았을 때 비로소 그분에 대한 믿음과 순종, 말씀에 대한 이해와 실천이 뒤따르게 된다. 이 책에 실린 모든 내용의 종착점은 결국 하나님의 성품과 그분의 마음, 뜻과 지혜에 연결된다. 주님을 알아갈수록 그분의 마음에 동조되어 거리감이 없어지고 그분의 성품을 자연스럽게 닮아가게 된다. 그럼으로써 언젠가는 하나님의 뜻을 매번 그분에게 물을 필요가 없을 때가 오는데, 바로 그 때가 그분의 뜻 가운데 항상 머물러 있게 되는 때이다!

영광의 주님,
내가 주님의 자녀가 되어 두 손을 높이 들어
주를 경외하나이다.
무릎 꿇어 기도드리는 저의 마음을 주께서 헤아리사
정결케 하여 주시고 내 갈 길을 예비하시며
내 영혼이 주의 뜻 가운데 기도하기를 원합니다.
예수님의 이름으로 기도합니다. 아멘.

하나님! 저에게 왜 이런 일이 닥치나이까?

성경말씀에 의하면 하나님을 반역한 죄를 범한 천사를 하나님은 용서하지 아니하시고 자신의 본래 위치인 하늘 처소 가운데서 땅 위로 쫓아내셨다고 한다. 그리고 악한 천사들도 그와 함께 내쫓기게 되었다. 하나님이 죄를 범한 천사들을 용서하지 아니하시고 지옥에 던져 어두운 구덩이에 두어 심판 때까지 지키게 하셨다(벧후 2:4).

> 「큰 용이 내쫓기니 옛 뱀 곧 마귀라고도 하고 사탄이라고도 하며 온 천하를 꾀는 자라 그가 땅으로 내쫓기니 그의 사자들도 그와 함께 내쫓기니라」 (계 12:9)

사탄(대항하는 자), 마귀(비방하는 자)는 결국 흑암(영적 어둠) 속에 갇히게 되었다. "자기 처소를 떠난 천사들을 큰 날의 심판까지 영원한 결박으로 흑암에 가두셨으며"(유 1:6).

이로써 그들의 활동이 지상으로 제한되게 되었고, 이에 분노한 악한 천사들은 자신의 때가 얼마 남지 않은 줄 알고 자신들의 목적을 저버리고 이 땅 위에서 여러 가지 형태로 접근하여 하나님을 대항하는 반역행위를 일삼고 있다. 그들의 악의 활동은 오늘날까지도 멈추지 않고 있다.

> 「마귀가 자기의 때가 얼마 남지 않은 줄을 알므로 크게 분내어 너희에게 내려갔음이라 하더라」 (계 12:12)

하나님의 시험을 의롭게 견뎌낸 욥

성경은 욥이 하나님에게 인정받고 온전하고 정직하여 하나님을 경외하며 악에서 떠난 자라고 말씀하고 있다. 욥은 아들 일곱에 딸 셋, 열 명의 자녀들과 수천 마리의 가축들을 거느리고, 넓은 땅을 가지고 있으며, 모든 것이 넉넉하고 풍요롭고 부유한 자였다.

하루는 사탄이 하나님을 찾아가 욥이 어찌 까닭 없이 하나님을 경외하리이까 하며, 욥이 하나님을 경외하는 까닭은 하나님이 그에게 복되게 하사 소유물을 풍성하게 했기 때문이므로 그 소유물을 거두어가면 틀림없이 하나님을 욕하지 않겠나이까 하고 그를 시험해보고 싶다고 고소했다.

하나님은 사탄에게 그의 소유를 맡기되 다만 그의 몸에는 손을 대지 말라고 하시며 허락하신다. 그런 그에게 어느 날 스바 사람들이 갑자기 습격하여 가축들을 빼앗고 종들을 칼로 베어 죽이게 된다. 또한 갈대아 사람들이 낙타에게 달려들어 빼앗아가고 종들까지 죽이고 떠났다. 이뿐만이 아니라 거친 들에서 강한 바람까지 불어오더니 집이 무너지면서 욥의 열 자녀들이 다 죽었다. 자녀와 재산을 몽땅 잃어버리는 재앙을 겪게 된 욥은 고난의 배후에 사탄의 간교가 작용했음을 전혀 모르고 있었다. 그러나 그는 땅에 엎드려 경배하면서 "주신 이도 여호와시요. 거두신 이도 여호와시다. 여호와의 이름이 찬송을 받으실지니이다."하며 주님만 붙잡았다. 사탄의 예상과는 달리 욥은 하나님을 향하여 원망하지 않았다(욥 1:21-22).

이에 하나님을 다시 찾아간 사탄은 하나님으로부터 "나를 충동하여 까닭 없이 그를 치게 하였어도 그가 자기의 온전함을 굳게 지켰노라"는 말씀을 듣는다. 그러자 사탄은 이번엔 또 다른 간계로 하나님께 또 한 번 욥을 시험해보자고 한다. 그 시험이란 욥의 건강을 해치면 틀림없이 주를 향하여 욕할 것이라고 장담하니, 이에 하나님은 사탄에게 그를 맡기되 그의 생명은 해하지 말라고 명하신다.

사탄은 하나님이 허락하신 대로 욥을 쳐서 그의 발바닥에서 정수리까지 종기가 나게 하였고, 욥은 질그릇 조각을 가져와 몸을 긁게 될 정도로 고질적인 피부질환을 앓게 된다. 이에 아내는 더 이상 두고 볼 수 없었던지 화가 치밀어 욥에게 "그래도 자기의 온전함을 굳게 지키느냐 하나님을 욕하고 죽으라!"고 비난한다. 욥은 극도로 흥분된 아내의 비난에 침착하게 "우리가 하나님께 복을 받았은즉 화도 받지 않겠느냐"라고 응수하며 시험에 빠지지 않았다. 그런데 고통은 여기서 끝나지 않았다. 욥의 친구들이 위로하기 위해 찾아오지만 친구들은 그가 죄가 있기 때문에 이렇게 흉한 일들을 겪는 것이 아니냐 하며 그를 비난하고 논쟁했다. 욥은 무엇보다도 자신에게 죄를 씌워 비난하는 친구들의 말에 견디기가 힘들었을 것이다.

그런 가운데에서도 욥은 회개하며 하나님께 이렇게 고백한다. "내가 주께 대하여 귀로 듣기만 하였사오나 이제는 눈으로 주를 뵈옵나이다 그러므로 내가 스스로 거두어들이고 티끌과 재 가운데에서 회개하나이다"(욥 42:5-6). 이 욥의 말에서 하나님은 우리가 겉으로는 스스로 의롭게 여기는 것을 우리들로 하여금 깨닫게 하신다는 사실을 알 수 있다. 욥의 겉모습은 분명 어디를 보나 의인이었지만 내면의 모습은 죄에서 벗어나지 못한 죄인의 모습 그대로였다.

이후 하나님은 욥의 곤경을 돌이키시고 죄가 없음을 선언하시면서 욥에게 이전 모든 소유물보다 갑절을 주시고 말년에는 처음보다 더 많은 복을 내려주셨다. 하나님은 욥에게 고난을 허락하셨다. 이 모든 과정은 하나님의 계획안에서 이루어졌다. 욥은 하나님을 욕되게 하지 않았고 오히려 하나님의 뜻하신 바를 알기 위해 마음으로는 깊은 고심에 잠겼을 것이라 생각된다.

욥기에서 교훈하는 바는 의인에게도 예상치 못한 불행이 다가올 수 있음을 가르치는 것이다. 또한 하나님의 백성도 사탄이 접근함으로 시험받을 수 있음을 알게 하신다. 물론 하나님은 욥이 사탄의 말대로 하나님을 욕되게 할 만한 그런 사람이 아니란 걸 이미 알고 계셨다. 사탄은 두 번의 시험으로 욥을 하나님에게서 떼어놓으려고 갖은 계략을 폈으나 완전히 패배했다.

욥기의 결말을 통하여 우리가 알 수 있는 것은 하나님의 자녀들이 겪는 고난조차 그분의 섭리 안에 있으며, 그런 상황에서도 끝까지 온전한 믿음과 태도를 지키면 하나님은 결코 버리시지 아니하고 예비하신 축복을 내려주신다는 것이다.

우리가 얻을 수 있는 욥기의 교훈은 모든 것이 풍요롭고 아무 탈 없이 원만하게 돌아갈 때 사탄이 어느 순간 접근하여 우리를 시험할 수 있다는 점이다. 시험도 외부로부터 오는 시험 외에도 내부로부터 오는 시험이 있다.

그러면 시험이란 것을 어떻게 알 수 있을까? 우리가 극단의 상황으로 치닫거나 우리의 관심과 주위를 돌릴 수 있는 미혹이 눈앞에 보이거나 다가올 때 시험이란 것을 알 수 있다. 확고한 생각과 신념일지라도 하나님께로 나아가는 것을 방해한다면 이는 세상의 미혹으로 생각해야 한다. 우리는 시험받을 때 하나님의 밧줄을 놓고 엉뚱한 밧줄을 잡으려고 할 수 있다. 지금 겪는 고통이 감당하기 어려울 정도로 힘들기 때문에 하나님을 원망하며 욕되게 하고 그분의 밧줄을 놓아 버릴 수 있다. 절대 엉뚱한 밧줄에 눈길을 돌리지 말라! 그 밧줄은 중도에 끊어질 수 있는 위험한 밧줄이다.

비는 의로운 자와 불의한 자 모두에게 내린다.

성경 말씀에 "비를 의로운 자와 불의한 자에게 내려주심이라"(마 5:45)고 하신다. 비(고난을 뜻함)는 의인과 악인을 가리지 않고 모두에게 내린다는 것이다. 즉 하나님을 믿는 그리스도인들에게도 고난과 고통을 수반하는 상황이 닥쳐올 수 있다는 것이다. 욥의 경우처럼 죄짓지 아니하고 주님을 향한 믿음이 흔들리지 않으며 주님을 사랑함이 변치 않을 때, 그분은 우리에게 주어진 고난을 축복으로 바꾸어 내리심을 깨닫게 된다.

그리스도인들도 살아가면서 예상치 못한 불행한 일들이 일어날 때 그런 일이 '하나님의 뜻'이라고 쉽게 결론을 내리는 경우가 적지 않음을 보게 된다. 특히 불치의 병을 얻었거나 사고로 몸을 다쳐 불구가 되었거나 이혼을 당하고 가족과 헤어지며 사랑하는 자식을 교통사고로 잃게 되거나 기대하던 사업에 실패하여 깊은 좌절과 낙심에 처해질 때, 하나님께 불평하고 그분을 원망하거나 그분의 뜻이라고 여긴다.

「여호와여 나를 살피시고 시험하사 내 뜻과 내 양심을 단련하소서」
(시 26:2)

수많은 사람들 중에 하필이면 '왜 나에게 이런 일이 닥친 걸까?'하고 분을 삭이지 못하고 마음 안에 감정의 쓴 뿌리를 내리게 되는 것이다. 이 중

상이 심하게 되면 하나님과의 관계를 단절시키고 떠나는 사람도 있다. 하나님은 정말 우리의 삶에 개입하여 가끔씩 이런 불행한 일들로 브레이크를 거시는 걸까? 하나님께서 우리의 인생이 순탄하게 흘러가는 것을 보고 혹시 세상을 더 사랑하여 그분과의 사이가 멀어지게 될까봐 질투하시어 예기치 못한 돌발 상황을 만들어 깨닫게 하시려는 것일까? 이 같은 물음을 나에게 한다면 나는 "절대 그렇지 않다."고 대답할 것이다.

> 「주께서 인생으로 고생하게 하시며 근심하게 하심은 본심이 아니시로다」(애 3:33)

　　그런 상황을 하나님의 뜻이라고 쉽게 돌리게 된다면 우리는 매일같이 불행한 일들이 발생할 때마다 하나님을 원색적으로 비난하게 될 것이다. 하나님의 뜻을 아무데나 함부로 갖다 붙이지 말라. 자신의 비판대에 하나님을 세워놓는 불손한 짓의 우를 범하지 마라! 인생에 좋은 날보다 그렇지 않은 날들(캄캄한 날들)이 사실 더 많지 않은가? 그런데 모든 것이 순조롭게 돌아갈 때는 자신의 노력에 의해 된 것처럼 은근슬쩍 자신의 공으로 돌리고, 뭔가 풀리지 않을 때에는 우리 기도가 거부당하지는 않았는지 하며 하나님을 탓할 수 있다. 그런 생각을 행여 가지고 있다면 우리 스스로가 법정의 배심원 입장에 서서 하나님이 우리의 삶에 개입하시는 일들에 대해 갑의 입장에서 판정을 내리는 것과 같다.

　　우리가 삶에서 일어나는 슬픔과 불행한 일들에 대해 자신도 모르게 하나님의 뜻으로 개입시키려는 마음은 그것을 하나님의 뜻으로 돌려 궁극적으로 자신이 위안을 받고자 하는 내면의 감정으로부터 비롯되는 것이다.

이런 생각들은 상처 입은 마음과 감정을 추스르기 위한 보호막을 스스로 만들어내어 치유하고 싶은 마음에서 나온다.

> 「이와 같이 이 작은 자 중의 하나라도 잃은 것은 하늘에 계신 너희 아버지의 뜻이 아니니라」 (마 18:14)

또 다른 우려되는 한 가지는 하나님께서 우리를 가지고 꼭두각시처럼 보이지 않는 곳에서 조종하고 움직이시는 분은 아닐까 하는 생각이다. 사실은 그 반대이다. 오히려 우리가 거룩하신 하나님을 그렇게 대할 때가 종종 있다는 사실을 우리 스스로 점검해봐야 한다. 그렇기 때문에 우리는 하나님의 섭리인 그분의 뜻을 성경말씀을 통하여 그분이 어떠하신 분인가를 명확히 알아야 두어야 그런 왜곡된 위험한 생각에 빠지지 않게 된다.

고린도전서 2장 9절을 보라! 하나님의 사랑하심이 어떠하신 지를.

> 「하나님이 자기를 사랑하는 자들을 위하여 예비하신 모든 것을 눈으로 보지 못하고 귀로 듣지 못하고 사람의 마음으로 생각하지도 못하였다」 (고전 2:9)

삶의 인도자 되시는 주님,
감당 못할 고난이 내게 닥쳐왔나이다.
내 마음에 근심이 많사오니 저를 고난에서 끌어내소서.
주의 말씀은 나의 고난 중의 위로되시며

주의 말씀이 저를 살리심을 알게 하소서.

어둡고 침체된 고통 가운데 신음하는 저를

강하고 담대하게 펴시어

어떠한 시험과 곤경도 돌파하게 하소서.

예수님의 이름으로 기도합니다. 아멘.

밝음에 거한 사람들과 어둠에 갇힌 사람들

이 세상은 외관상으로는 큰 무리 없이 돌아가는 것처럼 보이지만 안으로는 죄악의 물이 곳곳에 스며들어 썩어가는 줄 도 모르고 방치되어 있다. 부도덕함과 악한 생각과 행동이 만연하여 우리는 그야말로 노아의 홍수 때처럼 하나님께 복종하지 아니한 자들을 단번에 쓸어버리는 형벌을 받지 않기를 바라는 심정이다. 하나님께서는 단 한 사람의 생명을 더 구원하시기 위해 많은 고심을 하시는데 정작 우리는 십자가의 고뇌를 절실하게 느끼지 못하고 있다.

개인은 나를 위한 복을 구하는 대상으로 그분을 전락시키고 말았다. 그분의 말씀은 이제 '형통하는 나'를 위한 도구로 활용되고 있다. 심지어 기독교 서적도 그런 책들이 쏟아져 나온다. 신앙서적인지 자기계발서인지 구분이 안 간다. 물론 하나님은 하나님의 자녀들이 범사에 잘되고 형통하기를 원하신다. 그러나 그분은 하나님의 진정한 뜻을 외면한 채 나 위주의 주변 세상의 일이 잘되기만 신경을 쓰는 정욕에 어두워짐을 경고하고 있다. 육의 생각에 몰두할 때 어둠의 그늘 속에 갇히게 된다. 반대로 영의 생각을 바라볼 때 밝음의 빛 안에 거하게 된다. 우리 안에 밝음과 어둠이 공존하고 있는 것이다. 그러므로 우리의 마음에 십자가의 영역이 넓혀질 수 있도록 그분을 항상 생각하며 습하고 누추한 공간이 없도록 생명의 빛을 늘 받아야 한다.

예수 그리스도를 거부하는 사람들

「어리석은 자는 그의 마음에 이르기를 하나님이 없다 하는도다」 (시 14:1/ 시 53:1)

이 세상에는 하나님에 대해 거부감을 갖고 사는 사람들이 많이 있다. 하나님이 계시다는 것은 들어 알고 있지만 의도적으로 거부하는 사람들을 말한다. 내 생각에 그들은 하나님의 존재를 심적으로 불편함을 끼치는 대상으로 받아들이는 것 같다. 그들은 세상의 일에 바쁘기 때문에 하나님에 대해 생각할 겨를조차 없어 보인다. 그들은 성경말씀을 부인하고 예수 그리스도를 거부한다. 그들은 예수를 알 필요도 없고 성경말씀을 몰라도 이 세상을 살아가는데 아무런 지장이 없다고 주장한다. 그들은 진리의 빛이 더 가까이 다가올수록 그 눈을 감아버린다. 그들은 웬만한 것은 숨길 수 있는 암흑 가운데 있는 것을 더 편안하게 여긴다. 왜냐하면 암흑 안에서는 웬만한 잘못도 좀처럼 확연하게 드러나지 않기 때문이다. 그들은 죄를 당연시 여기는 것이다!

그들의 눈에는 신앙에 얽매여 사는 것처럼 보이는 그리스도인들이 더 이상하게 비춰지고 있다. 심지어는 크리스천을 극도로 싫어하는 강한 거부감을 나타내기까지 한다. 주변의 일부 크리스천들의 잘못된 언행을 보고 마음의 문을 닫아버리기도 한다. 그들은 하나님이 보이지 않기 때문에 사람만을 보고 판단한다. 그런 그들의 공통된 특징이란 오로지 이 땅 위의 것을 추구하고 물질적인 잣대로 자신의 이익과 관련한 모든 것에 집착을 가지며 육신의 일만을 생각한다는 점이다. 그들의 물질적 사고는 몸에 배어 세상과 잘 조율해 가는데 능숙하기까지 하다. 그들은 필사적으로 세상의 것들을 얻기 위해 온갖 수단과 방법을 찾아내어 시도하며 최선의 노력을 마다하지 않는다. 자신의 목적한 바를 이루기 위해서라면 일사분란하게 돌아가는 공장의 기계처럼 쉼 없이 일한다.

또한 매사에 끊임없는 선택과 결정 가운데 자신이 내린 판단을 옳다고 생각하지만 한편으로는 불안해하며 근심과 두려움에 갇혀 지낸다. 왜냐하면 이 세상은 예측 불허의 불확실성을 띠고 돌아간다는 사실을 잘 알고 있기 때문이다. 그래서 그들은 자신이 던진 주사위가 현실에서 맞아떨어지기를 바라며 혼자 전전긍긍한다. 현실과의 힘겨운 줄다리기 게임에서 빠져나오기를 거부하는 것이다. 오히려 그들은 줄을 놓칠까봐 항상 손아귀에는 잔뜩 힘이 들어가 있다. 더 많은 것을 얻어내기 위해 만족할 줄 모른다. 그들의 생각은 욕망으로 인해 항상 무거움으로 가득 차 있다. 또 모든 일에 긴장 속에서 살아가기 때문에 진정한 평안이란 찾아보기 힘들다.

그들에게는 하나님의 존재가 있으나마나한 존재로 치부되고 있다. 따라서 하나님을 매몰차게 외면한다. 그들의 마음 안에는 하나님의 영이 심겨져 있지 않기 때문에 그들은 하나님의 백성이 누리는 특권을 전혀 보지 못한다. 또 알려고 하지도 않는다. 하나님은 그들도 빛 가운데 있기를 원하시지만 그들은 어둠에 너무나 익숙하여 광명의 빛을 좀처럼 쳐다보려고 하질 않는다. 그들의 눈은 어둠의 베일에 가려 있어 죽음이 오는 순간까지도 죄악의 그늘에서 벗어날 줄 모른다.

「사랑하는 자여 악한 것을 본받지 말고 선한 것을 본받으라」(요삼 1:11)

이처럼 우리가 사는 세상에는 온갖 종류의 사람이 살고 있다. 믿음이 없는 사람들, 예수님을 거부하는 사람들, 믿음이 연약한 사람들 외에도, 악한 계략을 가지고 속이는 자들, 악한 영에 휘둘려 저질러서는 안 될 범죄를 짓는 자, 자만과 오만에 가득 차 자기만의 세상인 양 의기양양한 태도를 보이는 교만한 자, 거짓 선지자들을 추종하는 자, 거짓 메시아로 사람을 교묘하게 속여 유혹하는 자, 육적인 쾌락에 마약과 술에 찌든 자, 세상을 비관하여 자신과 남까지 해치려고 악한 생각을 품는 자, 오직 물질적인 추구에만 매달려 교묘한 수단과 방법으로 사기를 벌이는 자들이 온통 섞여있다.

「악은 어떤 모양이라도 버리라」(살전 5:22)

또한 그리스도인을 가장하여 이단에 속하게 할 목적으로 위장하여 선한 어린 양들을 파탄에 이르게 하는 자들도 있다. 그들은 예수 그리스도의 진리로 위장한 하나님을 이용하는 거짓 선지자들이다. 그런데 놀라운 사실은 하나님께서 이들처럼 은혜를 모르는 자와 악한 자에게도 인자하시다고 말씀하신다는 것이다(눅 6:35). 그 악한 자와 이단들도 하나님이 만드신 자녀들이다. 그래서 그분은 택함을 받은 자를 부르고 쓰임 받게 하여 마침내 그들까지 구원하게 하신다.

이단은 자신들의 추구하는 방향에 합당한 말씀들을 취하여 강조할 부분을 교묘하게 해석한다. 그들은 예수 그리스도를 거부한다. 개인적인 성향에서도 이런 현상이 드러날 수 있다. 듣기 좋은 말씀, 힘이 되는 말씀, 위로를 주는 말씀, 내 마음을 불편하게 하지 않는 말씀만을 취하거나, 반대로 나의 죄를 꼬집는 말씀, 책망하는 말씀, 징계하는 말씀을 받아들이지 않고, 성경에 언급된 역사적 사건들을 의도적으로 읽기를 피하거나 건너뛰는 경우들은 바로 개인적 이단에 빠질 수 있는 속성이다.

「선지자들은 거짓을 예언하며 제사장들은 자기 권력으로 다스리며
내 백성은 그것을 좋게 여기니 마지막에는 너희가 어찌하려느냐」

(렘 5:31)

하나님의 말씀은 버릴 수 있는 것이 하나도 없다. 우리는 그분의 가르침을 수용하고 그분이 인도하시는 길을 따라가야 한다. 우리 맘대로 국도를 만들어 가면 나중엔 어느 길이 진짜 길인지 헷갈리게 된다. 하나님의 길을 일도만 벗어나도 그 끝의 각도는 엄청나게 벌어지게 된다.

하나님께서 예수님을 이 세상에 보내신 것은 세상을 심판하려 하심이 아니고 세상으로 구원을 받게 하려 하심이다. 하나님은 이 세상이 다하는 날까지 멀리 떠난 그들이 돌아오기를 인내하며 지금 이 순간에도 기다리고 계신다.

반쪽짜리 믿음을 가진 그리스도인

「내가 네 행위를 아노니 네가 차지도 아니하고 뜨겁지도 아니하도다 네가 차든지 뜨겁든지 하기를 원하노라」 (계 3:15)

그리스도인들 중에는 회색지대에 속한 겉 무늬만 크리스천으로 보이는 사람들이 있다. 그들은 겉으로는 그분을 시인하지만 행위로는 부인하는 등 어정쩡한 신앙의 자세를 가진 사람이다. 교인들 중에는 이처럼 반쪽짜리 믿음을 가진 그리스도인들이 상당수 섞여있다. 다시 말해 미지근한 신앙심을 가진 크리스천들이다. 그들은 기독교 신앙 가진 것을 마치 천국행의 안전한 생명보험이나 종신보험을 들은 것처럼 착각하고 있다. 그들은 상황에 따라 이리저리 쏠리는 경향을 보인다. 성경의 디도서 1장 16절에는 "그들이 하나님을 시인하나 행위로는 부인하니 가증한 자요 복종하지 않는 자요 모든 선한 일을 버리는 자니라"라고 했다.

「이 세상이나 세상에 있는 것들을 사랑하지 말라 누구든지 세상을 사랑하면 아버지의 사랑이 그 안에 있지 아니하니」 (요일 2:15)

그들은 이 땅에 사는 동안 낮이나 밤이나 영적생활에는 뒷전이다. 그 이유는 무엇보다 세상의 일에 우선순위를 두기 때문이다. 하나님은 사욕과 정욕과 탐심은 우상숭배라고 분명히 말씀하신다(골 3:5).

「이 세상도 그 정욕도 지나가되 오직 하나님의 뜻을 행하는 이는 영원히 거하느니라」 (요일 2:17)

이처럼 하나님을 믿는다고 하면서 다른 한쪽은 세상에 발을 담근 채 물질이 필요할 때마다 마트를 찾아 물건을 구입하듯이 그때그때 주님을 찾는 사람들이 반쪽짜리 믿음을 가진 사람들이다. 이런 믿음을 가진 그리스도인들의 특징은 차갑지도 않고 뜨겁지도 않은 미지근한 신앙심을 가지고 있다. 그저 주님을 자기를 위한 복의 근원으로 대치시킨다. 본인은 그렇게 대하지 않는다고 하지만 주님을 섬기는 우선순위는 2순위로 전락되었다.

또 말씀에 대한 공부와 기도하기를 힘쓰지 않는다. 기도의 응답 기대와 체험하기에 무감각해져 있다. 설교의 말씀을 지식적으로만 머리에 담을 뿐 그분의 계명대로 행하지 않는다. 자신이 무슨 죄에 빠져있는지도 모르고 넘어간다. 어쩌다 필요할 때만 슬쩍 교회에 나와 간구의 기도를 한다. 바쁘다는 핑계로 주일 예배에 출석하는 경우가 드문드문하다. 교회에 갈 때에는 성경을 들고 가지만 집에서는 성경을 펼쳐 말씀을 읽어보지도 않는다. 일상생활에 기도하는 경우가 거의 드물다. 골방에서의 기도생활이 없다. 외부에서 식사할 때 남들의 시선 때문에 식전기도를 하지 않고 넘어간다. 남 앞에서 자신이 크리스천이라고 당당하게 말하지도 못한다. 모르는 사람에게 복음 전도를 하려는 마음을 갖지 못한다. 친한 사람에게 복음을 전하기 위해 말도 꺼내지 못하고 사이가 멀어질까봐 오히려 비위를 맞춘다. 이렇게 열거하자면 끝이 없다.

누구는 그렇게 반문할지 모르겠다. "예배는 주일날 가면 되는 거고 평일에는 열심히 일만 해야죠. 세상이 얼마나 빠르게 돌아가는지 모르세요?

자고나면 매일 매일 변화무쌍한 세상이 펼쳐지는데 무슨 말이에요? 그렇게 해도 따라 갈까 말까 하는데요. 아마 주님도 그 점을 이해해 주시리라 믿어요."라고 말할 수 있겠다.

그는 한 가지 덧붙여 말하기를 "솔직히 하나님 앞에서 숨을 못 쉬겠어요. 왜냐고요? 지킬게 너무 많고 조심스러워서 몸이 경직될 지경이에요."라고 따진다. 그렇다면 나는 그에게 이렇게 묻고 싶다. "하나님을 믿는다고 해놓고 그분과는 동떨어진 삶을 살고 있는데 그 점에 대해 정말 깊이 생각해 볼 것이 없다고 여기십니까? 내일의 삶을 보장 받았다고 보십니까? 하나님을 가까이 해본 적도 없이 나중에 천국에 갈 명단 리스트에 들어갈 자신이 있습니까? 하나님을 믿으니 천국에 갈 수 있는 생명보험을 들었다고 생각하는 건 아닙니까? 하늘나라에 갔을 때 예수님 앞에서 이 땅에서 한 일 중 그분이 기뻐하실 만한 것을 했다고 담대하게 말할 수 있는 것이 있습니까?"라고.

성숙한 참된 모습의 그리스도인

「이 모든 일에 전심전력하여 너의 성숙함을 모든 사람에게 나타나게 하라」 (딤전 4:15)

성숙하며 신실한 그리스도인들이 있다. 그들은 하나님의 뜻 가운데 살아가길 정말 원하고 있다. 하나님을 경외하며 따르는 온전한 그리스도인은 세상에 속해 있으나 하나님으로부터 택함을 받은 백성이다. 그들의 시민권은 하늘에 있다. 그들은 이 땅의 재물들과 주님을 겸하여 섬기지 않는다. 그들도 세상의 일에 힘쓰지만 하나님과의 교제를 게을리 하지 않으며 늘 하나님께 기도하는 생활과 그분의 임재 안에서 성령으로 인도하심 받기를 간절히 원하고 있다. 그들은 세상의 일로 인해 자칫 자신도 모르게 하나님과의 거리가 멀어지지 않을까를 두려워한다. 그들은 세상의 것에 지나치게 마음이 집착되지는 않는지 늘 점검하며 살펴본다. 그들은 항상 깨어 있으려고 한다.

「위의 것을 생각하고 땅의 것을 생각하지 말라」(골 3:2)

그들은 또 온갖 유혹으로부터 자신의 선택과 판단이 충동적으로 끌려가지는 않는지 늘 신중하게 생각한다. 그들은 매일 기도하는 데 게을리 하지 않으며 특별한 사유가 없는 한 주일 예배 참석을 반드시 지키며 철야 예배와 새벽기도에 힘쓴다. 그들은 범사에 감사하는 자세를 가지며 작은 일의 성취에도 감사기도를 주님께 드린다.

「너희 말이 내 귀에 들린 대로 내가 너희에게 행하리니」(민 14:28)

그들에게도 고난과 역경이 닥치기도 하지만 그것이 축복의 통로임을 알고 하나님의 말씀에 따라 흔들리지 않고 인내심을 가지고 견디어 나간다. 그들은 고난과 역경을 하나님께서 허락하시는 연단으로 받아들이며 온전해질 때까지 견디기 힘든 육신적 고난을 영적 무장으로 헤쳐 나간다.

「그들이 그 죄를 뉘우치고 내 얼굴을 구하기까지 내가 내 곳으로 돌

아가리라 그들이 고난 받을 때에 나를 간절히 구하리라」(호 5:15)

그들은 세상의 것에서 위로를 찾지 않으며 오직 살아계신 하나님을 갈망하며 의지하고 나아간다. 그들은 하나님을 경외하며 그리스도의 보혈로 죄를 사하여 주심을 받고 끊임없이 영적 성장의 수업을 게을리 하지 않는다. "하나님이 우리를 사랑하시는 사랑을 우리가 알고 믿었노니 하나님은 사랑이시라. 그러므로 사랑 안에 거하는 자는 하나님 안에 거하고 하나님도 그 안에 거하시느니라"(요일 4:16).

「너희가 전에는 어둠이더니 이제는 주 안에서 빛이라 빛의 자녀들처럼 행하라」(엡 5:8)

우리가 하나님을 진정으로 경외하며 성령으로 충만할 때 강력한 기도의 파워가 우리의 심령 안에 자리하게 된다. 어두운 그림자를 드리우는 생각은 그 즉시 성령의 불로 태워져 사라지게 된다. 왜냐하면 하나님의 뜻은 언제까지나 '밝음'안에 계시기 때문이다.

신실하신 하나님,
세상의 정욕에 눈이 어두워 빛을 보지 못한 채
세상에 갇힌 자로서 지내온 그런 내가 주 안에서
광명의 빛을 받아 세상의 어둠을 이기었나이다.
주는 나의 하나님이시오니

내가 간절히 주를 찾고 내 영혼이 주를 갈망하나이다.

예수님의 이름으로 기도합니다. 아멘.

하나님의 뜻을 구하는 기도문

『하나님 아버지,

나의 부르짖음이 주의 보좌 앞에 이르게 하시고

주의 말씀대로 나를 깨닫게 하소서.

내가 성경을 펼칠 때 주님의 인도하심으로

주님의 길을 깨닫게 하시고

내가 말씀을 읽을 때 주님이 주시는 마음으로

주님의 뜻을 알게 하소서.

내가 주님 앞에 부족하고 연약한 믿음으로 다가갈 때

주님이 주시는 담대함과 평안함으로 채워주시고

내가 주님 앞에 엎드려 회개하며 기도할 때

나의 지은 죄를 생수의 강으로 씻어 주소서.

내가 영으로 기도하고 온전한 믿음과 순종으로

기도의 그릇을 채워 주님 앞에 기도가 상달되게 하시고

주의 종으로 언제든지 부름 받아

주의 뜻에 합당한 길을 따라가게 하소서.

예수님의 이름으로 기도 드립니다. 아멘.』

성령의 충만함과 기도의 권능

특별한 손님 : 하나님이 주시는 성령

예수님은 제자들이 모인 자리에서 자신이 이 땅에서 떠날 때가 되었음을 아시고 "내가 너희에게 실상을 말하노니 내가 떠나가는 것이 너희에게 유익이라 내가 떠나가지 아니하면 보혜사가 너희에게로 오시지 아니할 것이요 가면 내가 그를 너희에게 보내리니"(요 16:7)라고 하시면서, "내가 아버지께 구하겠으니 그가 또 다른 보혜사를 너희에게 주사 영원토록 너희와 함께 있게 하리니 보혜사 곧 아버지께서 내 이름으로 보내실 성령 그가 너희에게 모든 것을 가르치고 내가 너희에게 말한 모든 것을 생각나게 하리라"고 보혜사 성령에 대해 말씀하셨다(요 14:16/ 14:26).

「성령이 친히 우리의 영과 더불어 우리가 하나님의 자녀인 것을 증언하시나니」 (롬 8:16)

이 말씀은 예수님께서 자신을 대신할 성령(보혜사: 옆에서 늘 같이 계시면서 능력을 주시고 도와주시는 분)을 우리에게 보내주신다고 약속을 하신 것이다. 보혜사는 어떤 분이신가? 바로 그리스도인 안에 내주하시는 하나님의 영이시다. 성령의 선물은 예수 그리스도의 이름으로 세례를 받고 죄 사함을 받을 때 주어진다. 우리의 영은 예전에 죽어있었다. 그러나 그분이 오심으로써 우리의 영은 살아나게 되었고 이를 살아나도록 하시는 이는 생명의 성령이시다(요 6:63/ 롬 8:2).

성령님은 예수님을 잉태하여 탄생하게 하셨고, 사람으로 하여금 영감을 주셔서 감동받아 성경을 쓰게 하셨다. 또 그분은 성도를 인도하시고 성령의 은사를 나누어 주시며 성령의 열매를 맺게 하신다. 우리의 연약함을 도우시며 권능을 주셔서 증인이 되게 하신다. 또한 죄와 의와 심판에 대하여 책망하시기도 한다. 그분은 인격체로서 생각과 뜻과 목적을 갖고 계시며 모든 것을 알고 있는 지식이 있으시고 사랑하시고 근심하시기까지 하신다(롬 8:27/ 고전 12:11/ 고전 2:10/ 롬15:30/ 엡 4:30 참고).

성령님은 삼위격으로 하나님 아버지와 예수님과 동등하신 하나님이시다. 그분은 영원하시고, 어디에나 계시고, 전능하시고, 거룩하시고, 진리의 영이시며, 모든 것을 가르치신다. 성령을 우리에게 주신 이는 하나님이시다. 그분은 우리 영 안에 내주하시는데 수교를 맺은 상대 국가에 대사를 파견하듯이 성령님께서도 하나님의 대사 역할을 수행하기 위해 그리스도인 안에 내주하시어 주어진 임무를 충실히 수행하신다.

「하나님의 성령이 너희 안에 계시는 것을 알지 못하느냐」 (고전 3:16)

주님은 우리에게 말씀하시길, 성령을 모독하는 것과 성령을 거역하는 것은 결코 용서받지 못할 죄라고 하셨다. 모독은 신성하고 존엄한 것을 욕되게 하는 것이며, 거역은 뜻이나 지시를 따르지 않고 거스르는 것이다.

> 「내가 너희에게 이르노니 사람에 대한 모든 죄와 모독은 사하심을 얻되 성령을 모독하는 것은 사하심을 얻지 못하겠고 또 누구든지 말로 인자를 거역하면 사하심을 얻되 누구든지 말로 성령을 거역하면 이 세상과 오는 세상에서도 사하심을 얻지 못하리라」(마 12:31-32)

예수님이 성령의 능력으로 행하신 기적을 본 바리새인들은 그것이 성령에 의한 것이 아니라 사탄이 행한 행위로 돌려댔다. 그들은 예수님이 보이신 성령의 기적을 불신하였다. 그들은 자신의 눈앞에서 벌어지는 하나님의 권능을 보고도 믿지 못한 것이다. 그들의 머리에는 지식적으로만 성경말씀이 들어가 있었다. 결국 그들은 가짜 믿음으로 하나님이 살아 역사하시는 분이라는 것을 인정하지 않음을 드러낸 셈이다.

성령님이 우리에게 오심으로 우리의 눈과 마음은 이 세상의 것들만 바라보고 생각하던 집착에서 벗어나 영혼이 평강가운데 숨 쉬게 됨을 느끼게 된다. 그동안 영혼은 장막에 드리워져 갑갑한 상태에서 지내왔었다. 하나님은 육에 속한 사람은 하나님의 성령의 일들을 받지 아니한다고 하셨다. 우리는 세상의 영을 받지 아니하고 오직 하나님으로부터 온 영을 받았으니 이는 우리로 하여금 하나님께서 우리에게 은혜로 주신 것들을 알게 하려 하심이라 하셨다(고전 2:12).

「오직 성령이 너희에게 임하시면 너희가 권능을 받고 예루살렘과 온 유대와 사마리아와 땅 끝까지 이르러 내 증인이 되리라 하시니라」(행 1:8)

내 안에 내주해 계시는 성령님
믿음이 연약해질 때 저를 붙잡으사 강건하게 하시고
성령의 불로 제게 오셔서
저의 완악한 마음을 부드럽게 하소서.
내 안에 생수의 강물이 넘치게 하시어
내 영혼이 새롭게 변화됨을 믿사옵나이다.
예수님의 이름으로 기도합니다. 아멘.

성령의 충만함과 기도의 권능

그리스도인에게 성령의 충만함은 늘 강조해도 지나치지 않다. 성령 충만은 늘 우리에게 임해야 한다. 그러나 요즘 그리스도인들 가운데 성령의 충만함을 갈급하게 원하는 성도들이 잘 안 보이는 것 같아 안타깝다. 왜 그럴까? 두 가지 원인이 있을 것이다. 하나는 성령의 충만함을 갈급할 정도로 현재 자신이 그 필요성을 절실히 느끼지 못하기 때문이다. 둘째는 굳이 성령으로 충만해 있기를 원하지 않고 있다는 점이다. 하나님은 우리에게 성령을 주시므로 우리가 그 안에 거하고 그가 우리 안에 거하시는 줄을 알라고 말씀하셨다(요일 4:13). 그러므로 성령을 저버리는 자는 우리에게 그의 성령을 주신 하나님을 저버리는 것과 같다!(살전 4:8).

오직 성령의 충만을 받으라

「우리 구주 예수 그리스도로 말미암아 우리에게 그 성령을 풍성히 부어주사」 (딛 3:6)

성령님은 분명 하나님의 자녀들 안에 내주하시지만 그분의 도움을 받고 그분과 함께 늘 교통하며 그분의 음성을 제대로 들으려면 성령의 충만함이 절대적으로 필요하다. 성령의 충만은 우리의 영에 그분의 영이 온전하게 들어오셔서 깃드는 것이다. 하나님의 아들을 믿는 자들에게는 이미 그분이 계심을 인식할 수 있다.

「하나님의 아들을 믿는 자는 자기 안에 증거가 있고」 (요일 5:10)

그분의 임재하심은 초심리학이나 수학적 공식으로 증명되는 것이 아니다. 그리스도인의 행동변화에 성령님의 인도하심이 이끌고 있다면 그것을 느낄 수 있을까? 내 생각에 그런 행동의 변화는 아주 자연스럽게 일어나기 때문에 좀처럼 느낄 수 없다고 본다. 마치 내가 직접적으로 생각하고 움직이는 것 같아도 성령이 충만하면 그분이 우리의 생각을 자연스럽게 올바른 길로 유도하신다고 보는 것이다. 성령의 충만은 참된 믿음 안에 있을 때만 가능하다.

성령의 충만함을 자칫 수돗물을 틀었을 때 욕조에 물이 차오르는 것과 같은 것으로 이해하지 말아야 한다. 비유를 들어 설명하면 마치 공 안에 공기가 꽉 찬 상태를 뜻한다. 여기서 공기란 성령을 뜻한다. 공(육신)이 공으로서의 제 역할을 하기 위해서는 공 안에 공기(성령)가 가득 차(충만) 있어야 비로소 쓸모 있는 공(그리스도인)으로 변화되는 것과 같은 이치다.

우리는 성령님이 늘 머물러 계시도록 힘써야 한다. 성령의 충만을 쉽게 전달하면, 하나님의 말씀 안에서 거한다는 것을 의미한다. 즉 우리의 영이 그분의 말씀에 직접적인 터치를 받을 수 있도록 그분의 권능(영향력) 안에 나의 영이 온전하게 머무는 것이다. 그러면 나의 영은 그분의 지배를 받게 되고 하나님의 말씀에 따라 사는 성령의 충만함이 이루어지고 유지하게 된다.

> 「술 취하지 말라 이는 방탕한 것이니 오직 성령으로 충만함을 받으라」(엡 5:18)

에베소서 5장 18절을 보면, 바울은 성령 충만을 술에 취하는 것에 비유한다. 술에 점점 취하게 되면 우리의 영혼은 알코올이 미치는 영향권 안으로 들어가게 된다. 쉽게 말해서 알코올이 우리의 영혼을 장악하게 된다. 처음에는 사람이 술을 마시지만 나중에는 술이 그 사람을 사로잡아 혼돈에 빠지게 하여 그의 육신을 지배한다. 그러면 헛소리를 하고 몸을 제대로 가누지 못한 채 방황하며 자신의 몸과 생각을 올바르게 통제하지 못하게 된다.

정리를 하면 '술 취하지 말라'의 뜻은 인간을 타락시키는 모든 근원의 상징을 대표하는 것으로, 술의 만취됨으로 알코올의 기운이 몸 안에 가득 배어 자신의 통제력을 잃게 되는 것을 지적하는 것이다. 이것은 결국 정신이 혼미해지는 것과 같이 세상의 미혹으로 중독이 되어 거기서 헤어 나오질 못하는 것을 말한다. 실제로 얼마나 많은 사람들이 세상의 것에 중독되어 있는지 깨닫지 못하며 오히려 즐기고 있다. 또 술 취함은 주변의 말을 듣고 호기심이 발동하여 세상의 거짓된 증표들을 받아들이는 행위를 뜻하기도 한다. 술의 기운이 몸을 지배하는 것(죄 짓는 것)을 방치하는 것은 성령의 충만함을 거역하는 것과 다를 바 없으며, 이는 곧 성령님을 근심하게 하는 것이다.

「하나님의 성령을 근심하게 하지 말라」(엡 4:30)

성령의 충만함이 없음은 결국 성령의 소멸을 뜻한다. "성령을 소멸하지 말며"(살전 5:19). 성령의 소멸은 성령의 권능과 우리의 마음을 감동하게 하는 불을 끄는 것이다. 즉 성령을 거스르는 죄지음과 성령이 함께 있을 수 없는 것이다. 성령의 충만함은 하나님의 거룩한 영의 지배를 받는 것을 뜻한다. 성경에는 한 사람이 두 주인을 섬길 수 없다고 했다. 사무엘상 16장 14절에는 사울 왕의 범죄로 인하여 성령이 그의 몸에서 떠나시는 것을 기록한 부분이 나온다. 이는 하나님께서 주의 성령을 거두신 것이다.

「여호와의 영이 사울에게서 떠나고 여호와께서 부리시는 악령이 그를 번뇌하게 한지라」(삼상 16:14)

「주의 성령을 내게서 거두지 마소서」(시 51:11)

갈라디아서 5장 19-21절에 나오는 말씀과 같이 비단 알코올 중독뿐만 아니라 담배, 마약, 문신, 음란만화, 음란물, 포르노, 동성애, 폭력성 영화, 잔인한 공포영화, 좀비영화, 폭력 게임, 점성술, 최면술, 토정비결, 역술, 운세풀이, 타로, 영매, 오컬트, 뉴에이지, 할로윈 행사, 미신, 부도덕한 괴이한 춤과 영혼을 혼란에 빠뜨리는 음악, 사탄숭배와 그와 관련한 물건들, 팔로마욤배(Palo Mayombe: 사탄에게 영혼을 팔 때 피로 계약을 맺음)와 같은 우상숭배와 손을 끊고 그것들에서 완전히 해방됨으로 거듭나야 한다.

> 「육체의 일은 분명하니 곧 더러운 음행과 더러운 것과 호색과 우상숭배와 주술과 원수 맺는 것과 분쟁과 시기와 분냄과 당 짓는 것과 분열함과 이단과 투기와 술 취함과 방탕함과 또 그와 같은 것들이라 전에 너희에게 경계한 것 같이 경계하노니 이런 일을 하는 자들은 하나님의 나라를 유업으로 받지 못할 것이요」 (갈 5:19-21)

사탄은 심지어 성경까지 인용해가며 한 조각의 진실로 사람을 유혹한다. 진실을 왜곡시켜 우리의 영혼을 덫에 걸리도록 유인한다. 마법이나 점술, 뉴에이지 같은 것들에 현혹되지 말라. 그것들은 처음에 굉장히 매력적으로 보이고, 우리가 가지고 있지 않은 지혜를 가진 것처럼 우리를 속인다. 그러나 그 후면에는 우리를 옭아매어 하나님과 멀어지게 만들려는 계략이 숨어있다는 사실이다! 이처럼 우리는 주님이 주시는 영적 권능으로 주변의 사악한 거짓 영들로부터 보호받아야 한다. 또한 악한 영에게 휘둘리지 않기 위해서 영적 분별력을 가져야 한다. 그럴 때 우리를 압박하고 잘못된 길로 이끄는 마귀의 역사에서 승리할 수 있다.

성령의 충만함을 유지하기 위해서는 마음 안에 가득 차 있는 지저분하고 더러운 오염물들을 깨끗하게 청소하여 영적치유로 정결하게 해야 한다. 우리의 마음속에는 과거에 겪었던 수많은 고초와 상처, 시련과 낙심, 남을 아프게 한 말과 알면서도 지은 죄들에 대한 죄책감 등이 늘 남아있다. 마음 한구석에 묵은 아무짝에도 쓸모없는 쓰레기를 차곡차곡 쌓아놓은 것이다. 이러한 것들은 그 즉시 내버려야 할 쓰레기와 같은 것이다. 쓰레기가 있는 곳에는 파리와 더러운 것들이 끼면서 썩은 냄새까지 풍겨나지 않는가? 아름다운 향기를 뿜어내는 꽃에는 벌들이 날아오지만 온갖 악취를 풍기는 더럽고 지저분한 쓰레기 주변에는 파리들만 끊임없이 달려든다.

「속에서 곧 사람의 마음에서 나오는 것은 악한 생각 곧 음란과 도둑
질과 살인과 간음과 탐욕과 악독과 속임과 음탕과 질투와 비방과
교만과 우매함이니 이 모든 악한 것이 다 속에서 나와서 사람을 더럽
게 하느니라」(막 7:21-23)

우리는 그런 처치 곤란하게 되어버린 마음속에 잠겨있는 케케묵은 쓰레기들을 가차 없이 치워버려야 한다. 그동안 오래된 죄악의 덩어리와 용서하지 못한 채 남겨둔 증오, 오염된 생각, 음탕하고 상스러운 것들과 악한 중독의 영에 휘둘려 헤어 나오지 못하는 것들에서 예수님의 이름으로 치유받고 자유로워져야 한다. 기독교인들 중에도 심적 답답함으로 은밀히 타로 점을 보거나 사주를 보는 사람들이 있는데 이는 믿음이 성숙되지 못한 가증한 행위이다. 이런 종류의 해악한 것들은 영적으로 하나님과 멀어지게

제2장 성령의 충만함과 기도의 권능

69

만들며 육신적으로도 피폐하게 만들고 위험에 빠지도록 만든다.

「점쟁이나 길흉을 말하는 자나 요술하는 자나 무당이나 진언자나
신접자나 박수나 초혼자를 너희 가운데에 용납하지 말라」 (신 18:10-
11)

이처럼 우리의 영을 오염시키는 영적 쓰레기들은 혈관 내에 생기는 혈전
으로 인해 혈액이 원활하게 흐르지 않는 것처럼 영적 동맥경화를 일으킬 수
있다. 이런 불순물 쓰레기들을 없애는 가장 효율적인 유일한 방법은 하나
님 앞에 진실한 죄의 고백과 진정한 회개의 기도를 쏟아놓아 그분으로부터
죄 사함을 받는 것이다. 그래야 우리의 기도에 생명력이 담겨져 하나님을
지향하는 하나님의 뜻을 위한 간구가 담대하게 나올 수 있는 것이다. 그러
므로 그리스도의 영으로 거듭날 때 주님께서 기뻐하시고 우리는 그분께 영
광을 돌리는 것을 찾아 힘쓰게 된다.

항상 성령 안에서 기도하라

「모든 기도와 간구를 하되 항상 성령 안에서 기도하고」 (엡 6:18)

사람에게는 영과 혼이 내재해 있는데, 그리스도인의 영은 하나님과 연결
되어 영적성장을 관장하며, 혼은 육신과 연결되어 물질세계를 관장한다.
영과 혼은 이처럼 서로 다른 영역에 머무른다. 성령은 마음에서 일어나는
생각들을 따르지 않는다. 반면 마음의 눈은 늘 육신적인 만족에 초점을

두기 때문에 성령의 시야를 거스르게 한다. 혼은 마음에 일어나는 생각들에 부채질을 하는 것이다. 마치 한 집안에서 부부가 서로 등을 맞대고 냉랭하게 원수같이 사는 것으로 비유될 수 있다. 이처럼 영과 혼의 영적 싸움이 우리의 육신 가운데 치열하게 일어나고 있는 것이다.

> 「육체의 소욕은 성령을 거스르고 성령은 육체를 거스르나니 이 둘이 서로 대적함으로 너희가 원하는 것을 하지 못하게 하려 함이니라」 (갈 5:17)

갈라디아서 5장 17절의 말씀과 같이 "육체의 소욕은 성령을 거스르고 성령은 육체를 거스른다"고 했다. 왜냐하면 육체의 소욕은 육신의 일만을 생각하고 성령은 그와 반대로 육신이 좋아서 하는 생각을 거부하기 때문이다. 이처럼 영과 혼의 각축전이 우리의 내면에서 끊임없이 일어나는 이유는 영의 생각과 혼의 생각 사이의 부조화에서 비롯된다. 부조화란 영과 혼의 불일치를 말한다. 다시 말해 이 둘의 팽팽한 줄다리기 싸움에서 어느 쪽으로 기울까(예: 어느 쪽 생각이 더 유리한가)를 저울질하는 것에서 일어난다.

나는 이 영육간의 대립하는 문제에 대해 근본적으로 해결 받을 수 있는 방안이 무엇일까를 그동안 심도 있게 연구를 해왔는데, 그 해답을 비로소 찾게 되었다. 바로 우리가 하나님께 드리는 기도에 있다는 사실이다. 핵심에 대한 이해를 돕기 위해 더 자세한 것은 앞으로 〈5장. 기도에 숨겨진 기도의 권능〉 편에서 그 비밀을 다루겠지만, 이 장에서는 결론적으로 기도의 권능이 성령 안에서 나옴을 전하고자 한다.

기도에 생명력을 담게 해주시는 분은 바로 성령님이시다. 성령 안에서 기도하라 함은 하나님의 말씀을 붙들고 그분의 뜻 가운데에서 기도해야 함을 말한다. 성령님의 권능 아래 머물며 나의 의지를 내려놓고 그분의 뜻 가운데 말씀을 붙들고 기도하는 것이다. 나는 기도를 할 때 항상 하나님의 말씀을 포함시켜 기도를 한다. 바로 그것이 그분의 뜻 가운데로 인도받는 기도의 자세이다. 그분의 말씀 안에 내 기도를 거하게 하는 것이다. 우리는 그렇게 함으로써 그분의 뜻을 하나하나 알아가게 된다.

하나님은 우리에게 쉬지 말고 기도하라고 명하시고, 모든 기도와 간구를 할 때에는 항상 성령 안에서 행하라고 지시하셨다. 기도의 권능은 성령의 충만함에서 나오며, 성령이 충만하다는 것은 우리가 성령님을 전적으로 의지함으로써 그분의 권능의 영향권 안에 늘 거하기를 온전하게 받아들인다는 것을 말한다.

「내가 이르노니 너희는 성령을 따라 행하라」(갈 5:16)

성령을 따라 행하게 되면 나타나는 반응은 육체의 욕심을 이루지 않게 된다는 것이다. 우리의 욕심의 대부분은 필요 이상의 채움에 있다. 채움은 물욕으로 눈을 어둡게 만들어 성령의 지배에서 벗어나게 만든다. 만약 우리의 담보가 육신의 만족을 이루는 것에 국한한다면 나에게는 성령의 보증이 나의 담보가 되게 하겠다. 우리의 기도가 하나님께 영광을 돌리기 위해서는 성령의 충만함에 눈을 돌려야 한다!

성령이 충만할 때 일어나는 현상

「내가 그들에게 한 마음을 주고 그 속에 새 영을 주며 그 몸에서 돌 같은 마음을 제거하고 살처럼 부드러운 마음을 주어」(겔 11:19)

끝이 안 보이는 광야를 걸어서 횡단한다고 가정을 해보자. 생명을 버티게 할 준비해간 수통 안의 물이 바닥을 보이기 시작한다면? 물을 채우기 위해 필사적으로 모든 방법을 강구할 것이다. 오로지 오아시스를 찾기 위한 일념으로 온통 그 생각에만 집중하게 될 것이다. 다른 생각들은 전혀 떠오르지 않을 것이다. 그러다 마침내 저 멀리 나무가 있는 곳이 보이고 물이 있는 것을 발견하게 되면 강한 햇빛에 온 몸이 타들어가는 상황에서 벌컥벌컥 물을 들이마실 때 그 물은 삶과 죽음의 경계선을 갈라놓는 생명수가 될 것이다. 평상시에는 갈증을 해소하는 용도로 찾는 물이지만 광활한 사막 같은 메마른 모래밭에서는 물이 목숨을 유지할 '생명수'로 바뀌게 되는 것이다.

「누구든지 목마르거든 내게로 와서 마시라」(요 7:37)

내가 물의 예를 단적으로 든 것은 흔한 공기와 물이 이처럼 환경의 상황에 따라 생명을 유지시키는 데 절대적인 요건으로 바뀐다는 점을 말하고 싶어서이다. 그렇다. 누구든지 그리스도인조차 '영'의 중요성을 깊이 인식하지 못한 채 살아가고 있다! 살아가는 데 영적 성장이 얼마나 중요한지를 깨닫지 못하고 있는 것이다. 왜냐하면 혼(정신)의 역할이 그때그때 필요로 하는 것을 찾아 조달해주니, 영이 생명수의 근원임을 전혀 자각하지 못하고 있기 때문이다. 한마디로 영은 있지만 죽어있는 영이나 다름이 없는 것이다. 그 죽은 영을 살리시는 분이 하나님의 영인 '성령'이시다.

무엇보다 마르지 않는 생명수와 같은 성령님이 우리의 영 안에 충만히 거하실 때 우리는 성령 안에서 기도를 하게 된다. 성경에는 "나를 믿는 자는 성경에 이름과 같이 그 배에서 생수의 강이 흘러나오리라"고 하면서 바로 이 생수의 강이 그를 믿는 자들이 받을 '성령'임을 가리키고 있다.

「나를 믿는 자는 성경에 이름과 같이 그 배에서 생수의 강이 흘러나오리라 하시니 이는 그를 믿는 자들이 받을 성령을 가리켜 말씀하신 것이라」(요 7:38-39)

우리는 이제 성령의 충만함을 입어 끊임없이 배에서 생수의 강이 흘러나옴을 믿어야 한다. 이 말씀을 마음에 자주 되새기면 우리의 몸은 정말 건강해질 것이다. 산에서 굽이굽이 흘러 세차게 내려오는 역동적인 살아있는 물처럼 성령의 충만함으로 우리 마음에 평안과 기쁨이 차고 넘칠 것이다. 그럴 때 성령의 충만함을 받고 있다는 사실을 어느 날 자연스럽게 알게 된다. 성령의 충만은 인위적인 노력을 해서 되는 것이 아니다. 우리가 할 일이란 믿음의 수로를 터서 그분이 부어주시는 생수의 강으로 더러운 마음속의 오물들을 깨끗이 정화시켜 온전한 성령의 강으로 채워 넘치게 함으로 생명수가 끊임없이 흐르도록 하는 데 있다.

성령이 충만해 있을 때란 그분의 구속하심을 온전히 받아들이고 그 안에서 믿음과 순종으로 새롭게 거듭나는 상태이다. 그러면 성령님은 메마른 강바닥에 생수의 강을 흐르게 할 것이다.

「우리가 그를 힘입어 살며 기동하며 존재하느니라」(행 17:28)

성령의 충만은 아무리 강조를 해도 지나치지 않다. 우리는 성령의 충만함으로 인해 다음과 같은 변화의 거듭남을 경험하게 된다.

첫째, 모든 상황에서 믿음과 담대함으로 이겨나가게 된다(요일 5:4). 그동안 두려움으로 인해 의심해오던 것에서 주님에게 전적으로 맡김으로써 믿음의 그릇이 성장해 나가게 된다. 또한 담대함으로 모든 면에서 불안해하지 않고 이겨나가게 된다.

둘째, 성령의 구속하심으로 인해 인격체가 거듭나게 되고 행동의 변화가 생겨난다. 세상속의 미혹으로부터 멀어지려 하고 죄악으로부터 해방되려고 한다. 그분이 싫어하시는 것을 하지 않게 되며 악을 멀리하는 깨끗한 삶을 살아가려 한다.

셋째, 자신의 고집을 꺾음으로써 겸손의 마음을 갖게 되고 하나님의 말씀에 순종하게 되어 하나님의 계명을 지키는 마음자세를 갖게 된다. 요한일서 5장 3절에는 "그의 계명은 무거운 것이 아니로다"라고 했다.

넷째, 하나님을 기쁘시게 해드리려는 마음이 충만하게 되며, 그분이 원하시는 삶을 추구하게 된다. 또한 그분을 높이기 위해 그분에게 영광을 돌리고 그분이 기뻐하시는 일을 자발적으로 찾아서 하게 된다.

다섯째, 성령 안에서 기도를 함으로 말하는 것이 이루어질 줄 믿고 기도의 응답에 대한 확신이 생겨난다(요일 5:15, 막 11:24). 구원 받았음을 확신하게 되고, 생명이 다한 후 하나님의 나라(천국)에 가기를 간절히 소망하게 된다.

거룩하신 하나님 아버지,

살아계신 성령님이여!

내 영이 성령의 충만으로 성령 안에서 기도하며

성령님의 세미한 음성으로 인도받기를 원합니다.

지치고 힘들어 할 때 출렁이는 내 마음을

성령의 권능으로 잠잠하게 하옵소서.

예수님의 이름으로 기도합니다. 아멘.

성령님의 인도로 응답하심을 체험하다

나는 이렇게 생각한다. 하나님의 응답을 체험하기 위해서는 먼저 자신의 지난 날 죄를 회개하고 용서를 구한 후 하나님에 대한 경외심과 그분을 높여드리는 온전한 믿음과 순종하는 자세를 가져야 한다고. 그런 후 진실하고 솔직한 마음자세의 기도, 꾸준함과 변함없는 끈기를 가진 기도, 전심을 다하는 뜨거운 기도, 하나님의 의를 먼저 구하는 기도를 하는 것이 마땅하다고 생각한다. 그리하면 주님께서는 결코 우리의 기도 듣기를 외면하지 않으시고, 우리가 기쁘게 받아들일 응답을 반드시 그분이 정하신 때에 주신다는 것을 확신해도 좋다!

네가 진리 안에서 행한다 하니 내가 심히 기뻐하노라

이 책을 집필하는 기간 중에 나는 어느 날 생각지도 못한 상황에서 성령님의 인도하심을 체험했던 때가 종종 있었다. 매 순간 응답의 결과를 체험할 때는 잔잔한 기쁨이 내게 찾아왔다. 한 번은 이런 경험도 있었다. 2018년 5월 22일 이 책의 마지막인 8장의 정리가 끝나고 난 뒤였다. 본문의 마지막 페이지 끝부분을 마무리할 합당한 하나님의 말씀이 있었으면 참 좋겠다는 생각이 문득 떠올랐다. 그날 나는 예수님을 만난 사람들의 해외 간증 인터뷰 영상을 찾아보던 중 한 젊은이의 간증에서 나의 눈을 확 끌게 하는 말씀 구절(자막처리)을 만나게 되었다. 난 그 순간 마음속으로 '오! 바로 이 말씀이야!'하고 외쳤다. 동시에 가슴이 뭉클 하는 느낌을 받았다. 나는 그 즉시 하나님께 감사 기도를 드리면서 나도 모르게 눈물을 흘렸다. 그 외에도 내가 생각지도 못한 방식으로 성령님의 도움과 인도하심을 받아 비로소 이 책이 나올 수 있었다. 집필 기간 중에 순적한 흐름을 따라 원고가 마감될 수 있었던 것이다.

나는 이 책에 담겨질 내용에 대해 매 순간 주님께 기도했다. 사람들이 좋아할 만한 내용의 것으로 채우는 것이 아니라 이 책으로 인해 읽는 이들의 심령에 울림을 주고 회개로 인도하며, 주님 앞에 나와 거듭 태어나고, 기쁨으로 자신의 인생을 주님과 동행하게 되기를 원한다고 기도했다. 내가 책을 집필하면서 변화 받은 것 중 가장 큰 것을 꼽으라면 바로 이 '기쁨'과 '내적 확신'이었다. 응답 체험에서 오는 기쁨뿐만 아니었다. 전에는 전혀 느껴보지 못했던 주님께서 나와 동행해 주시고 있다는 사실을 인지해갈 때 담대함과 큰 위로의 사랑을 느낄 수 있었다.

「네가 진리 안에서 행한다 하니 내가 심히 기뻐하노라」(요삼 1:3)

주를 기쁘시게 할 것이 무엇인가 시험하여 보라

애초에 나는 기독교 신앙서적을 낼 생각이 전혀 없었다. 지금까지 전공 분야인 컴퓨터 분야와 자기계발 분야의 책은 몇 권을 냈지만 신앙서적을 집필할 의도는 아예 없었다. 책을 집필한다는 것은 정말 고된 작업이고 별도의 시간을 내어 꾸준히 집필해야 하는 과정이 따르기 때문에 여간 마음을 단단히 먹지 않고선 시작하기가 힘들다. 그래서 나는 더 이상 책을 쓰지 않기로 선언을 하고 남들처럼 평범하게 직장생활과 신앙생활을 해오면서 지내왔다. 그러던 중 2017년 7월에 접어들면서 지나간 과거의 신앙생활에 회의가 들기 시작하여 지난날들을 되돌아보게 되었다. 그동안 나는 주일예배만큼은 꾸준히 참석해왔지만 집에 와서는 성경을 매일 펼쳐 읽어보거나 기도하는 성도로서의 생활을 방관한 무늬만 성도인 사람이었다. 성령님의 인도하심은 이때부터 시작되었다. 성령님은 나를 만져주시기 시작했다. 이 책은 이렇게 시작되어 일 년이 지난 후 탄생되었다. 다음 글은 그간의 인도하심에 대한 고백이라고 할 수 있겠다.

"저는 10년 동안 교회를 다녔어도 제가 하나님에 대해서 제대로 알고 있는 것이 무엇인지 딱 부러지게 말할 수 있는 것이 없었습니다. 또한 제 믿음의 정도와 기도에 열심을 다하는 신앙인으로서 성장해가고 있는지에 대해 스스로 점검을 해본 결과 제 점수는 10점에 가까웠습니다. 결론적으로 저는 그동안 주일예배를 드리기 위해 성경책만 들고 교회만 왔다 갔다 하는 알맹이가 없는 겉보기 성도에 불과했다는 것을 자각하게 되었습니다.

부끄러운 말이지만 평소 집에서 성경을 들춰다 본 기억도 거의 없었습니다. 창피하고 부끄러운 제 자신을 바라보면서 저는 어느 날 이렇게 신앙생활을 하면서 남들 앞에 내가 어떻게 크리스천이라고 당당하게 말할 수 있을까 하는 생각이 머릿속에서 맴돌았습니다.

그래서 저는 뭔가 획기적인 전기를 마련해 자신에게 본격적으로 드라이브를 걸 필요가 있다는 것을 깨닫게 되었습니다. 그렇지 않고서는 예전처럼 미적지근한 신앙생활로 시간을 보낼 게 뻔했기 때문입니다. 이 생각 저 생각으로 고민을 거듭하던 중 나에게 올무가 될 방법은 신앙서적을 집필하는 것 밖에는 다른 방도가 없다는 생각으로 굳혀졌습니다. 왜냐하면 책을 내기 위해서는 하나님의 말씀에 대한 방대한 조사와 연구 그리고 실제적인 기도의 실천, 응답과 체험, 말씀의 검증이 뒷받침되지 않고서는 책을 낼 수 없기 때문입니다. 그런데 책의 집필방향을 어디에 두어야 할지를 몰라 고민하다가 수개월이 훌쩍 지나갔습니다. 하지만 여전히 신앙서적을 쓰려는 목적을 찾지 못하고 있었습니다. 그렇게 또 시간을 보내던 중 어느 날 주님께서 하신 말씀 중에 에베소서 5장 10절이 생각났습니다.

「주를 기쁘시게 할 것이 무엇인가 시험하여 보라」(엡 5:10)

저는 이 말씀을 한 동안 곰곰이 생각하던 중 '먼저 내가 책을 쓰려는 동기가 무엇인지 정해야 하겠구나!'하는 생각이 떠올랐습니다. 저는 성경을 매일 조금씩 읽어나가면서 기도에 관한 책을 집필하는 것이 맞다는 결론을 내리게 되었습니다. 그리고 하나님을 기쁘시게 할 것은 '복음을 전도하기 위한 선물'로 이 책을 내겠다고 정했습니다. 기도는 신앙생활의 핵심입니다. 하나님과의 관계, 하나님의 뜻, 성령 충만, 하나님의 음성, 하나님의 임재, 기도의 권능, 기도의 응답과 체험, 치유기적들이 모두 기도와 긴밀히 연결되어 있어 그야말로 하나님의 초자연적인 섭리가 기도 안에 모두 담겨 있다고 할 수 있습니다.

그런데 두 가지 문제가 염려되면서 마음속에서 불안감이 일게 되었습니다. 첫째는 하나님께서 정말 내가 기도에 관한 책을 쓰는 것을 허락하실 것인지와 둘째는 책을 집필하는 기간 동안 책에 포함되는 내용들과 관련된 실제적인 기도 응답 체험들을 내가 직접 경험할 수 있을까 하는 의문이었습니다. 첫 번째 문제의 해결을 받기 위해서 책을 집필하려는 동기를 일생 단 한 번만이라도 하나님을 기쁘시게 하는 일을 해보겠다는 것으로 정했습니다. 그런 후 주님께 기도에 관한 책을 쓰려는 동기를 선포하는 것과 허락을 구하는 기도를 드렸습니다. 그러나 정말 주님께서 나의 선포와 간구를 받아주셔서 허락을 해주실 건지는 알 수가 없었습니다. 그 당시 나의 바람은 주님의 허락하심을 응답받은 후 그때 가서 집필에 본격적으로 착수하고 싶은 마음뿐이었습니다.

책 집필의 착수에 앞서 성경말씀의 이해를 돕기 위해 몇 권의 신앙서적들을 구입하여 조용히 읽어나가기 시작했습니다. 그렇게 2개월 반이 지난 9월 23일, 한 신앙서적을 읽는 중 20페이지를 넘길 즈음 내 눈을 번쩍 뜨이게 하는 박스 처리로 담긴 글 내용이 들어왔습니다. 그 말을 한 사람은 20세기 최고의 기독교 변증가인 씨 에스 루이스(C. S. Lewis)로 다음과 같은 말을 남겼습니다. '내면으로부터 하나님을 기쁘시게 할 동기로 내리는 결정은 성령님이 인도하신 것임에 틀림이 없다.'

주님은 저의 순전한 동기를 알아채시고 어느 날 뜻밖에 환경(구입한 신앙서적)을 통하여 명쾌하게 응답을 해주셨던 것입니다. 제게 기도에 관한 책을 집필하겠다는 마음이 들었던 것은 성령님께서 이미 저를 인도하시는 중이었다는 사실을 뒷받침하고 있었습니다. 저는 이렇게 해서 첫 번째 문제 해결의 응답 결과를 받아 담대한 마음으로 집필에 착수할 수 있었습니다.

두 번째 문제인 기도에 관한 응답 체험은 저에게 심각한 문제였습니다. 왜냐하면 책의 저자가 기도와 관련한 영적 체험을 경험하지 못한 채 책을 낸다는 것은 이치에 맞지 않기 때문입니다. 저는 성경을 펼치고 신약의 말씀부터 읽어나가기 시작했습니다. 그러던 어느 날 제 마음속에 그동안 지은 죄들이 떠오르면서 말씀의 창끝이 저의 마음을 찌르기 시작했습니다. 그래서 저는 먼저 주님 앞에 무릎을 꿇은 채 저의 지난날 지은 죄들을 생각나는 대로 고백하고 회개하는 기도를 전심으로 드리게 되었습니다.

「예수 그리스도의 이름으로 세례를 받고 죄사함을 받으라 그리하면 성령의 선물을 받으리니」(행 2:38)

저는 부끄럽게도 예전에 이처럼 주님께 전심을 다해 진실한 마음으로 기도를 한 적이 별로 없었습니다. 저처럼 미지근한 신앙생활을 하고 있었던 분이라면 지금이라도 주님께 무릎을 꿇고 회개하는 기도부터 하기를 바라는 마음입니다. 성령님이 오셨을 때 가장 먼저 나타나는 반응은 내 속의 죄를 깨닫게 하시는 것입니다. 왜냐하면 우리의 영은 성령의 지배를 받게 되기 때문입니다. 이 말은 하나님의 영이 우리의 각자의 영에게 직접적인 영향을 미친다는 것을 뜻합니다.

그런 후 저는 매일 밤마다 주님 앞에 나와 '이 책을 쓰기 위해 제가 직접 기도의 응답 체험을 못한다면 이 책은 생명력을 잃어버리는 책이 되어 출간을 할 수 없습니다.'라는 제목의 기도도 함께 드렸습니다.

2017년 9월 23일 저는 기도의 첫 영적 체험으로 하나님의 음성을 듣길 원하는 기도를 첫 기도 제목으로 잡고 전심을 다해 드렸습니다. 정말 하나님의 음성이 어떻게 들리는가를 알고 싶었습니다. 그러나 기대하는 것과 달리 아무런 일도 일어나지 않았습니다. 저는 개의치 않고 주님 앞에 매일 기도로 매달렸습니다. 한 달이 지나가도 아무런 기미조차 없었습니다. 그렇게 또 시간이 흘러 11월이 되었고 5일 밤 10시 45분경에 제 귀를 의심할 정도로 충격적인 일이 일어났습니다. 기도한 지 43일 만에 응답의 결과가 초자연적인 방식으로 온 것입니다. 바로 하나님의 음성을 3분여 동안 오른쪽 귀로 직접 듣게 된 것입니다."〈자세한 내용은 3장. 하나님의 음성과 기도의 권능 편 참조〉

인도자 되신 하나님 아버지,
주께서 인도하심을 믿으니 걱정 근심이 사라지고
주께서 지켜주심을 믿으니 두려움이 떠나가고
주께서 함께하심을 믿으니 사랑과 기쁨이 넘치나이다.
나의 가는 길 끝까지 성령님과 함께 하소서.
예수님의 이름으로 기도합니다. 아멘.

성령님의 인도함을 받기 위한 기도문

『성령 하나님,

내 심령의 깊은 곳을 감찰하시사

나의 생각과 말, 행동과 실천을

하나님의 뜻대로 인도함을 받게 하소서

내 인생을 주님께 맡겨드리오니

삶의 평생을 간섭하시고 인도하시며

모든 일에 있어서 형통케 하시며

성령님의 인도하심에 순종할 것을 맹세하나이다.

성령님을 의지하며 성령님의 능력 안에서 잠잠하고

훈련과 연단으로 감당케 하시어

닫힌 문과 열린 문을 분별하게 하소서.

어느 날 암흑 가운데 처해있고

성령님의 음성이 들리지 않을지라도

항상 주님의 임재 안에 거하고 있음을 의식하게 하소서.

제 영혼에 생명의 강이 역동적으로 넘치고 흘러서

능히 기쁨으로 차올라 날마다

주님의 다스림으로 영적성장의 풍성함을 이루게 하소서.

예수님의 이름으로 기도 드립니다. 아멘.』

제 3 장

하나님의 음성과 기도의 권능

「하나님의 음성 곧 그 입에서 나오는 소리를 똑똑히 들으라」(욥 37:2)

하나님의 음성을 듣지 못하면 우리의 기도는 생명력을 잃게 된다. 기도란 주님과 교제하기 위해 육의 세계에서 영의 세계로 들어가는 관문을 통과하여 그분의 거룩한 임재의 장 안으로 들어가게 하는 도구이다. 기도는 옵션이 아니라 주님께서 우리에게 명하신 계명이자 실천 강령이다. 그분의 개인적 인도하심은 개인의 기도에 대한 그분의 응답신호(주님의 음성)를 통하여 이루어 주신다. 그러므로 우리는 그분의 음성 듣기에 더욱 세심한 관심을 가져야 한다.

하나님의 말씀은 단지 성경학적으로 머물러 있거나 지식적으로만 전달되는 것이 아니다. 그분의 말씀에는 역사하는 힘이 있고 역동적으로 살아 움직이는 권능이 있다. 왜냐하면 하나님은 말씀으로 이 천지창조를 만드신 분이기 때문이다. 그러므로 그분의 음성을 듣는다는 것은 매우 고무적인 사건이며, 그분의 음성 단 한마디로 한 개인의 인생이 변화 받고 거듭남을 종종 볼 수 있다. 하나님의 음성은 사람의 목소리처럼 듣고 난 뒤 잊히는 것이 아니라 우리의 가슴과 마음 판에 각인된다.

> 「너는 귀를 기울여 지혜 있는 자의 말씀을 들으며 내 지식에 마음을
> 둘지어다」 (잠 22:17)

주님의 음성은 반드시 사람의 목소리처럼 들리는 것을 지칭하는 것이 아
니라 포괄적인 의미로 상징적인 표현을 뜻하는 것이다. 구약과 신약에 기
록된 하나님의 음성은 선지자들과 사도들을 통하여 그분의 직접적인 음
성, 세미한 음성, 꿈과 환상, 불, 표적과 기사, 나귀, 나팔소리, 성경말씀,
교회, 성령, 천사를 보내심, 글자, 상징물, 여러 상황과 환경 등 다양한 통
로와 방식으로 음성을 전해주셨다.

본 장에서는 우리가 하나님의 음성을 왜 들어야 하는지와 주님의 음성을
듣지 못하는 근본적인 원인이 어디에 있는지를 살펴볼 것이다. 주님의 음성
을 듣기 위해서는 어떻게 해야 하는지를 주님의 음성 특징과 전달되는 통
로에 대해서 익히며, 그분의 음성을 분별하는 기준과 연습을 통하여 실제
기도생활에 적용하는 방법을 배워보기로 한다.

내 입의 말에 귀를 기울일지어다

> 「내 양은 내 음성을 들으며 나는 그들을 알며 그들은 나를 따르느니
> 라」 (요 10:27)

양은 성질이 온순한 초식동물로 알려져 있다. 체력이 약하고 시력도 나빠서 앞을 잘 분간하지 못한다고 한다. 그래서 선두에 있는 양이 나서면 뒤이어서 다른 양들도 무조건 따라 나선다. 따라서 양치기들은 양과 한시도 떨어지지 않은 채 밤낮으로 양들과 함께 지내야 한다. 양치기가 하는 일이란 좋은 목초지를 찾아 먹이를 먹게 하고, 도둑이나 사나운 야생 짐승들로부터 보호해 주며, 무리를 벗어나 길을 잃고 헤매는 양들을 찾아오는 것이 그들의 할 일이다.

「그가 나를 푸른 풀밭에 누이시며 쉴 만한 물 가로 인도하시는도다」
(시 23:2)

양은 시력이 떨어지는 대신 청력이 발달해있어 자신의 주인인 목자의 음성을 잘 알아듣는다고 한다. 그래서 양은 늘 목자의 곁에 머물면서 목자의 음성을 따르는 것이다. 양들이 주변의 맹수들과 위험으로부터 보호받을 수 있는 것은 예민한 청력 덕분이다. 심지어 다른 그룹들끼리 여러 무리가 섞여 있어도 자기 목자의 음성을 분별하여 그 목자의 양들만 따라 나선다고 한다.

「자기 양을 다 내놓은 후에 앞서 가면 양들이 그의 음성을 아는 고로 따라오되」 (요 10:4)

이처럼 양들은 목자의 음성을 정확히 인식하고 자신의 갈 길을 그때그

때 인도받는다. 요한복음 10장 27절에서 내 양은 내 음성을 듣는다고 했다. 이 말씀의 뜻은 하나님의 자녀들은 그분의 음성을 들을 것이라는 의미이다. 바로 하나님은 우리들의 선한 목자이시다. 하나님의 자녀는 당연히 그분의 음성을 알아듣는다. 언제? 그분과 친밀함을 가지고 친숙해졌을 때이다.

「나는 선한 목자라 나는 내 양을 알고 양도 나를 아는 것이」 (요 10:14)

하나님은 우리에게 이렇게 말씀하신다. "내 백성이여, 내 율법을 들으며 내 입의 말에 귀를 기울일지어다"(시 78:1). 하나님의 자녀들은 그분의 교훈을 따르며 그분의 음성을 통한 말씀에 영적 귀를 세심히 기울이라는 것이다. 예수님은 "사람이 떡으로만 살 것이 아니요 하나님의 입으로부터 나오는 모든 말씀으로 사는 줄을 네가 알게 하려하심이니라"(신 8:3, 마 4:4)고 하셨다.

우리의 육적인 귀는 평소 세상의 소리에 열려있고, 하나님께서 전하시는 메시지를 들을 수 있는 영적 귀는 닫혀 있다. 한마디로 그분의 목소리는 무시되고 있는 것이다. 기도하는 목적 중의 하나는 우리의 기도에 주님께서 말씀하시는 것을 우리가 듣고자 하는 데 있다. 안타깝게도 그리스도인들조차 하나님의 음성을 듣는다는 것을 이해하기 힘든 측면이 있을 수 있는데, 그분의 세미한 음성을 듣는 것 자체에 매우 둔감해 있기 때문이다.

「너희가 듣는 것이 둔감하므로」 (히 5:11)

더욱이 조용한 곳을 찾아 성경 말씀을 묵상하거나 하나님의 음성을 들으려고 하는 자세는 거의 없는 듯하다. 그럼에도 불구하고 그들 중에 뜨겁게 기도하는 자가 가장 간구하는 제목 중의 하나는 바로 하나님의 음성을 듣고자 하는 것이다.

나의 주 하나님이여,

주께서 내 음성과 간구를 들으시나니

내 기도에 주님이 귀를 기울이시므로

내가 평생토록 주께 기도하나이다.

목자의 목소리를 알아듣는 어린 양과 같이

주님의 음성을 알아듣는 영적 귀를 열어주시옵소서.

예수님의 이름으로 기도합니다. 아멘.

하나님의 음성을 들어야 하는 이유

「여호와여 말씀하옵소서 주의 종이 듣겠나이다」 (삼상 3:9)

우리가 하나님의 음성을 들어야 하는 이유를 먼저 알기 전에, 그분의 음성을 우리가 듣지 못하거나 모르고 지나칠 때 어떤 문제가 일어나는가를 아는 것이 더 중요하다. 많은 성도들은 하나님의 음성을 듣는 것에 관해

관심을 갖거나 귀를 기울여 들으려고 하는 의지를 갖고 있지 않다. 그렇다. 우리는 어려서부터 주님의 목소리를 듣는 것에 무디어져 있었다.

「네가 어려서부터 내 목소리를 청종(잘 듣고 따름)하지 아니함이 네 습관이라」 (렘 22:21)

그 이유는 그분의 음성을 듣기가 쉽지 않기 때문인데, 문제는 그런 이유로 그분의 음성 듣기를 무관심하게 거부해서는 안 된다는 점이다. 우리는 성경을 너무나 가까이 하지 않는다. 단지 역사책으로 보는 것은 아닌가 하는 우려가 들 때도 있다. 성경에 기록된 하나님의 말씀도 성령의 음성에 의해 기록된 것이다. 그러기에 우리는 성경을 더욱 가까이 해야 한다.

「내 아들아 내 말에 주의하며 내가 말하는 것에 네 귀를 기울이라」 (잠 4:20)

잠언 4장 20절의 말씀은 단순히 귀에 전달되는 물리적인 소리를 청각을 통해 경청하는 자세를 말하는 것이 아니라, 나의 주의를 그분의 음성에 집중시켜 듣고자 하는 영적 두뇌와 영의 마음, 영적 귀를 여는 자세를 말한다. (이 부분에 대한 이해를 돕기 위해 쉬운 비유의 예를 3장 후반부 '하나님의 음성의 분별'의 〈벽시계의 초침 소리가 들리시나요?〉에 설명해 놓았으므로 참고하기 바란다.)

그런데 이 작용이 둔감하기 때문에 우리는 아예 그분의 음성 듣기를 포기하거나 무관심으로 전락시켜 버리고 만다. 즉 듣고자 하는 마음이 닫히니 영적 귀까지 닫혀 버리는 것이다. 결국 무감각해진 마음과 세상의 소리와 감정의 소리에 늘 지배를 받게 되는 것이다.

「그러므로 내가 그들에게 비유로 말하는 것은 그들이 보아도 보지
못하며 들어도 듣지 못하며 깨닫지 못함이니라」(마 13:13)

결국 하나님의 음성을 듣지 않는 성도들은 두 가지의 영적 퇴보를 가져
올 수 있다. 하나님과 연결된 밧줄이 약해져 결국에 가서는 가느다란 실처
럼 낡아 끊어져 버리게 된다.

「너희 눈은 봄으로 너희 귀는 들음으로 복이 있도다」(마 13:16)

하나님의 음성을 듣지 않고 신앙생활을 할 경우 나타날 수 있는 첫 번째
문제는 영적 고갈이 일어나 침체상태에서 빠져나올 수 없다는 점이다. 다
시 말해서 하나님과의 핫라인은 개통되어 있지만 전혀 사용하지 않아 그
라인이 녹슬어 폐쇄된 것과 다름이 없는 상태를 말한다. 영적 성장을 기대
할 수도 없으며 영적 침체의 몰락을 가져올 뿐이다.

두 번째 문제는 하나님을 경외하거나 의식하지 않고 기도의 응답만을
추구하는 영적 정욕에 의한 맹목적인 기도로 전락할 수 있다는 점이다. 맹
목적인 기도란 일방통행의 기도를 말한다. 자기 말만 하고 끝나버리는 기
도이다. 이런 기도는 응답이 와도 성령이 충만하지 못해 잘 알아채지 못한
다. 그래서 교만하게 되고 철부지와 같은 수준에 머무르기 때문에 그분의
은혜를 구하지 못하게 된다.

「너희는 들을지어다, 귀를 기울일지어다, 교만하지 말지어다, 여호와
께서 말씀하셨음이라」(렘 13:15)

그러므로 하나님의 응답을 받는 것은 여러 경로로 전해지는 그분의 음성
을 구별하여 아는 것이다. 하나님은 우리가 그분의 음성에 귀를 기울이고
그분께 나아와 듣게 되면 우리의 영혼이 살리라 하셨다. 또한 하나님은 우
리를 위하여 영원한 언약을 맺으신다고 하면서 다윗에게 허락한 확실한 은
혜라고 하셨다(사 55:3).

「내가 간구하는 날에 주께서 응답하시고 내 영혼에 힘을 주어 나를
강하게 하셨나이다」(시 138:3)

이 얼마나 풍성하고 복된 언약을 우리에게 주셨는지를 안다면 우리가
하나님께 수시로 묻고 그분의 음성을 듣는 것에 소홀하지 말아야 한다는
것은 두말할 필요가 없다.

「여호와여 내 기도를 들으시며 내 간구에 귀를 기울이시고 주의 진실
과 의로 내게 응답하소서」(시 143:1)

그럼 주님은 왜 우리에게 성경 말씀을 읽을 것과 기도하기를 병행하라고
하셨을까? 하나님께서는 우리에게 전하고자 하신 말씀을 성경에 방대한
기록으로도 남기셨는데, 또 그분이 전하시는 음성에 귀를 기울여 잘 들으
라고 명하셨을까? 성경 말씀을 우리에게 주신 이유는 그분이 누구시며 어

떤 분이시며 그분의 뜻하신 교훈을 배우고 깨달으며 행하는 데 있다. 그분의 음성을 잘 귀담아 들으라고 명하신 이유는 기도 채널을 통하여 그분의 진리와 의가 무엇인지를 구하고 그분의 응답신호를 통하여 교훈과 방향제시에 대한 인도함을 받기를 자세히 귀 기울이라는 것이다.

성경 말씀을 우리의 삶을 싣고 가는 거대한 배의 역할로 비유한다면, 기도의 역할은 배가 움직일 때 여러 복잡한 상황에서 진행 방향을 판단하고자 할 때 그분께 간구하고 도움(음성을 들음)을 받고 안전하게 항해할 수 있도록 하는 데 있다. 다시 말해 살아가면서 부딪치는 모든 경우의 상황과 문제 해결에 대해 막막하거나 막힌 것처럼 보일 때, 곧바로 적용 가능한 성경(매뉴얼) 말씀을 찾아 구하기가 힘들 수 있다. 그래서 우리는 그분의 음성 듣기를 간구해야 한다. 우리가 갈급하게 그분께 부르짖으며 기도하면 즉각 들으시고 기도한 바를 그분께서 판단하여 행하신다. 그것을 응답이라 부른다. 그런데 그 응답하심이 어떤 것을 의미하는지 파악하기 위해서는 그분의 세미한 목소리를 들을 줄 아는 영적 귀가 열려야 한다.

먼저 하나님 앞에 마음의 문을 활짝 열고 성령의 충만함을 이루기 위한 기도를 전심으로 드려라. 그럴 때 그분은 성령을 통하여 우리의 마음과 교통하게 하여 인도를 하게 된다. 그분의 영(성령)을 통해 우리의 마음에 그분의 메시지가 세미한 음성으로 전달(다운로드)된다. 그럴 때 우리는 의식적인 행위로 성경에 담긴 하나님의 말씀을 보고 듣고 마음에 새긴다.

「하나님의 성령이 너희 안에 계시는 것을 알지 못하느냐」 (고전 3:16)

그분의 음성은 아주 세미한 음성으로 조용히 전달되어 오기도 하지만 때로는 강력하게 우리의 가슴에 강한 인상을 심을 정도로 울림이 전달되기도 한다. 우리가 부르짖어 기도할 때가 있는 것처럼 하나님도 매번 조용한 음성이 아닌 외침을 가하실 때도 있다. 그 음성은 마치 우리가 소리 내어 대화하는 것처럼 각인되는 분명하고도 명확한 음성으로 들릴 때가 있다는 것이다.

나의 기도를 들으시는 주님,

끝없는 사랑으로 나를 사랑하시는 주님,

내가 소리 내어 부르짖을 때

주의 음성을 듣게 하여 주시옵소서.

내 귀가 아직은 둔감하오나

주의 음성을 청종하길 원하나이다.

예수님의 이름으로 기도합니다. 아멘.

하나님의 음성을 듣기 위해서는

「너희는 귀를 기울여 내 목소리를 들으라 자세히 내 말을 들으라」(사
28:23)

하나님의 세미한 음성을 듣고자 이곳저곳에 귀를 기울이지 말라. 놀랍게

도 하나님께서 전하는 음성 메시지는 바로 성경에 담겨있다. 그럼에도 불구하고 많은 신앙인들이 성경을 펼쳐놓고 그분의 음성 듣기를 게을리 하고 있다. 오늘날에는 스마트 폰의 성경 앱을 통하여 그분의 말씀을 성우의 음성으로 편하게 귀로 들을 수도 있다. 이 책의 모든 내용의 근간은 하나님이 하신 말씀에 속해 있다.

하나님의 음성 듣기의 첫 단계는 그분과 친밀한 관계를 맺는 것에서 시작된다. 그러려면 먼저 우리가 죄지은 바를 주님 앞에 진심으로 회개하는 것이 무엇보다 선행되어야 한다. 그런 후 매일 성경을 펼쳐 조금씩 소리를 내서 읽어나가며, 온전한 마음으로 기도와 묵상하는 시간을 가져야 한다. 성경을 펼친다는 행위는 바로 그분을 만나 그분의 계명과 가르침을 받아들이겠다는 순종하는 마음의 문을 여는 것을 의미한다. 그리고 그분의 음성을 들을 수 있다는 기대를 가지라. 그러면 하나님께서 우리의 '열린 마음의 문'에 노크를 하신다!

「볼지어다 내가 문밖에서 서서 두드리노니 누구든지 내 음성을 듣고 문을 열면 내가 그에게로 들어가」(계 3:20)

마크 버클러(Mark Virkler) 박사는 하나님의 음성을 듣기 위해 10년간 온갖 방법을 동원하여 금식도 해가며 시도해 보았지만 실패했다고 한다. 그래서 그는 자신이 시도한 모든 방법들이 통하지 않음을 알고 1년 간 기도 제목을 놓고 기도하기 시작했다고 한다. 주님은 그에게 다음과 같은 말씀으로 인도하셨다. 그는 말하기를 "주님으로부터 하박국 2장 1-2절 '그가 네게 무엇이라고 말씀하시는지 기다리고 바라보며 나의 질문에 어떻게 대답하실는지 보리라'는 말씀으로 인도받았습니다. 그 말의 의미는 하나님과 함께 있을 수 있는 조용한 장소로 가라는 것입니다. 조용하고 부드러운 예배음악과 함께 자기 자신을 잠잠케 하라는 것입니다. 하나님의 음성이란 마치 내면에서 흘러나오는 생각과 말들이 그분의 음성입니다."라고 고백했다.

이제 우리는 하나님의 음성을 듣기 위해서는 어떻게 해야 하는지를 배워야 한다. 먼저 하나님의 음성을 듣는 데 방해가 되는 것들을 차단하고 제거해야 한다. 아래 항목들은 그 요소들을 나열한 것이므로 순서대로 실행하는 것이 좋다.

1. 방해물들을 다 꺼버려라

하나님의 음성을 듣지 못하도록 방해하는 장애물은 크게 두 가지로 구분된다. 물리적 장애물과 영적 장애물이다.

첫째, 육신적인 방해를 주는 물리적 장애물은 현실에서 귀와 눈으로 쉽게 접할 수 있는 다양한 미디어 매체와 전자기기이다. 대표적인 것들을 열거하면 인터넷, 음악, 게임, 영화, TV, 드라마, 동영상, 휴대폰, 오디오, 라디오 등이다. 이런 것들로부터 해방되어야 한다. 이런 것들로 인해 우리의 눈과 귀는 잠시도 쉴 틈이 없다. 한마디로 세상의 소리에 파묻혀 살고 있는 것이다. 오히려 그것들에서 멀어지면 낙오되는 것으로 여길 정도이다. 내 말은 그런 매체들과 완전히 끊고 살라는 의미가 아니다. 살아가기에 유용한 측면을 가져다주는 것들은 받아들여야 한다. 그러나 이들 매체들이 전달하는 공통점은 모두 육신의 만족감을 채워주기 위해 끊임없이 더 자극적인 것들로 접근해온다는 사실이다. 우리는 그것에 알게 모르게 의식이 잠식되어 가고 있는 것이다. 이런 것들이 더 우려되는 것은 우리로 하여금 어떻게든 매달리도록 만들고 그 틀 안에서 빠져나가지 못하도록 중독성을 일으킨다는 점이다. 심각한 것은 이 여러 매체들이 사탄이 교묘히 이용하는 은밀한 통로로 활용되기 때문에 영적 분별력이 필요함은 말할 것도 없다.

둘째는 영적 장애물이다. 영적 방해를 주는 장애물로 지나친 근심과 걱정, 쓸데없는 염려, 악한 생각, 고집스런 생각, 주의가 산만한 것, 툭하면 떠오르는 잡다한 생각들, 영적 침체를 가져오는 부정적인 생각들이 이에 속한다. 이런 생각들은 우리의 마음 안에 정체되어 고여 있는 썩은 물이다. 이 탁한 오염된 물을 수로를 터서 다 흘려 내보내야 한다. 즉 우리는 성령으로 충만해 있어야 한다.

하나님의 음성을 듣는 데 방해되는 이런 육적 장애물과 영적 장애물들을 멀리하지 않는 한 하나님의 음성은 세상의 소리들로 훼방을 놓는 막힌 담으로 인해 결코 우리의 내면에 전달되지 않는다.

2. 조용한 외딴 곳으로 가라

예수님은 겟세마네에 이르렀을 때 제자들에게 이르시되 여기 앉아서 기다리라 하시고 기도하기 위해 홀로 조용한 곳을 찾아 올라가셨다. 그리스도인들조차 자신의 일이라면 시끄러운 환경 속에서도 온 힘을 다 쏟으면서 그 일에 임한다. 우리가 이런 주변 환경에 처해 있다고 해서 그분의 음성 듣기에 시간을 낼 수 없다는 핑계를 대도 안 되고, 그것을 당연한 듯 그대로 받아들여서도 안 된다. 흥미로운 사실은 그런 세상의 환경 가운데서도 우리는 귀를 쫑긋 세우고 자신의 관심을 촉발시킬만한 각종 뉴스와 칼럼, 돈을 벌게 해준다는 각종 정보들, 트렌드를 반영하는 시대를 앞서가는 책들, 성공한 사람들의 강연과 세미나 영상들을 인터넷을 통해 검색하며 그들이 전하는 말들에 귀를 기울여 듣지 않는가?

내 말은 주님의 음성 듣기도 그와 같이 그분이 전하시는 음성을 놓치지 않으려는 주의를 집중하여 귀를 기울여 보라는 것이다. 나의 조사결과에 의하면 하나님의 음성은 조용한 장소에서만 꼭 들을 수 있는 건 아니다. 그분의 음성은 혼란스러운 주변 환경에서도 들을 수 있다. 바로 우리에게 음성을 들을 수 있도록 성령을 심어주셨기 때문이다.

우리는 성령 안에 거하면서 그분이 어떤 말씀을 하시는지 영적 귀를 기울이는 시간을 내는 데 소홀한 경향이 있다. 무엇보다도 그분의 말씀과 뜻 가운데 늘 머물러 있기를 간구해야 한다. 또한 그분의 음성을 들을 수 있을 것이라는 기대를 품어야 한다. 귀를 통하여 들려오는 온갖 잡음에 파묻혀서는 주님의 음성 듣기는 공허한 메아리와 같을 것이다. 하나님의 음성을 잘 듣기 위해서는 조용한 시간을 내어 골방에 들어가 기도와 묵상을 하면서 온 마음을 그분께 집중해야 한다.

3. 자신의 지은 죄를 고백하라

먼저 조용한 나만의 장소에서 과거에 지은 죄들에 대해 그분 앞에 회개하고 고백하라! 지은 죄를 그분 앞에 고백하지 않고 회개하지 않는 것은 위선이며 사탄의 올무에 단단히 묶여 있는 것이다. 정말 그래왔다면 지금이라도 바로 주님 앞에 무릎을 꿇고 진심어린 회개의 기도부터 해야 한다.

또 다른 하나는 죄책감이란 죄의식이다. 죄책감은 사탄이 우리를 조종하기 쉽도록 하기 위한 미끼에 속한다. 이러한 죄의식은 늘 우리의 어깨에 무거운 짐을 지운다. 이제 그 답답하고 무겁기 만한 멍에(구속 또는 억압)를 벗어버려야 한다.

「이는 내 멍에는 쉽고 내 짐은 가벼움이라 하시니라」 (마 11:30)

혹시 그동안 늘 마음 한구석에 지은 다양한 색깔의 죄 보따리를 남모르게 꽁꽁 묶어 한쪽에 처박아 둔 채 문을 닫아 놓고 있지는 않았는가? 그렇다면 어느 날 보따리에 감춘 죄에 대한 기억이 떠오를 때마다 사탄은 그것을 이용하여 우리를 죄책감이란 늪에 빠지게 하기 위해 사정없이 흔들어 놓을 것이다. 죄를 감추기 위한 보따리를 자꾸 만들어 놓지 마라. 그러한 죄의 보따리가 하나라도 남아있다면 그 보따리에서 피어오르는 냄새로 인해 또 다시 죄를 지을 가능성을 높이게 된다.

「하나님께로 난 자마다 죄를 짓지 아니 하나니 이는 하나님의 씨가 그의 속에 거함이요. 그도 범죄하지 못하는 것은 하나님께로부터 났음이라」 (요일 3:9)

이제라도 자신의 죄 보따리를 하나님 앞에 전부 풀어놓고 고백하면서 하나님께 진심으로 용서를 구하는 기도를 전심을 다해 드려야 한다. 하나님께서는 우리가 지은 죄를 진심으로 회개할 때에 악행을 사하시고 다시는 그 죄를 기억하지 않으신다고 말씀하셨다(렘 31:34).

「내가 그들의 악행을 사하고 다시는 그 죄를 기억하지 아니하리라」(
렘 31:34)

4. 솔직하게 다 말씀 드려라

그동안 마음속에 꽁꽁 숨겨둔 것들을 주님께 다 말씀드리는 것이다. 말하고 싶고 묻고 싶은 것을 솔직하게 다 말씀드려라. 하나님께서는 이미 누구보다도 우리의 마음과 생각을 읽고 계신다. 우리 마음속에 응어리진 것을 녹여버리기 위해서는 주님께 마음을 열어 기도하고 그분의 응답하심을 간절히 원해야 한다. 주님은 전달하듯 끝내는 일방통행의 기도방식을 싫어하신다. 그런 기도는 의무감이나 형식적인 것에서 나온다.

우리가 정말 알기 원하고 해결받기 원하는 것들에 대해 주님께 그 생각과 뜻은 무엇인지 진솔하게 묻기를 인내하며 기다리고 계신다. 그분은 강요하지 않으신다. 기도속의 물음은 절대 공중으로 흩어지지 않는다. 질문을 드리되 구체적으로 전하고 한 가지씩만 하여 응답을 받는 것이 좋다. 그분이 내 기도를 들어 주실까? 하는 의문을 품지 마라. 믿음은 기도의 화살촉을 연마하여 어떤 장애물도 뚫고 하나님의 보좌 앞까지 날아갈 수 있도록 한다. 그분은 졸지도 아니하시고 주무시지도 아니하시는 분이고 너무나 바빠서서 잠시 동안 보좌에 앉아계시다가 나가시는 분이 아니시니 전혀 염려하지 않아도 된다.

「너를 지키시는 이가 졸지 아니하시리로다」(시 121:3)

차분히 모든 것을 그분께 다 아뢰되 반복하여 중언부언하지 마라. 나의 경험상 해결 받기 원하는 중요한 문제일수록 기도문을 미리 작성하여 기도 드리는 방식을 권한다.

5. 마음을 정결하게 하여 전심으로 기도하라

하나님의 음성을 듣기 위해서 무엇보다 먼저 지은 죄를 입술로 고백하고 시인해야 함을 앞에서 언급했다. 그 다음 하나님의 음성을 듣기 위한 조건으로 마음에 정결함이 있어야 한다. 마음을 정결하지 못하게 방해하는 두려움의 영, 의심의 영, 불신의 영을 쫓아내야 한다.

「네 자신을 지켜 정결하게 하라」 (딤전 5:22)

두려움은 하나님을 엄격하신 분으로 여기고 우리의 감춰진 죄들을 그분 앞에서 내보이기가 어려워 포장한 마음상태에 있을 때 생긴다. 의심은 그분의 음성 듣기를 정말 내가 들을 수 있을까 하는 의구심과 정말 나에게 말씀을 해주실까 하는 의문을 품는 것이다. 그리고 불신은 하나님의 음성을 내가 들을 수 있다는 기대의 마음을 저버리고 그분의 음성 듣기 자체를 아예 거부하는 것이다.

「내가 나의 마음에 죄악을 품었더라면 주께서 듣지 아니하시리라」 (
시 66:18)

빌립보서 4장 6-7절에, 주님 앞에서 기도를 드릴 때에는 아무런 염려도 하지 말라고 하셨다. 그리하면 지각이 뛰어난 하나님의 평강이 그리스도 예수 안에서 우리의 마음과 생각을 지키시리라고 하셨다. 만일 조금이라도 그런 부정한 생각이 떠올라 떨치기가 힘들다면 사전에 그런 생각들을 제거하는 기도를 예수님의 이름으로 드리도록 하라. 사전기도란 본 기도를 하기 전에 기도 집중을 방해하는 잡다한 생각들을 잠잠하게 하고 차단시키는 선행기도를 말한다. 또 한 가지는 나의 마음에서 나오는 의지를 내려놓고 오직 주님을 향한 전심의 기도로써 임해야 한다. 이는 성경적 원칙을 따르는 기도이다.

「자기의 마음을 믿는 자는 미련한 자요」 (잠 28:26)

오늘따라 전심을 다하는 기도를 하기가 힘들다면 그에 합당한 찬양 음악을 선곡하여 듣거나 따라 부르는 것도 좋다. 그런 후 기도를 올리면 영적 문이 활짝 열려 주님을 만나고 주님의 음성을 듣는데 훨씬 더 효과적인 도움을 준다. 참된 기도는 혼(육신적인 생각이 일어나는 곳)적인 기도가 아니라 영과 혼이 일치가 되어 성령 안에서 드리는 기도가 되어야 한다. 그럴 때 그 기도는 부정하거나 해로운 생각들로부터 아무런 방해를 받지 않게 된다.

6. 잠잠히 기다리며 귀를 기울여라

골로새서 3장 15절과 같이, 하나님은 우리의 마음 안에 그리스도의 평강이 임해 마음이 그것을 인지하고 담대하게 주장할 수 있도록 하라고 말씀하신다. 평강이 임할 때까지 그분 앞에 잠잠히 기다릴 것을 말씀하고 계신다. 기도를 드린 후에 마음의 상태가 그분의 평강 안에 거하고 있다는 내적인 확신이 들 때까지 기다림을 갖는 것은 매우 중요하다.

「그리스도의 평강이 너희 마음을 주장하게 하라」(골 3:15)

그분은 우리에게 여러 방식으로 분명하게 응답하신다. 그분의 음성은 성경 말씀을 통하여 보여주실 수도 있고, 성령에 의해 내면의 음성으로 전달받을 수도 있으며, 평강으로 임하실 수도 있고, 환경 또는 돌아가는 상황에 의해 보일 수도 있다. 그분의 응답하심이 어떤 통로를 통하여 오실지는 모르지만 그분의 세미한 음성을 듣기 위해서는 깊숙한 내면에 자리해 있는 영이 하나님의 음성 주파수와 직통으로 연결되어 있어야 한다. 하나님은 늘 우리에게 말씀하시지만 우리가 그분의 음성신호를 잡지 않으면 빗겨나간다.

조용히 '묵상'하는 시간을 갖도록 하는 것은 전파의 수신을 정확하게 '포착'하기 위해 라디오의 다이얼을 미세하게 움직여 고정시키는 과정과 같다. 영적 수신 안테나의 수신 방향은 그분(성령)을 향해 맞춰야 한다. 이 말은 벽시계의 작은 초침소리를 듣는 방법과 유사하다. 즉 생각의 초점 안테나를 주님께 향하도록 하는 것이다. 온전히 주의를 집중하는 가운데 그분의 생각이 어떠하신 지를 수신하기 위해 잠잠히 귀를 기울이라는 말이다. 이 방법이 정상적으로 작동하기 위해서는 우리 안에 성령의 충만함이 있어야 한다.

「오직 성령으로 충만함을 받으라」(엡 5:18)

성령의 충만함을 받으라는 의미는 휴대폰 배터리가 방전된 상태에서 충전을 위해 충전하는 과정인 것처럼 받아들인다는 뜻이 아니다. 성령으로 충만함을 받는다는 것은 감정에 휘둘리는 것이 아니라 성령님의 지배 아래 놓임을 받으라는 의미이다. 우리 안에 파견된 하나님의 영적 대사가 늘 분주하게 임무를 수행 중에 있다. 우리는 하나님의 대사(성령)가 철수(성령을 소멸하지 말며)하지 않도록 주의해야 한다.

「성령을 소멸하지 말며」(살전 5:19)

우리는 매일 그분의 임재가 정상 가동될 수 있도록 성령님과의 대화 채널을 긴밀하게 유지해 가야 한다.

내 길을 지도하시는 주님,
주여, 내 영혼이 여호와를 송축하나이다.
주의 자녀인 내가 주의 음성을 들으려
밤낮으로 귀를 기울입니다.
고요의 호수처럼 내 마음을 잠잠하게 하시며
묵상으로 주의 음성 듣기를 간절히 원하나이다.
예수님의 이름으로 기도합니다. 아멘.

하나님의 음성을 듣다

하나님의 음성을 듣는다는 것은 결코 기이한 것이 아니다. 앞을 못 보는 맹인은 시각이 닫혀 있지만 대신 청각이 발달해있다. 보지 못하는 것을 청각을 통해 들음으로써 주변 사물을 파악한다. 또한 손의 촉감은 점자를 읽어 무슨 뜻인지 금방 파악해낸다. 맹인이 이처럼 청각과 촉각이 예민하게 발달할 수 있었던 것은 민감함의 훈련에 집중해온 연습의 효과 때문이다. 그들이 청각으로 세상을 인식할 수 있는 훈련은 하루아침에 이루어진 것이 아니다. 중요한 점은 이것이다. 맹인은 대상을 분별하는 데 초점을 두고 듣는다는 사실이다. 이 때문에 듣고자 하는 집중력과 민감도가 뛰어나다. 청각의 확장으로 마치 눈으로 보는 것과 같은 인식작용이 뇌에서 일어나 듣고 파악하는 민감함에 바탕을 둔 분별력이 생겨난다.

이와 같이 하나님의 자녀도 처음에는 하나님의 세미한 음성을 듣는 것이 매우 생소하게 여겨지겠지만 맹인의 경우처럼 주의를 집중시키고 영적 마음의 귀를 기울이는 훈련연습을 거치면 그분의 음성을 인식하고 분별해낼 수 있는 감응력이 확장될 수 있다.

결론적으로 하나님의 음성 들음은 기도하는 과정과 매우 흡사함을 알 수 있다. 정리를 하면 조용한 장소에서 나만의 시간을 내어 그분의 음성을 듣고자 하는 마음의 문을 열고, 내 생각을 그분께 초점을 두어 집중시킨 채 잠잠히 기다리는 것이다.

잠언 5장 1절에 보면 "내 아들아 내 지혜에 주의하며 내 명철에 네 귀를 기울여서"라고 했다. 귀를 기울인다는 뜻은 일반적으로 주의가 산만한 상태에서도 들려오는 소리(집중하지 않아도 들리는 소리)를 듣는 듣기(hearing)가 있고, 이와는 반대로 내 마음의 주의를 대상에 집중시켜 듣고자 하는 의도를 가지고 귀를 기울이는 경청(listening)의 상태가 있다. 즉 귀를 기울인다는 것에 함축된 의미는 두 가지로 자세를 낮추어 듣고자 하는 낮아진 마음가짐과 그분의 음성 듣기에 주의를 집중하려는 자세를 가지는 것이다.

내가 널 사용할 것이다.

팔과 다리가 없이 심각한 장애아로 태어난 그는 눈까지 보이는 않는 불구자로 살아가고 있었다. 그는 어려서부터 예수님을 믿으며 성장해왔지만 정상인과 전혀 다른 자신의 모습에 죽고 싶다는 생각밖에 들지 않았다고 한다. 실제로 그는 수없이 자살을 시도하다가 실패하고 말았는데, 그러던 어느 날 그에게 하나님의 음성이 들려왔다. "너는 네가 정말 쓸모없다고 생각하느냐? 정말 가진 것이 아무것도 없느냐? 들을 수 있는 귀와 숨쉴 수 있는 코와 말할 수 있는 입을 누가 주었느냐? 네 말대로 내가 그렇게 만들었다. 내가 널 사용할 것이다."(하나님의 이런 말씀은 실제로 출애굽기 4장 11절에 나온다)

> 「여호와께서 그에게 이르시되 누가 사람의 입을 지었느냐 누가 말 못하는 자나 못 듣는 자나 눈 밝은 자나 맹인이 되게 하였느냐 나 여호와가 아니냐」(출 4:11)

그는 자신의 마음속에 들려온 하나님의 강한 음성에 나도 뭔가 하나님의 사역을 대신할 일이 있겠다는 확고한 깨달음을 얻게 되었다. 그날 이후 휠체어에 몸을 실은 채 밖으로 나가 수많은 사람들에게 자신의 간증을 전하면서 복음을 전하기 시작했다. 그의 가슴에서 우러나오는 진실의 간증을 들은 사람들마다 하나님께 돌아오는 놀라운 역사가 일어났다. 사람들은 나중에 그를 '현대판 요한 웨슬레'라 불렀는데, 그가 바로 영국에서 가장 많이 복음 전도를 한 복음의 전도왕인 알렌이다.

그렇다. 아무리 연약하고 부족하다 할지라도 하나님은 그분의 자녀를 그분의 계획 아래 들여다 쓰신다. 하나님은 "세상의 미련한 것들을 택하사 지혜 있는 자들을 부끄럽게 하려 하시고 세상의 약한 것들을 택하사 강한 것들을 부끄럽게 하려하시며 세상의 천한 것들과 멸시 받는 것들과 없는 것들을 택하사 있는 것들을 폐하려 하시나니"(고전 1:27-28)라는 말씀대로 오늘날에도 이 방법을 필요에 따라 적재적소에서 사용하신다. 하나님과 멀어지고 있는 자와 가진 자들의 횡포와 교만함을 땅에 떨어뜨리시고 아무 육체도 하나님 앞에서 자랑하지 못하게 하려 훈계하여 겸손함과 깨달음으로 그런 자들을 오늘날 지금 이 순간에도 하나님의 자녀로 만들어 가신다.

나는 너의 하나님이라

다음에 소개하는 사례는 꿈속에서 하나님이 말씀하시는 음성을 선명하게 들은 사람의 간증이다.

"몇 년도인지 기억은 잘 나지 않는데 아마도 2008년에서 2011년 사이로 기억하고 있습니다. 저는 꿈속에서 하나님의 음성을 아주 선명하고 생생하게 들렸습니다. 정말 그분의 음성이 얼마나 사실적으로 들렸던지 깜짝 놀라 새벽 5~6시 쯤 잠에서 깼습니다. 제가 기억하고 있는 꿈의 시작은 한 동굴 속에 들어간 뒤에 그 일이 일어났습니다. 나는 어두운 동굴 안에서 저 만치에 밝은 빛을 내는 사진 액자 같은 게 놓여있는 것을 보았습니다. 저는 그 액자가 있는 데까지 가까이 다가가서 손으로 들어 바라보았는데 액자는 완전한 순백색의 빛을 발산하고 있었습니다. 놀라운 것은 액자 안쪽에 마치 증명사진처럼 사람의 얼굴 형상과 어깨까지만 드러난 황금빛을 발산하는 얼굴의 윤곽 모습이 보였습니다. 눈이나 코, 입은 전혀 볼 수 없었고 마치 3D 입체 형상을 보는 것처럼 입체적으로 보였습니다. 더욱 신기한 것은 그 형상이 마치 심장이 뛰는 것처럼 살아서 숨 쉬듯 움직여 보였습니다. 그런데 그 액자를 바라보는 중간에 갑자기 어디선가 '나는 너의 하나님이라'라는 음성이 아주 선명하게 들려왔습니다. 그 목소리는 아주 맑고 부드러운 온화한 느낌의 따뜻함을 느끼게 하는 음성이었는데 그러면서도 힘이 있었습니다. 저는 그때 당시 꿈속에서 들었던 하나님의 음성이 너무나 생생하게 들려왔기 때문에 지금도 그 기억이 생생하게 남아있습니다."

　　이 경우처럼 성경 말씀으로 들린 국내외 사례들 중에는 「그가 채찍에 맞으므로 너희는 나음을 받았다」, 「내가 너와 함께 할 것이다」, 「그의 나라와 그의 의를 구하라」, 「누구든 나를 믿는 자는 영생을 얻느니라」는 음성을 들려주었으며 또는 이름을 몇 차례 부르시는 예도 있었다.
　　주님은 오늘날에도 끊임없이 우리에게 말씀하신다!

하나님의 외적 음성을 귀로 듣다

기독교 신앙생활의 핵심은 '말씀과 기도, 응답과 체험'의 네 가지에 있다. 이것은 항상 순환되어야 한다. 말씀을 붙들지 않는 기도는 생명력이 없다. 체험이 없는 믿음은 오래가지 못하며 견고하지 못하다. 지식적인 믿음만으로는 돌파기도가 나오지 못한다. 서문에서 소개한 대로 나는 기도를 할 때마다 기도의 응답체험을 절실하게 구했다. 그 중 하나가 하나님의 음성을 듣고자 하는 기도였는데, 기도와 하나님의 음성 들음은 떨어질 수 없는 관계이기 때문이다. 대부분의 성도들은 기도만 한다. 주님의 음성 들음에 관해서 관심은 가지지만 좀처럼 들을 수 없어 방치되고 있는 것이 현실이다. 나 역시 이 책을 집필하기 전까지는 그래왔었다. 그저 나는 '주님의 음성이 세미한 음성이라고 하는데 마음속에서 어떻게 들려오나? 아니면 어떻게 듣는 걸까?'하며 궁금증이 머릿속에서 떠날 줄 몰랐다. 그래서 나는 본격적으로 기도를 하기 시작했다.

그러던 나에게 지난 날 허송세월로 보낸 신앙생활을 완전히 뒤바꾸어 놓을 엄청난 일이 어느 날 저녁에 갑자기 일어났다. 이 경이로운 체험은 나의 마음에 강력한 지진을 일으켰다. 왜냐하면 내가 하나님의 음성을 직접 듣게 된 첫 체험이 이 책을 집필하는 기간 중에 일어났기 때문이다. 짧은 시간 안에 일어난 그 사건은 나에게 심적으로 큰 충격을 안겨주었다. 그런 일이 실제로 조만간 나에게 일어나리라곤 상상조차 못했기 때문이다.

당시 같이 있던 지인조차 그 소리를 동시에 들어 깜짝 놀랐을 정도였다. 여하튼 나는 그 돌발적인(?) 사건(응답결과)으로 인해 기쁨의 충만과 놀라움, 경이로움과 신비로움을 경험하게 되었다. 내 인생에서 처음으로 겪는 체험이라 당시 그 일이 있은 후 내 마음은 늘 기쁨의 충만함으로 차있었다. 하나님이 살아계시고 역사하시며 우리의 기도를 들으시고 응답하신다는 사실이 정말 믿어졌다. 당시 일어난 상황은 너무나 생생하여 평생 내 기억에서 잊히지 않을 것 같다. 다음의 진술 내용은 사실 그대로를 기록해 놓은 것임을 밝혀둔다.

"2017년 9월 23일은 제가 주님께 하나님의 음성을 듣기 원하며 들을 수 있도록 영적 귀를 열어달라는 첫 기도를 시작한 날입니다. 하나님의 음성에 관한 조사와 연구를 병행하면서 나는 그 날부터 그분의 음성 들음을 체험할 수 있도록 간구하는 기도를 무릎을 꿇고 전심을 다해 드렸습니다.

「나를 간절히 찾는 자가 나를 만날 것이니라」 (잠 8:17)

10월에 접어들어 나는 '주님의 음성은 어떻게 듣습니까?'하는 내용으로 기도를 계속했습니다. 또 시간이 지나고 한 달이 다 지나갔지만 아무런 응답하심이 없었습니다. 저는 그 상황에서도 조급해하거나 의심함 없이 기도에만 매달렸습니다. 그렇게 시간이 흘러 11월 초순 어느 날 늦은 저녁시간에 내 귀를 의심할만한 믿기지 않는 충격적인 사건이 일어났습니다.

정확히 11월 5일 저녁, 저는 지인과 함께 집에서 VOD 영화를 보던 중이었습니다. 그 영화는 몇 년 전 영화관에서 관람했던 영화인데 또 보고 싶은 마음에 지인에게 같이 보자고 하여 그 날 저녁에 보게 되었습니다. 10시 45분경에 영화가 끝나갈 무렵이었습니다. 갑자기 제 오른쪽 귓전에서 나팔(트럼펫)을 부는 소리가 자그맣게 들리기 시작했습니다. 전 직감적으로 그 소리가 하나님의 음성임을 알아챘습니다. 왜냐하면 주변은 조용한데 그 소리는 작은 볼륨으로 분명하게 들려온 나팔로 연주하는 무척 아름다운 소리였기 때문입니다.

저는 순간적으로 고조된 흥분된 마음을 가라앉히고 아무 말도 하지 않고 침착하게 책상 앞 의자에 앉은 채로 아무 말 없이 계속 귓전에 들려오는 나팔소리에 온 신경을 집중했습니다. 그런데 제가 처음에 그 소리를 듣기 시작하여 3~5초쯤 경과한 후에 지인의 귀에도 들렸는지 지인은 제 쪽으로 갑자기 고개를 돌리면서 '이게 무슨 소리예요?'하면서 놀라며 의아한 표정으로 물었다는 사실입니다. 문제는 저만 그 소리를 듣고 있었던 게 아니라는 점입니다. 당시 저는 그분에게 나팔소리가 지금 들린다고 한 마디 말도 꺼내지 않았는데 동시에 함께 그 소리를 듣고 있었던 것입니다. 저는 지인을 향해 조용히 있어보라는 손짓으로 무언의 제스처를 취하고 트럼펫 소리에 계속 귀를 기울여 집중했습니다. 지인은 신실한 크리스천으로 제가 책을 집필하면서 물어보는 질문에 대해 아는 대로 답변을 해주었던 저의 멘토 역할을 해준 분입니다.

그 소리는 분명히 나팔로 부는 연주 소리였는데 리듬을 타듯 아주 맑고 깨끗한 정말 환상적이고 아름다운 나팔소리였습니다. 당시 그 시간 밖은 매우 조용했고 집안도 조용했습니다. 그 나팔소리는 작은 소리로 들렸지만 매우 선명하고 또렷하게 들렸습니다. 마치 이어폰을 끼고 듣는 것 같았습니다. 놀라운 것은 그 소리가 오른쪽 귀에서만 들렸다는 점입니다.

그리고 그 나팔소리는 의외로 긴 시간 동안 들렸는데 약 3분간 지속되었습니다. 나팔소리는 두 가지 연주형태로 들렸습니다. 첫 번째 나팔 연주가 약 1분 30초간 들린데 이어서 끝난 후 바로 또 다른 나팔 연주가 시작되었습니다. 서로 다른 연주 소리임을 금방 알 수 있었습니다. 최종 나팔소리가 멈춘 후 저는 혹시나 하는 생각에 밖에서 나는 소리가 아닌지 확인하고자 베란다 창가로 가서 창문을 열어젖히고 사방을 둘러보았지만 아무 소리도 들리지 않았습니다.

다음 날 저는 확인 차 4층에 거주하는 집주인에게 전날 저녁시간에 나팔소리를 혹시 들었는지 물어보았습니다. 집주인은 식구들과 함께 그 시간에 자지 않고 있었는데 아무런 소리도 듣지 못했다고 답변해주었습니다. 그러면서 그분은 뜻밖에도 저에게 '주님을 사모하시니 귀한 하나님의 음성이 들렸나봅니다.'라고 말을 건네주었습니다.

저는 당시 제가 들은 나팔소리가 단 두 사람만이 동시에 들었다는 사실과 귓전에서 세미하게 들렸던 점, 오른쪽 귀에서만 들린 점, 나팔로 연주하는 소리라는 점, 선명하고 또렷한 소리로 리듬을 타는 두 가지의 나팔소리로 들린 점, 무려 3분여 동안 들린 점을 자세하게 노트에 기록했습니다.

그런 후 주님의 음성임을 입증할 성경 말씀을 찾기 시작했습니다. 놀랍게도 성경에는 '그는 외치지 아니하며 목소리를 높이지 아니하며 그 소리를 거리에 들리게 하지 아니하며'(사 42:2)라는 말씀이 내 눈에 들어왔습니다. 그 날 주님은 거리에 들리지 않도록 저에게 음성을 들려주신 것입니다. 성경에서 나팔은 하나님의 음성으로 말씀의 선포를 의미합니다. 또한 요한계시록에는 '주의 날에 내가 성령에 감동되어 내 뒤에서 나는 나팔소리 같은 큰 음성을 들으니'(계 1:10)라는 말씀이 나옵니다. 이 체험이 저로 하여금 나팔소리가 하나님께서 주시는 음성을 의미하는 것임을 확증시켜 주었습니다."

성경에도 하나님의 말씀이 있기 전 나팔소리가 우렁차게 들린 적이 있다. 출애굽기 19장 16절에는 "셋째날 아침에 우레와 번개와 빽빽한 구름이 산 위에 있고 나팔소리가 매우 크게 들리니 진중에 있는 모든 백성이 다 떨더라"고 기록되어 있다. 시내 산에서 하나님의 임재의 영광이 임할 때 얼마나 나팔소리가 컸던지 백성들이 모두 다 들은 것이다.

나는 기도한지 43일 만에 마침내 주님이 들려주시는 음성을 처음으로 생생하게 들을 수 있는 응답을 받게 되었다. 이 경험은 정말 경이롭고 신비한 기적의 체험으로 내 기억 속에 영원히 남게 될 것이다.

혹시 나에게 물어볼 한 가지 궁금한 점은 없는지? 내가 그 날 본 영화가 어떤 영화였는지 궁금하지 않은가? 내가 지인과 함께 본 영화는 바로 예수가 죽어가는 12시간의 과정을 극적으로 묘사하여 영화화한 멜 깁슨 감독의 〈패션 오브 크라이스트〉(예수의 고난)였다! 하나님은 나에게 응답하실 시점까지 절묘하게 고려하여 행하셨다. 또 놀라운 사실이 한 가지 더 있다. 주님은 나에게 그 사건을 최종 확증시켜주는 성경 구절을 따로 주셨는데 그 일이 있은 뒤 5개월이 다 되어가던 이듬해인 2018년 4월 2일이었다. 바로 신명기 4장 36절의 말씀에 기록된 그대로 내게 그런 일이 일어난 것이다.

「여호와께서 너를 교훈하시려고 하늘에서부터 그의 음성을 네게 듣게 하시며」 (신 4:36)

하나님의 내적 음성을 머리로 듣다

하나님의 외적 음성을 귀로 직접 들은 나는 이 책을 집필하는 기간 중에 세 차례나 하나님이 주시는 내적 음성을 반복적으로 들은 적이 있었다. 주님의 외적 음성(나팔소리)을 2017년 11월 5일에 처음 들은 나는 이번엔 내적 음성은 어떻게 들리는가를 알기 위해 2018년 4월 3일부터 주님께 구하는 기도를 드리기 시작했다.

4월이 지나 5월에 접어든 후 당시 처음에는 그 소리가 내가 꿈속에서 잘 못들은 것은 아닌지 의아해 두 번의 발생 일자를 노트에 기록으로 남기지 못했다. (사실 3월 20일 아침시간에 나는 꿈속에서 내 이름을 부르는 사랑이 담긴 세미한 음성의 부드러운 여자 목소리와 4월 7일 새벽 5시 23분에 남자 목소리를 들은 적이 있다.) 당시 머리로 들려온 그 소리가 너무나 사실적으로 들려 실재처럼 혼동했던 상황이었다. 여기서 사실적인 표현을 쓴 것은 소리가 귀에서 들려오지 않았음에도 불구하고 머리로 사실보다 더 사실적으로 들을 수 있었기 때문이다. 다음은 당일 아침 주님의 내적 음성을 들었던 최초의 상황과 이후 다시 최종적으로 들려온 음성의 들음을 사실 그대로 기술하였음을 밝힌다.

"최초 그 소리가 들린 시간대는 5월 어느 날 이른 아침 6시 50분경이었습니다. 잠에서 아직 깨지 않은 상태에서 들린 그 소리는 귀로 들리는 소리가 아니라 마치 내 주변 허공 어딘가에서 나는 소리처럼 들려왔습니다. 그 소리는 문을 정확히 두 번 두드리는 노크 소리(똑똑)였습니다. 잠결에 그 소리가 어찌나 크고 생생하게 울림이 있었는지 나는 깜짝 놀라면서 두 눈을 바로 떴습니다. 눈을 비비면서 저의 눈길은 누운 상태에서 문 쪽을 바라보게 되었고, '이른 아침에 누가 노크를 하는 거지?'하는 생각이 들었습니다. 혹누군가 급히 찾아왔다면 다시 노크를 하겠지 하며 잠시 귀를 집중시켰습니다. 그러나 더 이상 아무 소리도 나지 않았습니다. 혹시 꿈에서 잘못 들은 건가 하고 대수롭지 않게 넘어가려고 했는데 소리치곤 너무나 생생하게 들렸고 사실보다 더 사실적으로 들렸다는 것이 제 마음을 사로잡았습니다. 마치 문 앞에 귀를 갖다 대고 듣는 노크소리와도 같았습니다. 어떤 특정 위치에서 나는 소리라면 방향을 곧바로 알 수 있었겠지만 머릿속에서 들리듯 전혀 다른 방식으로 들려왔습니다. 그 소리는 너무나 명확하게 들리면서 우렁찼고 무게감이 있으면서도 맑은 소리였습니다.

잠에서 깬 나는 일어나 한 동안 이 소리가 어떤 의미를 던지는 건가를 생각했습니다. 그러다 갑자기 제가 기도한 내용이 생각났습니다. 저는 하나님의 내적 음성은 어떻게 들리는가를 알고자 기도를 여러 번 한 적이 있었습니다. 하나님께서 들려주시는 내적 음성은 아닐까를 생각하면서 그렇게 2일이 지나가는데 또 아침 그 시간대에 두 번째 노크소리가 똑같이 들려온 것입니다. 저는 그 소리에 또 깜짝 놀라 눈이 떠졌고 직감적으로 주님의 응답주심이 틀림없다는 생각이 들게 되었습니다.

'분명 꿈에서 듣는 소리는 아닌데 어떻게 며칠이 지나 같은 시간대에 동일한 노크소리가 들리는 걸까?'생각하면서 저는 그날 저녁에 2회에 걸친 노크소리가 만일 주님께서 제게 들려주신 내적 음성이 맞는다면 최종 한 번만 더 들려주셨으면 한다고 겸손하게 기도를 드렸습니다. 확증을 구하고 싶었기 때문입니다. 그렇게 며칠이 지나 5월 14일 아침 마침내 세 번째 똑같은 노크소리가 또 들렸습니다. 주님은 저의 기도에 응답해주셨던 것입니다. 저는 주님께 기도로써 겸손하게 확증하는 마음을 내보여 드렸습니다. 그리고 난 이후 그 소리는 더 이상 들리지 않았고 주님이 들려주신 내면의 테스트 음성은 그것으로 끝이 났습니다.

그 소리의 크기는 귀로 직접 들은 나팔소리와 비교를 하면 오히려 훨씬 더 컸습니다. 비교를 하면 나팔소리가 4 정도 크기의 세미한 작은 소리라면 노크 소리는 10 정도 크기에 가까운 힘차고 우렁찼으며 명확하게 구분되는 현장감 있는 소리였습니다."

하나님의 외적, 내적 음성이 어떤 메커니즘에 의해 들리는지는 알 수 없지만 무척 신비로운 것만은 틀림없다. 아마도 성령님에 의한 작용일 것이다. 한 가지 덧붙인다면 하나님의 역사하심에서 내가 엿볼 수 있었던 점은 그분은 우리가 생각지도 못하게 허를 찌르신다는 것과 우리가 보기에 아주 적절한 상황의 때에 맞춰 그에 적합한 연출을 보여주신다는 점이다. 마치 영화감독처럼 시나리오의 모든 상황을 파악하여 적절한 시점에 시작 사인을 내리신다!

나의 방패이시며 참 소망이신 주님,
내 귀에 세상의 소리는 지나가게 하시고
내 귀를 열어 침묵의 소리를 듣게 하여 주소서.
주의 음성을 애타게 간구하오니
내 기도에 응답하여 주소서.
한밤중 꿈속에서 주의 음성으로 기쁨의 응답을 기다립니다.
예수님의 이름으로 기도합니다. 아멘.

하나님의 음성의 분별

「입이 음식물의 맛을 분별함 같이 귀가 말을 분별하나니」 (욥 34:3)

성경 말씀에 의하면 하나님의 내적 음성은 나지막이 세미한 음성이라 하셨다. 그분의 음성은 우리의 대화처럼 물리적으로 소리가 귀의 고막을 통하여 들리는 것(외적 음성) 외에 우리의 가슴속 영에 예수님 영의 말씀이 소리 없이 함축된 특정 메시지의 내적 음성으로 전해질 때가 있다.

화가가 자신의 의도를 담아내어 표현한 완성된 그림을 우리가 한눈에 보고 이해하는 것처럼 하나님의 음성 메시지도 하나님의 능력으로 우리 안에 거하는 성령님을 통하여 분명하게 전달되게 하신다. 성령님의 음성은 침묵의 음성이다. 즉 침묵 가운데 조용히 전해오는 인상(어떤 감정, 각인되는 특정 인상)이라고 할 수 있다. 왜 나는 음성이라 하지 않고 인상이라고 하는가? 화가의 그림 예를 설명했듯이 그분이 내적 음성을 들려주실 때에는 긴 말, 긴 문장보다는 즉시 이해를 할 수 있도록 한 폭의 그림 또는 특정 이미지와 같은 인상을 전달해주신다. 우리가 기도 후 그분의 응답에서 매번 그분의 음성인지 아닌지를 분별해야 한다면 얼마나 피곤하겠는가? 성령의 음성은 자연스럽게 물 위로 떠오르는 생각일 수 있다. 그분의 음성은 내적 확신을 주며 늘 평안을 동반한다.

하나님의 음성의 분별력은 앞으로 설명할 하나님의 음성에 나타나는 특징들과 하나님의 음성이 전달되는 통로를 잘 인지해두면 그분의 음성을 인식하는 데 도움을 받을 수 있다. 어린 양이 목자의 음성을 알고 따르듯이 우리는 그분 앞에 순전한 어린 양이 되어 그분의 음성에 익숙해져야 한다. 그분의 음성은 영적으로 전달되어 외부에서는 들리지 않지만 아주 생생한 소리로 가슴에 울림이 전해지기도 한다. 마치 허공에서 소리가 나는 것을 머릿속에서 들리게 한다. 또는 특정 성경구절이나 이름을 부르시거나, 단어 또는 간단한 문장, 대화체로 들릴 때도 있다.

하지만 우리는 주님의 음성 들음에 어려서부터 성인에 이르기까지 오랜 기간 동안 차단되어 왔기 때문에 영적인 귀가 매우 둔감한 상태에 머물러 있다. 너무나 세상소리에 잠겨 있어서 영적인 소리를 듣기에는 꽉 막힌 귀나 다름이 없다.

하나님의 음성 들음은 특정한 사람에게만 허용된 은사가 아니다. 하나님의 자녀들은 그분의 음성을 다 들을 줄 알아야 한다. 아기가 자기의 이름을 외우려고 하지 않듯이 자기를 향하여 엄마가 부를 때 '엄마가 나를 부르는구나'를 인식하게 되는 것처럼, 초반에는 그분의 음성을 충분히 인식할 때까지 주님의 음성 인식에 대한 자연스런 연습이 필요하다.

> 「내 말과 내 전도함이 설득력 있는 지혜의 말로 하지 아니하고 다만 성령의 나타나심과 능력으로 하여」(고전 2:4)

하나님의 음성을 분별하는 데 있어 혼란을 가중시키는 또 다른 음성이 있다. 우리의 생각에서 일어나는 자발적 음성(생각)과 사탄에게서 들려오는 목소리가 그것이다. 육적인 생각의 음성과 사탄의 음성은 다음과 같은 특징들을 보인다. 먼저, 육신의 생각에서 일어나는 음성의 특징은 마음에서 자동적으로 툭하고 생겨나는 잡다한 생각 외에 의도적으로 골똘히 생각하는 것과 느낌과 감정에 의해 일어나는 생각, 이성적 논리적 판단에 의한 생각 등 마음의 반응이 이에 속한다. 즉 혼적인 음성에 속한 이들 소리는 변덕쟁이의 말과 같아서 하루에도 몇 번씩 마치 시소를 타듯이 오락가락하며, 지속적으로 그 생각을 놓지 못하게 하고, 의도적으로 그 생각을 떠올리려 하게 한다. 마치 회전하는 조명 불빛을 보는 것처럼 머릿속을 어지럽게 한다.

다음으로 사탄의 음성은 어떨까? 사탄의 음성 색깔은 무지개색이다. 처음엔 멋져 보인다. 사탄은 베일에 가려져 그럴듯하게 속이는 데 선수다. 사람이 좋아할 만한 유혹하는 미끼의 덫을 설치한다. 사탄의 침투경로는 우리의 혼(정신)을 통해서 자극하기 시작한다. 뱀이 아담과 하와에게 한 속임수를 보라! 사탄은 그들에게 그렇게 될 수 있다고 말한다. 못할 이유가 어디 있느냐고 유혹한다. 지금 상황이 이런데 하는 게 백 번 낫지 않겠냐고 반문을 던진다. 사탄은 결국 허점을 노리고, 죄의식을 일으키게끔 하고, 강압적으로 밀어붙이는, 즉시로 행동하게 하는, 다그치듯 조급하게 재촉하는 음성으로 들리고 빠른 템포로 말한다. 왜냐하면 우리가 어느 순간 생각을 바꿔 고칠 수 있기 때문이다. 사탄은 비성경적으로 말한다. 교훈을 주지 못한다. 진정한 위로를 주지 못한다. 작은 죄를 짓게 하여 점차 죄악에 물들게 한다. 부정적 감정(불화, 분열, 불신, 불만, 교만, 우울, 낙심, 책임전가, 악한 수단의 동원 등)을 부추긴다.

하나님의 음성에 나타나는 특징

'우리의 내면으로부터 들려오는 음성이 하나님의 음성인지 사탄의 목소리인지 아니면 우리가 지어낸 생각과 느낌인지를 어떻게 구분해 낼 수 있을까?'이 질문은 목회자들도 종종 받는 질문이기도 하다. 앞서 사탄의 음성 색깔과 내 안의 목소리에 대한 차이점을 언급했다.

처음에 하나님의 음성인지 아닌지를 분별하기 위해서는 그분의 음성에 대한 특징이 무엇인지를 먼저 숙지할 필요가 있다. 사실상 주님의 음성에 대한 분별력의 핵심은 수차례의 많은 경험에서 비롯된다. 성경을 살펴보면 확실히 그분의 음성을 선지자나 사람들이 즉시 알아채고 그들의 마음 안에 감화를 일으키는 울림을 주셨다.

하나님의 음성을 들은 여러 사례들을 조사하는 과정에서 하나님의 내적 음성이 전달될 때 나타나는 특징으로 귀로 들리는 소리는 분명 아닌데 허공에서 나듯 명확하게 울림으로 들리는 것을 묘사하는 경우가 있다. 그분의 음성의 특징은 귀에 가까이 대고 말하는 것처럼 뚜렷하면서 선명하게 머리 또는 마음으로 전달되며 힘이 배어 있는 음성이다. 마치 3D 사운드처럼 들려온다. 귀는 어떤 방향에서 들리는지 알아챌 수 있지만 그분의 음성은 소리의 진원지와 방향을 가늠할 수 없다. 그럼에도 불구하고 귀로 듣는 것보다 더 실재처럼 생생하게 들린다. 앞서 소개한 나의 체험과 사무엘의 경우처럼 너무나 사실적인 음성을 듣고 그 음성이 어디서 나는지를 모를 정도로 착각한다. 해외의 체험 사례들 중에는 너무나 사실적으로 들려와 어디서 소리가 났는지 고개를 돌려 주변을 살피려 했다는 경우도 적지 않게 있었다.

그분의 음성에는 몇 가지의 독특한 공통된 특징이 있음을 알 수 있다. 다음에 요약한 것은 말씀을 통한 하나님의 음성의 특징을 나열한 것이니 참고하기 바란다.

첫째, 성경의 특정 말씀 구절로 말씀하실 때가 있다.

둘째, 상황에 따라 단호한 어조로 짤막하게 말씀하실 때가 있다.

셋째, 이해가 가도록 짧은 함축된 문장으로 말씀하실 때가 있다.

넷째, 간결하게 말씀하실 때가 많다.

다섯째, 말씀에 일관성을 보이신다.

여섯째, 단계적으로 인도하며 말씀하신다.

일곱째, 확실하고 구체적으로 말씀하신다.

문제는 처음부터 그분의 음성을 분별하기가 쉽지 않다는 점이다. 하나님의 음성은 절대 성급하지 않으며 내적 확신을 갖도록 임하신다. 그분의 음성은 정신세계 안에서 우리의 마음에 속한 의지에 의존하고 있지 않다. 그 전달 메커니즘은 성령을 통하여 우리의 영에 직접 전달되어 마음으로 전해지는 방식인 것으로 추정되는데, 그분의 음성이 직접적으로 귀로 들리는 물리적인 울림이 있는 경우는 거의 드물게 일어난다. 반면 내면의 세미하고 나지막한 침묵의 소리로 전달이 되기도 한다. 그렇다고 해서 매번 작은 소리로만 들리는 것은 아니다. 또렷하며 분명히 우리가 알아들을 수 있는 소리나 특정 인상(감정)으로도 전달되기도 한다.

그분의 음성은 변색되지 않은 분명한 컬러인 트루 컬러(True color)로 내비치는 음성이다. 트루 컬러의 의미는 세상이 보여주는 그 어느 색깔과도 비교되지 않는 고유의 독특함을 가진 컬러를 말한다. 그분의 음성 컬러는 신성하며 강력함을 느끼게 하고 동시에 사랑과 따스함이 밴 맑은 음성이다. 따라서 우리는 그분의 목소리를 몇 차례의 경험의 축적으로 한눈에 그분의 음성인지 아닌지를 금방 알아 챌 수 있게 된다!

하나님의 음성이 전달되는 통로

하나님의 음성은 우리의 마음을 통해 듣게 하시지만 그분의 음성을 듣는 것이 둔감한 우리는 주변의 다양한 경로를 통해서 그분이 전하시는 음성(응답신호)을 알 수 있게 하신다.

「너희가 듣는 것이 둔하므로 설명하기 어려우니라」(히 5:11)

하나님의 음성이 전달되는 통로는 의외로 다양하다는 점을 알 수 있다. 그 통로를 열거하면 성경의 말씀(특정 구절)으로, 성령의 은사를 통해서, 귀로 듣는 외적 음성으로, 성령님의 내적 음성으로, 교회의 설교 말씀으로, 찬양을 통해서, 꿈과 환상을 통해서, 믿음의 사람들을 통해서, 신앙서적을 통해서, 표적으로, 천사를 통해서, 주변 환경과 상황 등으로 나타내신다. 하나님의 음성은 위에 언급한 어떤 통로를 통해서 오시든 성경 말씀인 하나님의 뜻에 벗어나지 않는다.

우리가 그분의 음성을 온전하게 듣기 위해서는 성경 말씀을 매일 접하여 영적 양식으로 취해야 교통하는 데 무리가 없게 된다. 다시 말해 성경을 꿰뚫고 있어야 한다. 그분의 음성은 때로는 우리가 친구에게 귓속말로 작은 소리로 나지막하게 속삭이듯 세미한 음성으로 말씀하신다. 또 그분의 음성은 우리의 마음 안에 평안함으로 다가와 우리의 기도에 미리 응답 신호를 주기도 한다. 다음은 하나님의 음성이 들려오는 여러 방식 중 대표적인 몇 가지를 알아보고자 한다.

첫 번째, 그분의 음성은 성경 말씀을 통하여 알려주실 때가 있다.

> 「말하는 이는 너희가 아니라 너희 속에서 말씀하시는 이 곧 너희 아
> 버지의 성령이시니라」 (마 10:20)

하나님께서 성경 말씀으로 전하시는 방식은 두 가지 유형이 있다. 첫 번째 유형은 직접 개인에게 전하는 경우이며, 두 번째 유형은 성경의 특정 말씀 구절이 살아서 움직이듯 강하게 마음에 와 닿는 경우이다.

첫 번째 유형으로 나는 하나님의 음성을 들은 사람들의 간증을 조사한 결과, 하나님의 음성이 성경의 특정 말씀 구절로 전달될 때가 의외로 많다는 사실을 발견할 수 있었다. 놀라운 것은 그분의 음성을 들은 사람들이 그 성경 구절을 전에 읽었거나 들은 적이 전혀 없었다는 사실이다. 즉 성경 말씀을 전혀 모르고 있던 상황이었다. 조사한 해외 사례들 중에는 「나는 길이요 진리요 생명이니」 그 외에 대화체로 「너는 나의 것이고 나는 너를 사랑한단다」, 「내가 너를 용서한다」, 「그는 내 사람이다」, 「내가 너와 함께 하리라」 등으로 직접 들려주셨던 것이다.

두 번째 유형은 성경의 기록된 말씀이 살아서 꿈틀거리며 생생하게 보일 때이다. 마치 조명등에 순간 불이 들어와 켜지듯이 환하게 비치는 느낌을 준다는 것이다. 성경을 읽는 중에 특정 구절에서 강하게 마음에 와 닿거나 이 구절은 왠지 나에게 전하는 말 같다는 강한 인상을 받을 때를 말한다. 또 전에 여러 번 읽고 지나갔던 말씀인데, 그 말씀을 어느 날 다시 접했을 때 이런 현상이 일어날 때가 있다. 그럴 때에는 읽어나가는 것을 잠시 멈추

고 묵상함이 좋다. 그리고 말씀에 대해 잘 모를 때에는 그 구절이 나에게 무엇을 가르치거나 보여주기를 원하는지 성령님께 기도로 물어봐야 한다.

어느 날 나는 책에 넣을 성경의 말씀을 찾던 중이었다. 그러다가 전도서 9장 7절 말씀이 한 눈에 확 들어오는 것을 느꼈다. (이렇게 특정 말씀이 와 닿을 때 그 말씀을 레마라 한다.) 그 말씀은 이렇게 시작된다. "너는 가서 기쁨으로 네 음식물을 먹고 즐거운 마음으로 네 포도주를 마실지어다 이는 하나님이 네가 하는 일들을 벌써 기쁘게 받으셨음이니라" 이 말씀 구절이 왜 내 눈과 머릿속에 환하게 조명이 켜지는 것처럼 와 닿았을까? 그 날은 이 책의 본문 원고를 거의 마무리하는 단계에 와있던 시점이었다. 그런 시점에 이 말씀을 받았으니 나의 기분은 마치 주님께서 집필하느라 그동안의 수고함에 칭찬을 해주는 감동의 말씀으로 받아들였던 것이다. 더욱 놀라운 것은 이 말씀은 한 개인을 향해 말씀하시는 구절이 아닌가! 하나님께서는 나에게 "네가 하는 일(기도에 관한 책을 집필하는 일)들을 벌써 기쁘게 받으셨음이니라"라는 음성을 성경 말씀을 통해 주신 것이다.

우리는 이런 경우 아마도 우연의 일치로 또는 그렇게 받아들인 것이 아닌가 하는 생각을 제기할 수 있겠지만, 하나님의 행하심은 우연의 일치로 보이는 응답을 자연스럽게 일러주실 때가 많다. 직접 경험을 해보면 안다. 우연이란 나와 무관해 보이는 상황에서 나타나는 현실이고, 필연은 나와 연관이 있어 보이는 상황에서 받아들이는 현실이다. 하나님의 응답에는 뜸 들이듯이 특정시간이 경과한 뒤에 말씀하실 때가 종종 있다. 곧바로 주시기보다는 일정 시간이 흐른 뒤에 생각지도 못한 때에 주신다. 그분은 그분의 때에 그분의 방식으로 음성을 전하신다. 성령님은 이처럼 성경 말씀을 통해 전달하시기도 한다.

두 번째, 그분의 음성은 내면으로 전달되는 음성으로 말씀하실 때가 있다.

어린 사무엘은 어느 날 밤 하나님께서 부르시는 음성을 듣게 되는데, 이를 엘리 제사장이 부르는 줄 알고 그에게 가서 자신이 여기 있나이다 하며 확인을 하게 된다. 그러나 엘리는 사무엘에게 부르지 않았으니 다시 가서 자라고 말하지만, 하나님은 사무엘이 못 알아듣자 그의 이름을 세 차례나 재차 부르신다(삼상 3:4-10). 하나님이 세 번씩 사무엘의 이름을 부르자 엘리 제사장은 그의 들음이 하나님이 부르시는 음성임을 알아챈 후 그에게 말하기를 "그가 너를 부르시거든 네가 말하기를 여호와여 말씀하옵소서 주의 종이 듣겠나이다." 하라는 대목이 나온다.

어린 사무엘이 들은 음성은 그에게만 들렸지만 그 부름이 마치 옆방에 있는 사람이 부른 것처럼 너무나 생생하게 들렸던 것이다. 나는 사무엘이 들은 음성이 특정인을 향하여 분명하고도 명확하게 들리는 독특함을 가진 음성이란 점을 말하고 싶다. 그 소리는 마치 머리에 헤드셋을 쓰고 듣는 3차원 음향처럼 들린다. 들려오는 방향이 없으며 귀가 아닌 머릿속에서 들리듯 울림이 전해진다. 사실보다 더 사실적인 소리로 들린다.

구약시대의 선지자인 엘리야의 경우를 보자. 엘리야는 이세벨로부터 생명의 위협을 받게 되자 목숨을 지키기 위해 도망가는데, 유다에 속한 브엘세바에 이르러 하나님께 자신의 생명을 거두어달라고 한다. 그가 잠시 누워 쉴 때 천사가 나타나 먹을 것과 물을 권하자 힘을 얻은 후 하나님의 산 호렙에 이르러 굴에 들어가 머물 때 하나님께서 그에게 나타나 "엘리야야!

네가 어찌하여 여기 있느냐" 말씀하신 후 엘리야를 산 위로 인도하셨다.

엘리야의 앞에 하나님의 임재가 임했다. 바람을 일으켜 산을 가르고 바위를 부수고 지진이 있었고 지진 후에 불이 있었는데 불 가운데도 하나님이 계시지 아니하더니, 잠시 후 불 후에 세미한 소리가 나며 그에게 이르되 "엘리야야! 네가 어찌하여 여기 있느냐"하는 그분의 음성이 들렸다(왕상 19:11-13).

사도행전 11장 28절에는 아가보가 성령으로 말하되 천하에 큰 흉년이 들리라고 예언했다. 사도행전 8장 29절에도 "성령이 빌립더러 이르시되 이 수레로 가까이 나아가라 하시거늘"이라고 하여 성령의 음성으로 전달하셨다.

성경에서는 분명하게 우리의 내면에서 말씀하는 이가 성령임을 밝히고 있다. 쉽게 말해서 성령님은 우리의 삶속에서 일어나는 모든 일들에 관여하면서 말씀의 진리를 전달하여 위험에 빠지지 않고 바른 길로 인도하시는 코치 역할을 하신다. 예를 들어 응답으로 확신을 주시고 말씀을 깨닫게 하시고 죄에 대한 지적과 죄로부터 지키시며 진리를 알게 하시고 위로하시며 하나님의 뜻을 알도록 일깨워주신다.

세 번째, 그분의 음성은 꿈과 환상을 통해서도 말씀하신다.

> 「사람이 침상에서 졸며 깊이 잠들 때에나 꿈에나 밤에 환상을 볼 때에 그가 사람의 귀를 여시고 경고로써 두렵게 하시니」 (욥 33:15-16)

하나님은 꿈을 통하여 그분의 음성을 들려주실 때도 있다. 욥기 33장

14절을 보면, 하나님께서는 꿈이나 밤에 환상을 통하여 사람의 귀를 여시고 한 번 말씀하시고 다시 말씀하시지만 사람은 도무지 관심이 없다고 말씀하신다. 또 "하나님께서 사람의 말에 대답하지 않으신다 하여 어찌 하나님과 논쟁하겠느냐"(욥 33:13) 하시며 우리에게 훈계하신다. 이 구절들에서 하나님은 우리의 영적 귀가 닫혀있어 그분의 음성을 잘 알아듣지 못한다는 사실과 사람이 그분의 음성을 듣는 것에 무디어져 있다는 것을 지적하신다.

성경에는 꿈을 통해서 그분의 음성을 듣는 경우가 곳곳에 나온다. 그 중 창세기 37장 5-9절에는 요셉의 역경과 교훈을 보여주는 요셉의 꿈 이야기가 등장한다. 그는 어느 날 예사롭지 않은 꿈을 꾸고 난 뒤에 자신이 한 나라의 지도자가 될 것임을 암시하는 꿈임을 해석하여 알게 되었다. 그가 그의 이복형제들에게 자신의 꿈 얘기를 들려주자 그들은 그의 꿈 얘기를 듣고 더욱 미워하게 된다. 왜냐하면 그의 아버지인 야곱이 그를 다른 형제들보다도 더 사랑했기 때문이다. 그의 형들은 그를 시기하여 요셉을 죽이려고 하기까지 꾀했다. 그런데 요셉의 형 중 한 명인 유다는 그를 죽이기보다 노예상인에게 팔아 돈을 벌자고 제안을 한다. 결국 상인들이 요셉을 애굽으로 끌고 가 애굽 왕 바로의 신하인 보디발에게 팔아넘긴다. 보디발의 집 총무로 충성을 다해 일하고 있는데 그의 아내가 그에게 연정을 느끼고 동침을 요구하자 요셉은 거부하였고, 그녀는 요셉을 강간하려한 범죄자로 몰아 그를 감옥에 투옥시켰다. 그가 감옥에 있는 동안 감방 안에 같이 있던 술 관원장의 꿈을 해석하여 주었고 술 관원장은 석방되었다.

그렇게 감방 안에서 2년이 지난 후 어느 날 바로 왕이 악몽을 두 번 꾼즉 점술가들에게 해몽하려 했으나 아무도 그의 꿈을 해석할 수 있는 자가 없었다. 이때 감방에 같이 있었던 술 관원장이 바로에게 요셉을 추천하게 되었다. 그는 바로 왕의 꿈을 듣고 나서 "하나님이 이 일을 정하셨음이라 하나님이 속히 행하시리니…"라고 말하며 그의 꿈을 해석해 주었다. 즉 온 애굽 땅에 7년간 큰 풍년이 있겠고 후에 7년간 흉년이 들어 기근으로 망하리니 풍년의 기간 중 곡물들을 거두어 흉년에 대비하여 비축해두면 흉년으로 망하지 않는다고 해석해주었던 것이다. 이에 바로와 그의 신하들이 이 일을 좋게 여기고 그의 명철과 지혜에 탄복하여 바로 왕은 그에게 애굽의 총리자리에 앉히게 된다. 하나님은 요셉에게 꿈을 통하여 장래에 일어날 계획을 미리 꿈으로 계시해주었던 것이다. 이처럼 꿈은 하나님이 사람에게 계시를 전달하는 통로로 사용될 수 있음을 보여준다.

성경에서 보이는 환상의 종류는 크게 두 가지로 구분할 수 있는데, 의식이 있는 상태에서 눈으로 보는 열린 환상과 의식이 몽한 눈을 감은 상태에서 보는 트랜스적인(비정상적인 수면상태) 닫힌 환상이 있다. 사도행전 9장 4절에는 사울이 길을 가다가 다메섹에 이르렀을 때 하늘에서 빛이 그를 비추면서 그에게 하나님의 음성(사울아! 사울아! 네가 어찌하여 나를 박해하느냐)이 직접 그의 귀로 들리게 된다. 땅에서 몸을 일으켜 세워 바라보았을 때 그의 눈에 비친 것은 아무것도 없었다. 성경에는 그가 "눈을 떴으나 아무것도 보지 못하고"라고 기록되어 있는바 주님은 그의 육의 눈을 멀게 하였고, 그는 사람들 손에 이끌려 다메섹으로 들어가게 되었다. 그런 후 주께서 다메섹에 있는 아나니아라는 제자를 영적 환상 중에 불러 그에게 지시하는 음성을 들려주었다.

사도행전 10장 9-11절에는 "베드로가 기도하려고 지붕에 올라가니 그 시각은 제 육시더라 그가 시장하여 먹고자 하매 사람들이 준비할 때에 황

홀한 중에 하늘이 열리며 한 그릇이 내려오는 것을 보니 큰 보자기 같고 네 귀를 매어 땅에 드리웠더라"하며 베드로가 환상을 경험하는 과정에서 주님의 음성을 듣게 되는 장면이 나온다. 이 장면은 트랜스상태에 놓인 몽한 상태의 환상에 속한다.

네 번째, 그분의 음성은 지식의 말씀을 통해서도 전하신다.

「내 아들아 지식의 말씀에서 떠나게 하는 교훈을 듣지 말지니라」(잠 19:27)

성령이 값없이 주시는 아홉 가지 은사(지혜, 지식, 믿음, 병 고침, 능력, 예언, 영분별, 각종 방언, 방언통역) 중에 성령을 따라 지식의 말씀을 받는 은사가 있다(고전 12:8). 하나님은 지식의 말씀에 귀를 기울이라고 하신다. 우리는 평소 정신적인 활동에 의한 끊임없는 생각에 의해 선택과 판단을 내리게 된다. 그러나 그 결정을 내리고자 할 때, 내면에서 직관에 따른 판단이 고개를 내미는 경험을 한 적이 있을 것이다. 직관은 복잡한 생각과 이성적이고 분석적인 면을 따르지 않으며 곧바로 앞을 내다보는 즉각적인 통찰력과 깨달음에 속한다.

「진리의 성령이 오시면 그가 너희를 모든 진리 가운데로 인도하시리니 그가 스스로 말하지 않고 오직 들은 것을 말하며 장래 일을 너희에게 알리시리라」(요 16:13)

지식의 말씀은 이처럼 내면의 직관에 의해 즉각적으로 알게 하신다. 그것은 훈련이나 배움에 의해 길들여지는 것이 아니다. 성령님은 우리에게 그분의 지식을 직관적인 깨달음을 통해 전달하실 수 있다. 성령님의 계시는 아주 단순하며 간결하다. 하나님의 지식은 우리 안의 성령을 통하여 직통으로 마음에 전달하게 하여 그분의 생각을 바로 알게 하신다.

다섯 번째, 그분의 음성은 천사를 통해서도 말씀하신다.

> 「모든 천사들은 섬기는 영으로서 구원 받을 상속자들을 위하여 섬기라고 보내심이 아니냐」 (히 1:14)

성경에는 의외로 천사(메신저)의 등장이 여러 곳곳에서 나온다. 대표적인 예로 꼽히는 사례는 창세기 19장에 나오는 롯 앞에 나타난 천사의 경고이다. 하나님께서 소돔과 고모라의 죄악을 심히 무거운 것을 보고 유황과 불로 멸망시키려 했다. 하나님은 롯과 그의 가족을 구하기 위해 천사를 보내어 소돔성문에 앉아 있는 롯에게 찾아가 여호와께서 전하신 메시지를 그에게 말한다. "이 성을 멸하실 터이니 가족들과 함께 성을 떠나라"고 재촉하며 일러준다.

오늘날에도 여러 간증을 통하여 천사들의 방문을 증언하고 있다. 성령의 불이 임할 때 천사를 보는가 하면 천국을 방문 중에 여러 곳에서 천사가 일을 하고 있는 것을 보게 되고, 교회에서 성도들이 예배를 드리는 중에 천사들이 찾아와 같이 서있는 광경을 보는가 하면, 사고로 5톤 트럭에 깔린 채 의식을 잃은 한 남자의 영혼이 이탈할 때 천사가 긴급히 찾아와 자신의 몸을 만지는 광경을 보기도 한다.

《천사와 일하는 방법》의 저자인 스티븐 브룩스(Steven Brooks)는 자신의 체험담에서 천사가 그를 찾아와 메시지를 전한 것을 한 TV프로그램에 출연하여 다음과 같이 간증을 전했다. 그가 체험한 천사의 방문 내용이다.

"다섯 명의 천사를 만난 건 새벽 3시쯤이었습니다. 일종의 방문이 있을 것을 알았는데 그때는 아주 피곤했습니다. 약 15분간 기도를 한 후 잠깐 쉬기 위해 침대에 몸을 기대어 있다가 3시 30분에 갑자기 잠에서 깨었습니다. 제 앞을 보니 다섯 명의 천사가 원을 그리고 서서 저를 보면서 미소를 짓고 있었습니다. 영광의 모습이었고 불완전함을 찾아볼 수 없는 굉장히 아름다운 존재였습니다. 그들은 미소를 지으며 자신들은 부흥의 다섯 천사라고 소개했습니다. 하나님과의 교제를 하게 되면 천사들과의 만남 같은 것이 일어납니다. 그들은 거룩함으로 하나님을 기쁘게 하며 사는 것이 왜 중요한지를 말했습니다. 우리 개인은 모두 그러한 책임이 있습니다. 성령님께서 우리가 하나님을 기쁘게 하는 일을 하도록 도우신다는 것을 우리의 심령이 알고 있기 때문입니다. 우리는 최고 수준의 정결함을 유지해야 하기 때문입니다. 정결하지 않은 생각, 천사들은 영의 세계에서 우리의 생각을 볼 수 있습니다. 우리가 내뿜는 방사하는 생각을 인지할 수 있습니다. 그것은 영적인 불결함을 야기하는 것을 말하며, 천사들은 그런 것을 식별하는 능력을 가집니다. 어떤 사람들이 하나님에 대한 사랑과 정결을 발산하면 천사들은 그 사람의 주변에 머물고 싶어 합니다. 하지만 쓰레기 같은 오염된 생각을 담고 있다면 악령들이 그것을 쉽게 식별할 수 있고 그 사람의 정결하지 않은 마음에 이끌립니다. 우리가 이런 것을 이해하고 우리의 마음을 정결하게 유지하려고 힘쓴다면, 우리는 하나님을 기쁘게 하면서 살 수 있습니다. 하나님의 성공기준은 전적으로 순종하고 하나님의 뜻이 무엇이든 따르는 것입니다. 그럴 때 하나님의 상급이 있고 하나님의 기름부음이 임하게 됩니다."

여섯 번째, 그분의 음성은 주변 환경과 상황을 통해서도 나타내신다.

기드온은 이스라엘 민족을 원수인 미디안 족속과 대적하여 구원하라는 하나님의 음성에 확신이 없었다. 더군다나 하나님은 적군의 전력에 열세함에도 불구하고 그에게 300명의 군사만 남기고 다 돌려보내라고 명령하셨다. 그래서 그는 도대체 어떻게 싸우라는 것인지 또 정말 승리를 확신할 수 있는지를 그분께 물어보고자 말씀하시는 이가 주가 되시는 표징을 보여달라고 요청한다(삿 6:17). 하나님은 그에게 천사를 보내고 바위에서 불이 나오게 하여 안심을 시키신다. 그는 하나님의 말씀에 대한 확신을 갖기 위해 한 가지 묘안을 내게 된다. 하나님의 뜻이 확실한지를 구하는 양털 뭉치를 타작마당에 두고 두 번의 시험을 하게 된다.

첫 번째 시험은 이슬이 양털에만 있고 주변 땅은 마른 상태로 있으면 주께서 이스라엘을 구원하실 줄을 내가 알겠다고 말한다(삿 6:37). 다음 날 아침 기드온이 일찍 일어나 양털을 가져다가 짜니 진짜 물이 그릇에 가득 차게 되었다. 기드온은 첫 번째 시험에 대해 마음이 꺼림직 했던지 하나님께 싸움에서 승리하리라는 확증(약속)을 구하는 또 한 번의 하나님 인내 시험을 시도하게 된다.

두 번째 시험은 첫 번째와 반대로 양털만 마르고 주변 땅에만 이슬이 있게 해달라고 요청한다(삿 6:39). 그 결과 그 밤에 양털만 마르고 그 주변 땅에는 이슬이 있게 되었다. 두 번 다 하나님께서 환경을 통해 그에게 확신과 믿음을 주게 되었다.

기드온의 이 이야기에서 우리는 그의 인간적인 면모를 볼 때 하나님을 시험할 수밖에 없었던 그의 불안한 마음을 이해하고도 남음이 있다. 하나님께서는 그의 마음을 이미 아시고 두 번에 걸친 그의 요청에 모두 응답해주셨다. 그러나 기드온의 양털 시험은 하나님의 명을 확신하지 못하고 오히려 의심의 잣대로 하나님을 시험하는 계기가 되었다. 그가 그렇게 밖에는 할 수 없었던 타당한 두 가지 이유가 있었다. 가장 작은 자신에게 하나님께서 자신이 감당할 수 없는 막중한 일을 맡기신다는 불안감, 또 원수와의 싸움에서 정말 자신이 승리할 수 있다는 믿음의 확신을 갖기 위해 하나님께 표적을 통하여 보여 달라고 한 것이다.

기드온의 양털 시험이 우리에게 주는 교훈은 하나님의 인도하심을 전적으로 믿고 따르지 않을 때는 우리의 믿음이 그만큼 연약한 가운데 있게 될 것임을 시사해준다. 예수님은 말씀하시길 "주 너의 하나님을 시험하지 말라"(마 4:7) 하셨다. 그러면 기드온의 양털 시험을 주님은 왜 허용하신 걸까? 하나님께서는 그의 마음이 주님을 시험하는 데 있지 않고 자신의 마음에 담대함을 갖도록 하는 확신에 찬 증표를 하나님으로부터 최종 확인하고자 하는 그의 간절한 마음을 읽으셨기 때문에 허락하신 것이다.

하나님의 음성을 분별하는 훈련

하나님의 음성을 분별하는 훈련에 대해 말하기 전에 나는 한 가지 흥미로운 실험을 제안하고 싶다. 이 실험을 통하여 하나님의 음성을 어떻게 듣는가를 간접적으로 이해하게 될 것이다. 우리는 그런 경험을 한 적이 있다. 만일 없었다면 한 번 테스트해보라!

*벽시계 초침 소리가 들리시나요?

우리가 사는 방 안쪽 벽에 걸린 둥근 형태의 벽시계가 있을 것이다. 하루에 최소 서너 차례 이상을 쳐다보는 벽시계의 초침이 움직이는 소리를 제대로 들은 적이 있는가? 아마도 거의 들어본 적이 없을 것이다. 그런데 그 소리가 어느 날 밤에 잠자리에 들려고 누웠을 때 들리기 시작한다. 갑자기 벽시계의 초침이 움직이는 똑딱똑딱 소리가 규칙적으로 선명하게 들린 경험 말이다. 방안이 조용하니 들리는 게 당연한 거 아니냐고 내게 물을 수 있다. 미안하지만 정답을 비켜갔다.

내 대답은 조용한 가운데에서도 생각의 시야가 다른 것에 몰입되어 집중하게 되면 귀를 의도적으로 막은 것처럼 초침이 움직이는 소리를 전혀 인식할 수 없다는 것이다. 귀는 항상 열려있지만 소리를 받아들이는 고막이 열렸다 닫혔다 하는 작용을 한다. 물론 고막이 외부의 소리를 통과시키거나 차단하는 개폐작용을 하지는 않는다. 뇌의 인식작용이 그런 메커니즘을 작동시킨다.

반대로 집중하고 있는 대상에 대한 생각의 초점을 꺼버린다면 어떤 일이 일어날까? 또 다른 잡다한 생각들이 침투하게 된다. 그 원인은 외부 생각들의 방문에 대해 마음의 문이 무방비 상태에 노출되어 있는 것이다. 사탄의 소리와 내가 만들어낸 육신에서 일어난 생각의 소리가 범벅이 된다. 마치 세탁기의 통 안에 든 여러 개의 옷들이 뒤죽박죽되어 돌아가는 혼란스런 지경에 빠지게 되는 것이다.

　이럴 때 우리가 할 일은 단 하나! 사전 기도를 통해서 마음에서 떠오르는 여러 생각들과 느낌, 갑자기 생각나는 것들, 주변 환경들로 인해 개입되는 생각들과 소리들을 잠잠히 하도록 해야 한다. 사전 기도는 혼의 통로를 통해 들어오는 끊임없는 어둠의 영에 지배된 생각들의 움직임을 차단시키기 위해 혼을 영에 연합시켜 묶어두는 역할을 한다. 그러면 고요의 침묵시간이 흐르면서 우리의 영적 귀는 성령님에 접속되어 비로소 그분의 음성을 들을 수 있는 상태에 놓이게 된다. 어떤 소리를 차단하고자 하는 의지를 작동시키려 애쓰지 말자. 그저 단순하게 그분에게 생각의 초점을 맞추고 그분만을 생각하고 바라보라! 그러면 다른 소리들은 잠잠해질 것이다.

　그럼 벽시계의 들릴까 말까한 초침소리를 어떻게 하면 들을 수 있을까? 단순히 이렇게 하면 된다. 먼저 우리의 눈을 아무 곳이나 바라보게끔 놔두는 것이 아니라 오직 벽시계를 향하도록 하는 것이다. 그런 후 생각의 시선을 그쪽으로 집중시키면 귀의 레이더가 자동적으로 그 대상을 향하게 된다. 그렇게 함으로써 평소 듣지 못했던 초침소리를 선명하게 들을 수 있게 된다. 이 원리에 입각하여 하나님의 음성 들음은 주변에서 들려오는 소음들, 눈앞에 보이는 모든 것에서 청각과 시각의 방향을 돌려 오직 하나님께 향하도록 하여 주의를 집중시키고 그동안 닫힌 영적 마음의 귀가 열리도록 하는 것이다.

　하나님은 우리에게 이렇게 긴 설명의 말을 다음과 같이 단 한 줄로 표현하셨다!

「내 아들아 내 말에 주의하며 내가 말하는 것에 네 귀를 기울이라」(
잠 4:20)

여기서 '주의'라 함은 그분의 음성 들음에 방해 받을 수 있는 것들을 배제하고 의식을 그분께 집중하는 것을 의미한다. 그리고 '네 귀를 기울이라'함은 겸손한 낮은 자세로 그분의 음성에 초점을 맞추어 자세히 들으라는 것이다.

*하나님이 선물로 주시는 GPS 수신기와 내비게이션

세상 사람들이 진정한 하나님의 자녀(세례를 받고 죄 사함을 받음)가 되면 하나님께서 우리에게 개별로 성령(GPS 수신기)을 선물로 주신다.

「너희가 회개하여 각각 예수 그리스도의 이름으로 세례를 받고 죄 사함을 받으라 그리하면 성령의 선물을 받으리니」(행 2:38)

GPS 수신기는 GPS 위성과 연결되어 있어서 우리는 내비게이션에서 전달하는 목소리를 듣고 차의 진행방향을 실시간으로 인도받게 된다. 얼마나 편리해진 세상인가? 내비게이션이 없었을 때에는 오로지 자신의 경험축적에 의해 머릿속에 입력된 지도에 의존해왔지만, 지금은 내비게이션만 장착되어 있으면 어디든 안내를 받아 초보운전자도 쉽게 갈 수 있게 되었다. 이는 무엇을 의미하는가? 우리의 삶이 순탄할 때도 있지만 잘못 길을 들어서면 낭패를 보거나 실패하여 낙심에 빠질 수 있다. 왜냐하면 각자의 갈 길을 순적하게 안내할 지도가 없기 때문이다. 이 비유를 들어 설명한 이유는 성령님의 인도하심을 내비게이션에 비유하여 이해를 돕기 위함이다. 하나님께서는 우리와의 관계를 유지하기 위해 필요한 모든 조치(하나님의 씨=성령)를 다 해주셨고, 우리는 성령님(내비게이션)의 인도를 받아 따라가면 되는 것이다.

「하나님으로부터 난 자마다 죄를 짓지 아니하나니 이는 하나님의 씨가 그의 속에 거함이요」(요일 3:9)

반면 세상에 속한 사람들은 내비게이션도 없이 매일 자신의 판단으로 살아간다. 성숙한 그리스도인은 하나님이 선물로 주신 내비게이션(성령)을 켜고 그분으로부터 전해오는 목소리(음성)에 귀를 기울여 듣고 움직여야 한다. 우리에게는 이처럼 특별한 특전이 부여되어 있다. 그분의 내비게이션은 언제든지 정상적으로 작동되며 24시간 준비된 상태에 있다. 그럼에도 불구하고 우리는 그분의 음성에 세심하게 귀를 기울이거나 듣기를 소홀히 하고 있다. 내비게이션의 도움조차 필요로 하지 않는 것처럼 보인다. 오로지 자신만의 판단으로 액셀러레이터를 밟고 가는 것이다. 그러나 어느 순간 어느 쪽 길로 가야 좋을지 판단이 서지 않으면 그때 가서 내비게이션을 작동하려고 한다. 당연히 꺼진 상태에선 그분의 음성을 전혀 들을 수 없다. 우리는 하나님께서 각자에게 고귀한 선물로 주신 내비게이션(성령님)을 항상 ON 상태로 켜두어야 한다! 즉 성령의 충만함을 입어야 한다.

그런데 죄 가운데 놓이게 되면 내비게이션은 자동으로 꺼져버린다. ON 상태로 켜둔다는 말은 성령님과의 대화채널을 긴밀하게 가동시킨다는 의미이다. 즉 우리는 하나님의 음성이 들려오는 내비게이션(성령님께서 보이시고 인도하시는 길)에 늘 귀를 쫑긋 기울여야 한다!

*하나님의 내비게이션 음성을 따라가라

> 「너희가 오른쪽으로 치우치든지 왼쪽으로 치우치든지 네 뒤에서 말소리가 네 귀에 들려 이르기를 이것이 바른 길이니 너희는 이리로 가라 할 것이며」(사 30:21)

이사야 30장 21절은 참으로 하나님의 세심하고 자상하신 면을 보여주시는 구절이다. 이 말씀의 뜻은 우리가 이쪽이든 저쪽이든 그른 길로 가려 하면 우리 뒤쪽에서 말소리가 들리길 '이 길이 옳은 길이니 이쪽 길로 가라'는 하나님의 음성을 통하여 일러주실 거라는 의미이다.

하나님께서는 우리에게 세상에서 들려오는 소음(미혹으로 이끄는 충동심)에 잠기지 말고 "내 말에 주의하며 내가 말하는 것에 네 귀를 기울이라"고 말씀하신다(잠 4:20).

지금까지는 우리의 생각과 판단에 의존한 채 결정을 내렸다면 이제부터는 하나님께 그 모든 것을 맡기고 그분이 보여주시는 길을 순적하게 따라가보라. 주님은 우리의 인생전반에 걸쳐 '내비게이션' 역할을 해주시겠다고 약속하셨다. 전지전능하신 하나님은 우리의 각자 인생 전반에 대한 내비게이션을 모두 장악하고 계시다.

> 「하늘이 땅보다 높음같이 내 길은 너희 길보다 높으며 내 생각은 너

희 생각보다 높음이니라」 (사 55:9)

앞서 비유를 들어 설명한 대로 차량의 내비게이션은 이제 필수장비가 되었다. 그 이유는 우리가 잘 알다시피 내비게이션은 우리가 가보지 않은 길도 척척 안내해 주기 때문이다. 그래서 우리는 출발부터 전적으로 내비게이션에 의존한다. 현재 차의 위치와 목적지까지 진행 방향 및 길 안내를 실시간으로 알려주는 이 장비를 당연하듯 가동시킨다. 내비게이션의 주목적은 내가 정한 목적지에 도달할 때까지 최적의 길을 안내해주는 데 있다. 우리가 해야 할 일은 단 하나! 의자에 편안히 앉아 가고자 하는 목적지를 입력시킨 후 시작버튼을 누르면 끝난다. 이후 나머지는 내비게이션이 안내하는 길을 따라 핸들을 그때그때 좌우로 틀어 움직여주기만 하면 된다. 우리는 목적지까지의 길 안내를 내비게이션에 모두 맡긴 것이다!

하나님께서 우리를 인도하심도 내비게이션처럼 작동한다. 단 한 가지의 조건이 있다. 전적으로 하나님의 내비게이션(성령님)을 믿고 의지하는 것이다. 이 말은 조금의 의심도 품지 말고 하나님의 내비게이션이 알려주시는 대로 순순히 따라가라는 의미이다. 우리의 삶의 목적과 목표를 성취하기 위한 계획, 목표를 완성시키기 위한 시기를 하나님께 온전히 다 맡길 때 하나님은 우리를 형통의 길로 순간순간 인도하실 것이다. 우리가 준비해야 할 것은 기도로써 그분의 지침을 듣기 위해 내면의 귀를 잘 기울여야 한다는 점이다. 하나님은 언제 어느 때 어떤 장소나 어떤 상황에서 음성을 들려주실지 모르기 때문에 늘 깨어있어야만 한다.

우리의 소명을 하나님의 내비게이션에 전적으로 의지하여 맡길 건지의 여부는 우리의 결정에 달려있다. 먼저 우리의 목표설정과 그 목표를 성취하기 위한 동기가 무엇인지를 분명하게 세팅하라. 그런 후 하나님의 내비게이션에 인생의 진로를 맡겨라. 우리의 인생 전체를 하나님의 주관 아래 두기 위해서는 하나님에 대한 순종과 믿음이 절대적으로 필요함을 다시 한번 강조해 둔다.

「너희 염려를 다 주께 맡기라 이는 그가 너희를 돌보심이니라」 (벧전 5:7)

우리가 그렇게 하기로 결정을 내렸다면 하나님의 내비게이션 작동에 설탕 알갱이만큼의 의심도 품지 말라. 기계는 오작동과 결함이 일어날 수 있지만 하나님의 내비게이션은 그런 일이 결코 없다. 때로는 우리가 정한 계획과 시점과는 달리 최적의 타이밍에 전혀 다른 상황으로 그 일이 일어나도록 할 수도 있을 것이다. 하나님은 우리의 일이 합력하여 선을 이루는 것이라면 그 어떤 난관도 뚫고 나갈 수 있는 길을 열어주신다. 그것도 최고의 결과로 이끄는 형통의 길로 인도하신다. 이제 남은 건 우리 자신이 하나님의 내비게이션 작동 스위치를 기도로써 켜는 것이다!

*하나님의 음성을 분별하는 기준

앞 절에서 하나님의 음성이 보이는 특징들과 그분의 음성이 전달되는 통로들에 대해 살펴보았다. 여기서 중요한 것은 내 귀에 들려오는 소리가 주님의 음성인지 아닌지를 어떻게 분별해 낼 수 있을까 하는 것이다. 하나님의 음성이 전해오는 통로나 그분의 음성의 특징들을 지식적으로 알고 있다해도 실제적인 체험이 뒤따르지 않는다면 뜬구름을 잡는 격이 되어버린다. 욥기 34장 3절에서 주님은 우리가 음성을 분별할 수 있음을 비유를 들어 "입의 혀가 음식이 들어올 때 맛을 즉시 감별하듯이 귀가 들리는 말을 분별하나니"라고 말씀하셨다. 혀가 맛을 분별할 수 있는 것은 맛을 감별하는 미각세포가 있기 때문이다. 마찬가지로 우리의 영적 마음의 귀는 그분의 음성을 분별할 수 있는 특징을 알고 있다. 다음은 하나님의 음성을 분별하는 데 있어 네 가지 판단 기준을 소개하고자 한다.

첫째, 하나님의 음성은 우리의 영을 통하여 직접 전달되며 특별한 인상을 남긴다.

성도들 중에도 하나님의 음성을 들었다고 확신하여 섣부른 결정을 내린 후 후회하는 분들이 적지 않다. 심지어 목회자들도 잘못된 음성을 듣고 자신에게 교회를 옮기라고 하거나 큰 교회를 지으라는 계시를 받았다고 말하기도 하여 교회에서 분란을 일으키기도 한다. 그 어떤 결정이든, 시간에 쫓겨 결정적인 순간에 그동안 뜸을 들여온 감정에 의해 내린 판단은 아니었는지를 점검해볼 필요가 있다. 사람이 내리는 모든 판단과 선택, 결정의 배후에는 '감정'이 작용하고 있다는 사실을 반드시 알아야 한다. 감정은 느낌에서 시작된다. 그리고 느낌은 감정에 물을 들인다. 문제는 감정이 우리의 선택과 판단에 미치는 도달 시간이 짧은가 느린가에 달려있다. 감정은 혼의 영역에 속해있고 그 영향력은 의외로 강력하다. 사탄은 이 감정을 잘 다룰 줄 안다. 나는 이 점을 〈5장. 기도에 숨겨진 기도의 권능〉 편에서 자세히 다룰 것이다.

우리가 응답신호를 받았다고 여길 때 하나님의 음성을 들었다고 착각할 수 있는 요인들은 꽤 많다. 기도 후 응답에 대한 생각(응답이 언제 올까?, 왜 응답이 더디지? 응답이 오질 않네?)이 자꾸 일어난다는 것은 마음이 조급해있음을 보여주는 것이다. 그럴 때 사탄은 그럴듯한 이유를 가지고 우리의 감정을 교묘하게 살살 건드린다. 문제는 그 침투된 생각이 아주 매혹적으로 보이게끔 그럴듯하게 들려온다는 점이다. 우리는 그 생각에 반응을 하고 점차적으로 강한 느낌을 받게 된다. 느낌이 점차적으로 감정에 물을 들이게 되면 나중에는 완전하게 염색된 감정의 소리에 치우치게(생각의 눈길을 끌음) 된다. 감정은 이처럼 느낌에 좌우되어 진정한 마음의 평안과는 달리 이리저리 쏠리게 된다.

반면 하나님의 음성은 우리 안의 영을 통하여 직통으로 전달되는데 이는 우리 뇌에서 일어나는 모든 생각과 인식작용을 통하지 않고 곧바로 영에게 전달되고 마음으로 전이되어 감정에 의해 전체 모습이 해석되기 때문이다. 즉 생각지도 못한 뜻밖의 떠오르는 생각 또는 특정 인상이 주입되는 것처럼 느껴진다. 그 상황은 특별한 영적 반응을 불러일으키는데 기쁨의 충만함, 평안함, 사랑의 충만함, 확신을 주는 인상, 자유로움을 주는 인상, 해방되는 인상, 교훈을 주는 인상, 위로함을 주는 인상, 힘을 주는 인상, 담대함을 주는 인상으로 마음속에 각인되듯 확증시키는 특별한 인상을 받게 한다.

둘째, 하나님의 음성은 성경 말씀에 위배되거나 벗어나지 않는다.

「주의 말씀은 내 발에 등이요 내 길에 빛이니이다」 (시 119:105)

하나님께서 우리에게 말씀하실 때는 언제나 성경의 말씀과 완전하게 조화를 이룬다. 그분의 지혜로우신 생각과 말씀은 결코 성경을 벗어나는 일이 없다. 하나님의 음성은 곧 성경 말씀 안에서 운행된다. 하나님의 음성을 들은 사람들은 예수님께서 성경에 나오는 특정 구절을 말씀하셨다고 한다. 그 외에도 일반 대화체로 말씀하시는 경우도 있다. 그 어떤 경우든 그분은 질문에 합당하게 핵심만 간결하게 말씀하신다. 성경 말씀과 위배되거나 저촉이 되며 벗어나는 것은 하나님으로부터 온 말씀이 아니다. 하나님의 섭리는 점진적이며 단계적으로 인도하신다. 따라서 우리는 성경 말씀 전체가 머리 안에 들어있어야 한다.

그러므로 그분의 뜻을 성령님을 통하여 우리에게 전달하실 때 무엇을 말씀하시는가의 받는 인상과 해석을 잘해야 한다. 성경은 우리의 인생이 어디를 향해 갈 때 안전하게 이끌어주는 나침반과 같아서 무슨 일을 하던 어디를 가고자 하던 나침반과 지도를 펼쳐놓고 그분의 음성이 어디를 가리키는지 무엇을 가르치시려고 하는지를 늘 파악해야 한다. 늘 성경을 가까이 하라!

셋째, 하나님의 음성은 내적 확신, 진정한 평안과 담대함을 주신다.

「평안을 너희에게 끼치노니 곧 나의 평안을 너희에게 주노라」(요 14:27)

하나님의 음성을 분별하는 가장 좋은 방법 중의 하나는 성령님이 주시는 진정한 평안이 임하는가이다. 하나님의 음성을 듣는 것은 그분의 임재 안에 거할 때 자연스럽게 일어난다. 그분의 말씀에 깊숙이 잠길수록 힘들이지 않고 그분의 음성을 더 또렷하게 들을 수 있다. 하나님의 임재 안에 있을 때의 느낌은 평온과 사랑 그 자체로 그분의 음성이 자연스럽게 흘러나와 들을 수 있게 된다. 하나님이 주시는 평안이 우리에게 임할 때의 느낌은 어떤 필요가 충족되어 생겨나는 일시적인 만족감과는 달리 전혀 다른 평강의 상태를 체험하게 하신다. 그리스도의 평강은 마음에서 일어난 감정의 편안함과는 분명히 다르다. 그분이 주시는 평안함은 내 스스로가 그분이 주신 마음을 최종 확증시켜 주장하게 한다(골 3:15).

「그리스도의 평강이 너희 마음을 주장하게 하라」(골 3:15)

신실한 그리스도인은 이 점에 대해 잘 알고 있다. 성령의 충만함이 내면에서 일고 있던 폭풍우를 잠재우고 우리의 마음과 생각을 지키게 한다. 그분의 지혜와 생각은 우리가 미처 생각하지 못한 것까지 아시므로 위로를 넘어서 진정한 평안으로 인도하신다. 평안은 마음의 근심과 동요, 염려함과 압박감을 배척한다. 기도 후 응답이 올 때 담대함이 솟아나고, 평안과 내적 확신이 임하지 않고 뭔가 불안과 고민이 일어난다면 섣불리 행동하기를 멈추고 실행에 옮기지 않는 것이 좋다.

넷째, 하나님의 음성은 분명함으로 불변이며 번복하지 않는다.

그분의 메시지는 때론 강한 충동을 일으키거나 강권하는 방식으로 전해진다. 예를 들어 어디로 가라든지, 무엇을 하라는 등의 지시로 우리의 마음 판에 강한 인상을 주기도 하신다. 열왕기상 19장 13-16절에 보면, 하나님은 엘리야에게 세미한 음성으로 "엘리야야 네가 어찌하여 여기 있느냐 너는 네 길을 돌이켜 광야를 통하여 다메섹에 가서"라고 강권하며 명을 하달하시는 장면이 나온다.

보통 우리의 생각은 한 문제를 놓고 이런 저런 생각으로 우왕좌왕 그때 그때 쏠리는 현상이 있지만, 하나님의 음성은 분명함의 인상을 주시고 한 번 말씀하신 것을 번복하지 않으시며 불변이시다. 사울이 길을 가다가 다메섹에 이르렀을 때 홀연히 하늘로부터 빛이 그를 둘러 비추는데 그 때 사울은 놀라서 땅에 엎드린 채 "사울아 사울아 네가 어찌하여 나를 박해하느냐"하는 하나님의 음성을 듣게 된다. 그는 대답하여 누구신지 묻자 주님의 음성은 "나는 네가 박해하는 예수라"고 하시면서 "너는 일어나 시내로 들어가라 네가 행할 것을 네게 이를 자가 있느니라"고 그의 귀에 들리게 말씀하셨다. 사울이 육신적인 귀로 직접 들었다는 것을 입증해줄 수 있는 근거는 그때 당시 같이 길을 가던 사람들도 소리만 듣고 아무것도 보지 못하였다고 한 점이다.

*하나님의 음성을 분별하는 연습

하나님의 음성 듣기는 매우 중요하며 기도와 떼어낼 수 없는 단짝이다. 기도 후 주님께서 어떤 응답을 주시는가를 잠잠히 기다려야 한다. 묵상의 시간을 갖는 중 떠오르는 생각이 주님의 음성인지 아닌지 여부의 분별 체크(하나님의 음성을 분별하는 4가지 판단 기준 참고)를 하라.

하나님의 내적 음성이 전달되는 느낌이란 마치 어느 순간 딩동 하는 알림소리와 함께 받은 메일함에 새 편지가 도착하여 사뿐히 떠오르는 그런 느낌으로 표현될 수 있다. 각자의 계정으로 매일 수신되는 이메일처럼 하나님은 우리의 기도 응답에 그분의 음성 메시지를 우리의 음성 사서함에 지속적으로 보내시고 계시다. 하나님의 음성사서함은 보안이 철저하다.

하나님의 음성사서함은 앞서 언급한 네 가지 키로 열린다. 정리하면 주님의 음성 분별을 위한 첫 번째 키는 성경말씀(섭리, 뜻, 길)과 일치하는지 여부, 두 번째 키는 내적 확신이 임하는지 여부, 세 번째 키는 성령이 주시는 평안함이 임하는지 여부, 네 번째 키는 담대함(차고 넘쳐서 흘러나오는 가득함, 확증, 자신감)이 솟아나는지 여부이다. 이 네 가지의 키로 검증(필터링)을 하라!

그리고 하나님의 음성을 기록할 노트를 마련하여 마음으로부터 떠오르는 생각들을 일자별로 기록하자. ① 기도의 질의 내용과 함께, ② 묵상 중에 떠오른 생각, ③ 받는 인상(담대함, 기쁨, 평안, 확신, 자유, 위로, 힘, 교훈, 책망 등), ④ 최종 응답(문을 여심-허락, 문을 닫으심-불허), ⑤ 실행여부(착수, 계속 진행, 멈춤, 우회, 일시정지, 예의주시)를 기록하도록 하는 습관을 권면한다. 이 습관이 지속되면 우리 안에 참 기쁨이 일어날 것이다. 또 주님과 늘 교제하는 시간을 즐겁게 맞이할 것이다.

하나님의 음성을 잘 알아듣길 원하고 그분의 말씀을 따르겠다는 것은 그분의 임재 안에 늘 거하기를 갈망하는 것이다. 하나님께서는 주님이 원하시는 계획된 청사진 안으로 우리가 들어오기를 기다리며, 기도의 권능을 통해 그 뜻을 헤아리기를 바라신다.

기도의 권능은 하나님의 음성을 듣는 데 필요한 수단이 아니라 그분의 음성을 통하여 그분의 뜻이 우리에게 전달되고 그분의 뜻이 우리로 하여금 이 세상에 펼쳐져 합력하여 선을 이루고자 하는 데서 나온다. 그러므로 우리는 하나님의 말씀이 음성으로 들려올 때 이를 가벼이 여겨서는 안 된다.

왜냐하면 그분의 음성 안에는 그분의 목적과 뜻이 담겨있기 때문이다. 따라서 하나님의 음성 분별이 제대로 이루어지지 않으면 장담할 수 없는 결과를 초래할 수도 있다. 기도를 드릴 때 한꺼번에 여러 가지를 묶어서 하지 말고 주님께 묻고 싶은 것을 한 기도마다 한 가지로 정리하여 드리는 것이 좋다.

한 가지 주의사항은 하나님께서 응답하여 말씀하실 때에는 우리의 계획 전반에 걸쳐 훑어보시기 때문에 내가 원하지 않는 뜻밖의 전혀 다른 방향으로 응답을 하실 수도 있다는 점이다. 그분의 생각은 우리의 명철을 뛰어 넘으며 미래를 꿰뚫고 있기 때문에 우리는 응답을 받고나서도 한 동안 무엇 때문에 하나님께서 나에게 그런 응답을 하신 걸까를 고민할 수 있다. 사람의 판단은 좁은 시야로 미래에 일어나는 수많은 돌발 변수를 전부 커버할 수는 없다. 아무리 현명한 판단을 내리더라도 시행착오와 실수를 거칠 수밖에 없다.

그리고 하나님이 인도하실 때에는 외적인 측면에서 주변의 돌아가는 상황이나 환경이 순적하게 풀려나간다. 이 말은 노력을 가해서 문을 열지 않아도 스스로 문이 열리듯 진행됨을 뜻한다. 하나님께서 문을 여실 때에는 굳게 닫힌 것으로 보이는 불가능한 상황까지도 가능으로 바꾸신다. 그분은 상황을 전환시키는 능력을 가지신 전지전능한 분이시다. 하나님께서 개입하신 것이 확실하다고 판단될 경우 그때마다 잘 기록하라. 이전에 경험한 경우와 말씀에 비추어보면 경험이 축적(그분의 뜻 가운데 머무름)되어 분별력이 높아지게 된다. 즉 시간이 흐를수록 단련되어 그분의 음성분별이 어렵지 않게 될 것이다. 성령님께 자주 노크하라! 하나님은 지금 우리에게 보낸 응답의 회신을 애타게 기다리고 계실지 모른다.

하나님은 "네 명철을 의지하지 말라"(잠 3:5)고 하시면서 "내 지혜에 주의하며 내 명철에 네 귀를 기울여서"(잠 5:1)고 말씀하셨다.

만유의 주이신 하나님,
선한 목자의 음성을 따르는 순한 양처럼
주의 음성을 알아 세상의 소리와 분별하게 하시고
푸른 초장과 쉴만한 물가로 순적하게 인도하소서.
내가 험한 산과 골짜기에서 잠시 방황할지라도
나의 목자 되신 주 하나님 나를 인도하옵소서.
나 이제 주님이 말씀하는 대로 따라가오리다.
예수님의 이름으로 기도합니다. 아멘.

하나님의 음성을 듣기 원하는 기도문

『사랑하는 주님,
주를 앙망하여 새 힘을 얻고자 기도의 처소에 머물러
주 안에서 기쁨으로 충만하길 원하나이다.
내게 사무엘의 귀를 열어주시고
성령님의 생각과 음성을 제 마음속에 닿게 하여 주소서.
내 양은 내 음성을 듣는다는 말씀대로
목자를 따르는 순한 양처럼

하나님의 세미한 속삭임을 듣게 하시고

주님의 말씀이 필요할 때

성령님의 세미한 음성으로 들려주옵소서.

지금 이 순간에도 제게 말씀하시는 주님의 음성을

나의 영적 귀를 열어 듣기를 간절히 원하나이다.

내가 온 마음으로 주를 구하오니

기도가 기도로서 끝나지 아니하고

주의 음성을 통하여 주의 마음을 헤아리고

주의 생각을 알게 하소서.

주께서 침묵하시는 순간에도

내게 기쁨과 평화가 떠나지 않도록 저를 붙잡아 주소서.

주의 음성을 갈망하는 내 기도에

주께서 귀를 기울여 들으사

주의 응답하심으로 인도함을 따라가게 하옵소서.

예수님의 이름으로 기도 드립니다. 아멘.』

하나님의 임재와 기도의 권능

「하나님을 가까이 하라 그리하면 너희를 가까이 하시리라」(약 4:8)

나는 하나님의 모든 가르침과 교훈을 얻기 위해서는 그분을 항상 언제든지 갈망해야 한다는 것을 깨닫게 되었다. 그러한 갈급함이 없이는 아무 것도 그분에게서 얻을 수 없고 그분에게 담대히 다가갈 수도 없다고 생각한다. 그분의 임재를 구한다는 것은 내가 그분을 높이고 경외하며 믿음과 순종으로 그분 앞에 낮아지고 나의 모든 것을 주관하시고 인도해주실 것을 간절하게 기도드리는 것이다. 그렇지 않고서는 나의 기도는 그분의 뜻에 합당할 수 없고 그분의 응답을 기대할 수 없다고 본다.

기도를 그분의 뜻하신 범위 안에 들도록 나의 뜻을 끊임없이 튜닝(조율)시키는 행위라고 생각하는 실수를 저지르지 말자. 하나님께서 생각하시는 범위 안에 들어갈 수 있도록 나의 뜻을 요모조모 깎고 다듬어 끝내 관철시키려는 소모성의 노력은 모두 수포로 돌아갈 것이다. 왜냐하면 기도의 주권은 전적으로 하나님께 있고 그분의 뜻대로 최종 결정되기 때문이다. 따라서 기도는 내 생각대로 내 마음 안에서 하는 것이 아니라 반드시 성령 안에서 해야 하는 것이다. 이는 그분의 말씀과 뜻 가운데 거하여 기도하라는 의미이다.

「모든 기도와 간구를 하되 항상 성령 안에서 기도하고」(엡 6:18)

내 안에 계시는 성령님의 처소와 임재

마음으로 대하는 기도는 그분의 얼굴을 숨기시게 한다. 성경에는 "스스로 숨어계시는 하나님"을 말하기도 하며 "그의 얼굴을 항상 구할지어다"라고 말하기도 한다(사 45:15/ 시 105:4). 즉 하나님은 우리의 식어버린 관계의 관심을 유도하기 위해 우리의 태도를 살피시며 경우에 따라 얼굴을 가리시기도 한다.

마냥 너그럽게만 대하시는 하나님이 아니라 그분의 우리 사랑하심을 우리가 깨닫지 못하고 우리 방식대로 나갈 때 하나님은 우리에게 여러 경로를 통하여 강약의 유도 사인을 보내시는 것이다. 하나님께서는 나 자신의 기도 자세와 그분을 대하는 태도를 고치기 위해 어느 시점에 슬며시 자신의 모습을 감추신다. 그러실 때 우리는 아무리 전화를 걸어도 발신음만 들리고 부재중 상태가 되거나 상대방의 말소리가 전혀 들리지 않는 묵묵부답의 답답한 상태에 머물게 된다. 따라서 어느 시점에 이런 상태가 감지되면 자신을 돌아보고 재점검할 필요가 있다.

기도는 바로 그분의 임재 안으로 들어가 그분과 깊은 교제를 나눌 수 있도록 하는 도구이다. 기도는 상황을 바꿀 수 있는 권능을 가지고 계신 하나님께 간구하는 것이다. 하나님은 우리에게 네가 원하는 방식 말고 내가 원하는 방식으로 기도하라고 권면하신다. 기도는 육적인 세계에서 영적인 세계로 들어가는 관문을 통과하도록 해주는 매개체이다. 육적인 생각은 그 관문을 통과하지 못한다. 육의 생각이 하는 역할이란 기도가 성령의 처소에서 자연스럽게 머물 수 있도록 장악한 힘을 완전히 풀어놓는 데 있다. 정확히 말하면 기도는 영혼의 언어이므로 혼의 생각이 영에 연합(영과 혼이 일치)될 때 진심의 상태에 머물게 되고 그때 기도는 성령의 인도하심을 받게 된다. 기도의 힘은 신비롭게 영과 혼의 간극(영과 혼의 부조화)을 일치시켜 준다. 이 점은 기도의 권능이 어디서 나오는가를 말해주고 있다.

기도는 그분의 임재 안으로 들어가는 신성한 행위이다. 때문에 온전한 기도란 성령 안에서 하는 것이다. 그분의 임재를 구하기 위해 노력하고 애쓰는 것이 아니라 성령님이 거하시는 처소 안에서 기도를 드릴 때 그분의 임재 안에 고요히 머물 수 있다. 쉬지 말고 기도하라는 말씀은 그분의 임재 안에 항상 거할 수 있도록 성령의 충만함을 입으라는 뜻을 내포하고 있다. 성령의 충만함을 입게 되면 우리의 기도 패턴이 바뀐다. 시간과 장소를 가리지 않고 수시로 순간순간 기도하게 된다. 왜냐하면 우리를 살리시는 영은 바로 성령님이시기 때문이다.

> 「너희도 성령 안에서 하나님이 거하실 처소가 되기 위하여 그리스도 예수 안에서 함께 지어져 가느니라」(엡 2:22)

그리스도인은 하나님이 우리에게 보증으로 주신 성령으로 말미암아 우

제4장 하나님의 임재와 기도의 권능

151

리 안에 그분이 거하시는 줄을 알고 있다. 그분의 임재하심은 이처럼 성령님의 처소가 내 안에 마련됨으로써 성령님을 높이고 그분의 인도하심을 따라갈 때 비로소 그분의 임재를 느끼게 된다. 임재의 체험은 우리 안에 성령님이 들어와 계시지 않으면 결코 그 운행하심을 느낄 수 없다.

우리가 늘 성령의 충만함을 유지해야 하는 이유는 그리스도의 영이 우리 안에 내주하여 계심에도 불구하고 변화 받지 못하고 거듭나지 못하게 하는 우리 자신의 완악한 마음이 늘 고개를 쳐들며 우쭐거리고 있기 때문이다. 따라서 우리는 성령님의 영향력 아래 놓임을 받아 그분의 뜻에 따라 순복하며 행하는 순한 어린 양이 되어야 한다. 성령님은 보이지 않는 가운데 조용히 계시지만 우리가 생각하는 그 이상의 모든 것 곧 하나님의 깊은 것까지도 통달하시는 무한한 지성을 갖고 계시는 분이시다. 또한 엄청난 권능을 소유하신 분이시다. 감성까지도 가지고 계신 인격체이시므로 우리는 그분을 근심하게 하는 생각과 행동을 경계해야 한다(엡 4:30).

「성령은 모든 것 곧 하나님의 깊은 것까지도 통달하시느니라」 (고전 2:10)

그분의 임재를 체험하기 위해서는 물리적으로 바라보는 관점과 마음에서 일어나는 생각을 멈추고 성령님의 감동주심을 나의 영이 입을 때 그분과 하나가 되어 그분의 임재 안으로 들어가게 된다. 성령의 감동하심을 받은 사람들이 하나님께 받아 이루어진 대표적인 실례가 66권으로 기록된 성경이다. 성경 말씀의 저자는 바로 성령님이시다.

주님의 임재는 특별한 방법에 의해서 찾을 수 있는 것이 아니다. 오늘날 그분의 임재 안으로 들어갈 수 있도록 도움을 주는 명상용 음악을 사용해 볼 것을 권유하기도 하지만 그다지 도움이 못 된다. 그러한 방법은 심신의 휴식을 위한 용도에 적합하며 닫힌 마음을 인위적으로 열려고 하는 극히 부자연스런 방법이다. 하나님의 임재는 특별한 임재 의식을 필요로 하는 것은 아니지만 조용한 가운데 그분의 말씀을 묵상하면서 생명이 되시는 성령님과 연합될 때 나의 영이 숨 쉬게 되어 그분의 임재 안에 자연스럽게 거하게 되는 것이다.

「그의 성령을 우리에게 주시므로 우리가 그 안에 거하고 그가 우리 안에 거하시는 줄을 아느니라」 (요일 4:13)

프랭크 루박의 임재 연습 실험

「여호와께서는 모든 마음을 감찰하사 모든 의도를 아시나니 네가 만일 그를 찾으면 만날 것이요」 (대상 28:9)

1930년 1월, 필리핀 선교사로 파송을 나간 45세의 한 남자가 한 가지 흥미로운 실험을 실행하기로 작정한다. 그는 실험 대상을 자기 자신으로 삼고 시도에 착수하는데, 그 시도는 하나님의 임재에 관한 체험을 느끼고자 하는 실험이었다. 그가 이런 실험을 시도하게 된 배경은 1915년부터 15년간 타지에 와서 홀로 선교 활동을 하던 중, 어느 날부터 갑자기 엄습해 오는 외로움을 체감하며 정신적으로 버티기 힘든 시간을 보냈기 때문이다.

그의 말에 의하면 얼마나 외로웠던지 하나님과의 대화 시간을 갖지 않고서는 견딜 수 없을 정도였다고 한다.

자신이 목사와 선교사로서 15년간에 걸쳐 본분을 다해왔음에도 불구하고 주님의 임재 하에 그분과 함께 하고 있음을 절실하게 느끼지 못하며 지내왔었다는 점이 크게 작용을 했다. 정말 하나님이 계시다면 나의 삶에 들어오셔서 주관하실 수 있는 것일까? 24시간 주님과 함께 한다는 것을 내가 직접 체험하는 것이 가능한 것일까? 주님은 왜 나에게 주님의 임재를 느끼며 교제하는 것을 허락하시지 않는 걸까? 이런 의문과 물음으로부터 24시간 주님이 나와 함께 하신다는 것을 확인해보려는 강렬한 소망이 그를 움직이게 했다.

「만일 마음을 다하고 뜻을 다하여 그를 찾으면 만나리라」(신 4:29)

그래서 그는 자신의 일상생활이 늘 주님의 임재 안에 거할 수는 없는 것인지를 몸소 체험해가기 위해 하나님의 임재와 음성 듣기, 생활 속에서 그분의 뜻을 구하고 자신의 행동을 그분의 뜻에 비추어보는 실험을 진행해갔다. 그는 자신이 체험하고 느끼는 변화를 매일 일기에 일자별로 기록해갔다. 그는 이 실험을 시도한지 6개월 후 놀라운 결론을 내리게 되었다. 그가 바로 미국 출신의 필리핀 파송 선교사이자 문맹자들을 위한 선교로 세계 문맹퇴치 선교회를 설립하기도 한 프랭크 루박(Franck C. Laubach, 1884~1970)이다.

그의 저서인 《프랭크 루박의 편지》(생명의말씀사)에는 자신이 몸소 체험한 하나님의 임재 연습에 관해 일자별로 기록되어 있다. 그는 자신이 겪은 체험에 의한 결론을 다음과 같이 내렸다.

첫째, 하나님이 내 안에 살아계신다. → 매 순간 하나님께 집중하는 마음이 강렬해졌다.

둘째, 하나님의 임재로 매일 기쁨에 사로잡힌 채 지내게 되었다. → 내 안에 하나님의 관점으로 바라보는 생각을 들여다 놓는 것과 그분과 끊임없이 교제를 지속해갈수록 하나님의 임재 안에 거하는 평안과 기쁨을 누리는 시간이 많아지게 되었다.

셋째, 자신을 인도하는 주님의 손길이 매 순간 이루어지고 있었다. → 매 순간 힘들게 노력하지 않아도 가볍게 대하면서 쉽게 이루어지며 순조롭게 지내게 되었다.

넷째, 세상속의 부조화를 이루는 모든 것들이 역겹게 느껴졌다. → 하나님과 함께 하는 시간을 많이 가질수록 세상의 것들로부터 눈을 돌리게 되었다.

다섯째, 하나님과의 교제를 유지해가는 가장 좋은 방법은 그분의 생각을 기다리며 말씀해달라고 구하는 것이 가장 효과적임을 알았다.

평강과 자비의 하나님,
나의 죄를 보혈로 사하게 하사
내 영이 온 맘 다해 주님을 송축하리이다.
하나님을 사모하는 자 내 안의 성령님께 평안을 구합니다.
성령님의 임재 안에서 내 기도가
뜨거운 불길의 기도가 되게 하소서.

예수님의 이름으로 기도합니다. 아멘.

하나님과의 친밀함 증거

나는 하나님의 임재하심을 체험하기 위해서는 그분 앞에 순전한 어린 양이 되어야 한다고 생각한다. 또한 그분과 친밀한 관계를 형성하고 그 관계를 잘 유지해 나가야 한다고 생각한다. 하나님과의 친밀한 관계를 유지하기 위해서는 그분을 자주 바라보며 생각하고 그분과의 대화의 장 속으로 들어가는 기도의 습관이 몸에 배어야 한다. 그리스도인들조차 하나님과 가까이 하는 시간을 할애하는데 인색함은 말할 나위없다. 나의 필요에 의해서만 그때그때 하나님을 찾을 것이 아니라 평소에도 우리를 향하신 하나님의 뜻을 마음속에서 되새김질하는 묵상의 시간을 가져야 한다.

그분은 절대 우리에게 강요하시지 않는다. 대신 우리가 스스로 그분께 가까이 다가오기를 애타게 기다리신다. 때로는 주님께서 직접적인 개입으로 우리의 인생사에 간섭하여 특별한 부르심을 요구하실 때도 있다. 그분은 여러 모양으로 그분의 손길로 우리를 터치하여 마른 풀같이 시들고 말라버린 굳은 마음을 부드럽게 하여 마음의 빗장을 열도록 하신다.

나는 두 가지의 물음으로 우리와 하나님과의 관계를 풀어보고자 한다. 첫째는 하나님께 친밀하게 다가갈 수 있는 방법을, 둘째는 하나님과 정말 친밀한 관계를 유지해가고 있는가를 확인하는 방법에 대해 논의하고자 한다.

첫 번째 물음은 '어떻게 해야 하나님과 가까워질 수 있고 친밀하게 다가갈 수 있을까?'하는 것이다. 하나님은 우리가 그분의 얼굴을 항상 구하라고 말씀하신다. 이 말씀은 역으로 하나님은 숨어계시는 분이시라는 것을 뜻한다. 그렇다고 숨바꼭질을 하는 그런 분이 아니시다. 하나님이 얼굴을 숨기실 때에는 그만한 이유가 있다. 우리가 정말 진심으로 전심을 다해 그분을 찾기를 구하는지 알아보시려 일부러 침묵하시며 얼굴을 숨기실 때가 있다는 것이다. 우리는 그분과 친밀해지기 위해 그분을 알기를 구해야 한다.

하나님은 우리가 그분을 얼마나 사모하는지 마음의 중심을 살펴보시기 위해 시험을 하시기도 한다. 이 시험은 결국 우리를 위해 유익한 것이며 가르침을 주신다. 하나님은 우리가 자만과 교만하지 않도록 때로는 멀리 떨어져 있는 것처럼 조용히 계시기도 하는데 그 때 우리는 영적으로 깨어있어야 한다.

하나님과 가까워질 수 방법은 의외로 간단하다. 하나님과 만나는 공식은 따로 없다. 우리의 겉(혼)과 속(영)이 일치(합심)하여 그분의 얼굴을 찾으려는 진정한 속마음을 그분께 내보이는 것이다! 진정 하나님을 경외하고 감추어진 보배를 찾는 것처럼 전심을 다해 그분을 찾으려는 마음을 내보이고 직접 우리의 음성으로 전하여 보라. 하나님을 경외하는 자들에게 그분은 친밀하심을 허용하신다.

「여호와의 친밀하심이 그를 경외하는 자들에게 있음이여」 (시 25:14)

정말 사랑하는 사람에게 대하듯 우리의 온전한 마음을 그분께 내보이라. 엄마가 아기를 품에 껴안고 극진히 자식을 사랑하는 것처럼 그분을 대해보라. 그러면 하나님과 정말 자연스럽게 만나게 될 것이다. 또한 믿음과 순종으로 나아가고 기도하면 그분의 임재를 자주 경험할 것이다.

혹 믿음이 없는 사람이라면 나에게 이런 질문을 할 수 있을 것이다. "보이지 않는 하나님을 어떻게 그렇게 쉽게 접근할 수 있습니까? 전 아직 하나님이 누구신지 어떤 분인지도 몰라요."라고 묻는다면 내 대답은 이렇다. 어떻게 해야 하나님과 가까워질 수 있는지 한 가지 비유를 들어 보겠다. 우리에게는 자신의 흉금을 거리낌 없이 털어놓을 수 있는 가장 절친한 친구 한 명은 있을 것이다. 그 친구는 나의 깊숙한 비밀까지도 서슴없이 말할 수 있는 사이이다. 그런 친구라면 그에게 언제든지 전화로 또는 만나서 하고 싶은 말을 서슴없이 전할 수 있을 것이다. 그리고 상대 친구는 내가 하는 말을 기꺼이 다 들어주고 대답을 해줄 것이다. 바로 하나님과 우리 사이도 그런 만남과 관계를 유지해 갈 수 있을 것이다. 이 말은 하나님을 격하시켜서 비유하는 것이 결코 아니다. 그분은 우리가 무슨 말을 하든지 다 들어주실 수 있는 자상함을 가지고 계시다. 우리가 진정으로 그분께 다가가고자 하는 마음만 가진다면 그분은 언제든지 따뜻한 마음으로 반길 것이다. 문제는 우리 마음의 문을 여는 것에 있지 그분이 누군지도 모르는데 내가 어떻게 쉽게 마음을 열수 있겠는가 하는 것이 아니라는 점이다. 우리의 비무장지대를 무너뜨려라. 그런 후 우리의 발걸음을 한 걸음만 내딛어 보라! 그분이 우리를 맞이할 것이다!

성도들은 어떤가? 적지 않은 성도들이 하나님을 지나치게 엄격하고 어려운 분으로 생각하거나 그분 앞에 가까이 한다는 것을 심리적인 부담감으로 느끼고 있는 것도 사실이다. 왜 그럴까? 답은 한 가지로 귀결된다. 하나님과 친밀하지 않아서이다! 하나님에 대한 잘못된 선입견이 자리하고 있기 때문이다. 하나님과의 일정거리를 두고자 하는 마음은 그 성도의 마음 안에 하나님 앞에 담대히 나아갈 수 없는 뭔가가 자리하고 있기 때문이다. 그 허물을 하나님께 내보이고 회개하여 깨뜨려야 한다. 나 역시 처음에는 너무나 높으신 분이기에 하나님을 대하기를 무척 어렵게 생각하고 두려워하기까지 했다. 그분 앞에 나의 모습을 보면 정말 내세울 것이 없는 사람인데 하면서 속으로 늘 자격지심을 가질 때가 많았다. 그러다 보니 신앙생활이 뜨겁지도 않은 미지근한 상태에서 세상 속에 파묻혀 바쁘게 지내왔던 것이 사실이다. 그런 가운데 하나님께서 나를 그동안 알게 모르게 살피시며 그런 나를 긍휼히 여기시고 무대 뒤편에서 또 다른 서막을 준비해 오셨다는 것을 깨닫게 되었다.

나는 그분에게 보답을 하기는커녕 수년 동안 성경을 가까이 한 적이 거의 없었다. 그런 내가 이렇게 변화 받고 거듭나게 된 것은 나의 허물을 주님 앞에 사함을 받고 일평생 단 한 번만이라도 주님이 기뻐하실 일을 한번 해보고자 하는 동기의 결단에서 비롯되었다.

욥기 19장 4절에는 "비록 내게 허물이 있다 할지라도 그 허물이 내게만 있느냐"고 말씀하신다. 누구에게나 그런 허물은 다 가지고 있겠지만 하나님께서는 "내 허물을 주머니에 봉하시고 내 죄악을 싸매시나이다"(욥 14:17) 하시면서 "허물의 사함을 받고 자신의 죄가 가려진 자는 복이 있도다"(시 32:1)라고 말씀하신다.

독자 여러분은 그래도 나보다 나은 사람이 아닌가? 진짜 주님을 멋지게 모셔볼 생각이 없는가? 그분이 나로 인해 기뻐하시는 모습을 정말 느끼고 싶지 않은가? 그분의 사랑을 듬뿍 받고 싶지 않은가? 그분의 축복을 한아름 받고 싶지 않은가? 그분이 주시는 기쁨과 평안을 맛보고 싶지 않은가? 이 세상에 있는 그 어느 것도 우리를 구원하지 못한다. 오직 그분만이 우리를 구원하실 수 있다! 그분의 품 안으로 들어오기를 주저하지 말라. 이 세상에 사는 동안 우리에게 하나님이 내미시는 손길의 빅 찬스를 잡아라! 절대 후회하지 않을 것이다! 하나님의 터치를 뿌리치지 말라! 그분이 손을 내미실 때 꽉 잡아라!

그동안 우리가 관심 밖에 둔 것들에 대해서는 둔감해 있었다는 것을 잘 알고 있다. 그런데 그 관심 밖의 것에서 우리가 미처 발견하지 못한 축복의 근원이 그곳에 있다면 어떻게 할 것인가? 전 세계 수많은 신실한 성도들이 이를 증명하고 있다. 하나님은 끝까지 인내하시며 우리를 기다리신다. 우리의 몸과 마음이 초라해졌을 때 그때 가서 부랴부랴 그분을 찾지 말라. 지금 결단을 내리라! 우리의 눈이 열릴 것이며 귀가 열릴 것이다! 땅만을 바라보던 우리의 눈이 하늘을 볼 것이고 세상의 소리를 듣던 우리의 귀가 그분의 음성을 들을 것이다.

두 번째 물음은 우리가 하나님과 가까이 하고 있다는 것, 즉 주님과의 관계가 친밀하게 유지되고 있다는 것을 어떻게 확인할 수 있는가이다. 나 역시 이 책을 쓰기 전까지는 하나님과의 거리를 너무나 멀게 느꼈다. 그런데 하나님께서는 나를 여러 경로를 통하여 생각지도 못한 방법으로 이끄셨다. 지금 생각하건대 나의 작은 마음속에 그분의 임재하심이 늘 계셨던 것 같다. 나에게는 현재 예전과는 전혀 다른 모습으로 변화 받았음을 실감할 정도로 전에 느끼지 못했던 마음의 평안함과 담대함이 있다.

그동안 가까이 하지 않던 성경을 펼치면서 매일 일정 분량을 읽어나가는 습관이 몸에 배었고 하나님의 말씀을 수시로 찾는 행동의 변화가 일어났으며 기도하는 회수와 시간이 점점 늘어가며 중보기도를 드리게 되고 말씀에 대해 묵상하는 시간을 틈만 나면 갖게 되었다. 그런 시간을 자주 갖게 되자 그분의 말씀이 꿀맛처럼 달게 느껴지기 시작했다. 그래서 말씀을 찾고 다시 읽을 때마다 그 기쁨은 더할 나위 없이 좋았다.

물음에 대한 답을 할 차례다. 우리에게 다음과 같은 행위와 심령의 변화가 일어난다면 하나님과의 거리가 가까워졌다는 것과 그분과의 친밀한 관계가 유지되어 가고 있다는 증거다.

- 성경을 매일 읽으며 말씀을 묵상하는 시간을 갖게 된다.
- 성경 말씀 구절을 암송하려고 한다.
- 그분이 사랑하는 것을 나도 사랑하는 마음이 생기게 된다.
- 그분이 좋아하시는 것을 나도 좋아하게 되는 마음으로 변화된다.
- 그분이 싫어하시는 것을 나도 싫어하게 되며 멀리하게 된다.
- 그분이 미워하시는 것을 나도 미워하게 되며 멀리하게 된다.
- 세상에 속한 것들에 대해 지나친 관심을 두지 않게 된다.
- 기도할 때 내 뜻이 아닌 주님의 뜻을 구하게 된다.
- 기도하는 회수가 늘어나게 된다.
- 기도하는 시간이 점점 길어지게 된다.
- 중보기도를 드리는 대상이 점점 늘어나게 된다.
- 그분에게 순종하는 자세로 바뀌게 된다.
- 그분에 대한 믿음이 견고해진다.
- 그분의 응답하심이 기다려지고 설레는 마음이 일게 된다.
- 마음에 평안이 깃들게 되며 기쁨이 일어난다.
- 기도를 통한 하나님과의 대화를 시도하게 된다.

- 하나님의 음성을 자연스럽게 듣게 된다.
- 성경 말씀이 마음에 확고하게 새겨지는 것을 느끼게 된다.
- 마음의 조급함이 사라지게 되며 차분해진다.
- 담대한 마음으로 채워지게 된다.
- 말수가 줄어들며 할 말만 하게 된다.
- 하루의 일과에 감사한 마음이 일게 된다.
- 혼자 있을 때에도 그분의 임재를 느낀다.
- 기도 일기와 응답 일기를 쓰게 된다.

참된 안식과 기쁨의 하나님,

주님을 찬양하여 주께 가까이 가길 원하나이다.

주님을 경배하며 주와 친밀하기를 원하나이다.

세상의 어둠 가운데 주의 영광을 보길 원하며

주의 임재 가운데 평안과 기쁨을 누리게 하옵소서.

예수님의 이름으로 기도합니다. 아멘.

하나님의 임재와 영광

하나님께서 행하시는 초자연적인 역사하심의 기록을 성경 곳곳에서 찾아볼 수 있는데, 그 중 병 고침 외에도 환경을 통하여 기적을 일으켜 역사하신 경우도 있음을 발견할 수 있다. 보통 하나님께서는 우리에게 특별한 경우가 아니라면 평범한 방식으로 대화하시며 인도하시는 경우가 많다. 내가 조사한 해외의 개인적인 간증 사례들을 살펴본 결과, 초자연적인 방식으로 기적이 일어나 치유 받은 케이스들이 의외로 많음을 보고 놀라지 않을 수 없었다. 그들은 신뢰할 만한 신분을 가졌거나 평범한 보통 사람들이었다. 그 중 20세기 미국 아주사 부흥집회에서 일어난 하나님의 임재와 영광의 나타나심은 가히 충격적이었다. 그 집회장소의 안과 밖에서 하나님의 영광이 짙은 안개와 성령의 불길로 임하였고 강력한 기적의 치유 역사가 일어났다.

> 「하나님은 헤아릴 수 없이 큰 일을 행하시며 기이한 일을 셀 수 없이 행하시나니」 (욥 5:9)

하나님의 영광이 임한 놀라운 사례가 아프리카의 진주라 불리던 우간다에서도 일어났다. 당시 우간다는 정령숭배와 에이즈와 주술적인 것들이 만연했는데 집회 장소에서 많은 사람들이 밤새 기도하며 부르짖을 때 수많은 에이즈에 걸린 사람들이 고침 받았으며, 주님의 임재가 짙은 안개 같은 구름으로 나타나 사람들 위에 머물렀다고 한다. 하나님의 영광이 불로 임한 다른 사례로는 1949년 스코틀랜드 최북단 외곽 헤브리즈에 위치한 아르마다 섬에서 일어났다. 12,000명이 살고 있는 이 섬의 9,000명에게 그 사건이 일어났다. 그날 밤 주님의 임재하심은 커다란 광채로 곳곳에 현현하셨다. 사람들은 초자연적인 현상을 보고 두려워했다. 그런데 그것은 하나님의 영광이 임한 것이었다. 많은 농장에 초자연적인 빛이 머물렀다. 그 빛은 집안으로까지 비추었다. 모두 다 놀라서 한마디 말도 못했다. 새벽 4시경 마을의 경찰서로 수백 명의 사람들이 모여들었고 근처 마을에서도 이해할 수 없는 힘에 이끌려 많은 사람들이 왔다. 길거리에서는 무릎을 꿇고 주께 불쌍히 여겨달라고 기도하며 부르짖었다. 이후 주위의 섬 전체로 뜨거운 부흥이 확산되기 시작했다.

그럼에도 불구하고 오늘날 일부 목회자와 신학자 중에는 하나님의 초자연적 역사하심은 이제 없다고 주장하거나 가볍게 경시하는 경향이 있다. 하나님의 초자연적 기적을 일으키는 표적과 기사는 성경에서도 찾아볼 수 있다. 하나님은 그 옛날에나 그랬지 현재에는 그런 일을 행하지 않는다는 변질된 편견과 자신이 믿고자 하는 믿음만을 가지는 것은 성경을 편식하여 대하는 것과 같다. 하나님의 역사하심은 그 옛날이나 지금이나 변함이 없다!

「예수 그리스도는 어제나 오늘이나 영원토록 동일하시니라」(히 13:8)

하나님의 강력한 임재가 임한 아주사 부흥집회

1906년 미국 LA 아주사(Azusa)거리 312번지에 위치한 가축을 길렀던 허름한 창고가 전 세계의 이목을 집중시켰다. 이곳에서 다름 아닌 20세기 성령운동의 기폭제가 된 아주사 대부흥집회 기간 중 신유기적이 3년 반에 걸쳐 폭발적으로 일어난 것이다. 그 중심에는 윌리엄 세이모어(William J. Seymour)라는 흑인 목사가 있었는데, 그에 의해 부흥 운동이 뜨겁게 일어나기 시작해 이 기간 중 병자가 고침을 받고 많은 사람들이 하나님의 은혜 안에서 구원받는 역사가 일어났다.

이 집회에서 하나님의 권능 아래 역사하시는 강력한 증거로 뒷받침되는 놀라운 기적적인 일이 일어나기도 했다. 카니(Carney)의 말에 의하면 하나님의 임재의 영광이 임한 집회 장소에는 짙은 안개 같은 현상이 자주 임했었다고 하며 이런 때에는 더 큰 능력과 기적이 나타났다고 한다.

그러던 어느 날 밤 집회 기간 중 세이모어 목사가 성도들에게 성령 안에서 찬양을 하라고 했을 때 지붕 위에서 거대한 성령의 불길이 올라가고 내려오는 놀라운 일이 일어났다. 이 일로 소방차들이 대거 집회장소로 긴급 출동을 했는데, 집회 장소 위쪽으로 휩싸고 있는 화염의 광경을 목격한 이웃집 사람들이 불이 난 줄 알고 소방서에 화재 신고를 했기 때문이다. 세이모어 목사와 레이크(John G. Lake), 그 밖의 다른 사람들도 놀라서 확인하러 밖으로 나갔고 소방대원들은 도착하자마자 불이 일어나는 진원지를 찾으려고 노력했지만 끝내 찾을 수가 없었다.

목격자인 레이크에 의하면, 그 불길이 어찌나 강력했던지 건물에서 불이약 15m 가량 올라가면 하늘로부터 또 다른 불길이 나타나 아래로 내려오면서 올라가던 불길을 통과하는 장엄한 광경을 만들어내고 있었다고 한다. 집회 사역을 맡은 카니(Carney)는 그 말을 듣고 너무나 신기한 생각이들어 어느 날 밤 밖으로 나가 집회 장소와 멀찌감치 떨어져서 관찰했는데, 집회 건물이 마치 불길에 휩싸인 것 같은 엄청난 광경을 실제로 보았다고 한다. 그런데 그것은 실제 타는 불이 아니라 하나님의 영광(히브리어로 쉐카나; shekinah)이었다. 그 불은 소멸되거나 타는 냄새도 나지 않았다. 하나님의 영광은 그분의 임재가 특정장소에 연기, 짙은 안개와 같은 구름, 불로 현현하여 임하는 것을 말한다. 쉐키나의 영광에 대해 한 유대인 랍비의 말에 의

하면, 불꽃같은 천사들이 있는데 하늘에서 내려오는 천사들은 아주사로 기적을 가져오는 천사들이고 하늘로 올라가는 불꽃은 더 많은 기적을 가지러 하늘로 다시 올라가는 천사들이라고 한다. 실제 놀라운 치유기적들이 일어날 때 이런 현상들이 보였다고 한다. 나는 개인적으로 하나님의 영광이 밝은 광채로 현현하는 것을 직접 체험한 적이 있다. 그것은 매우 놀라운 광경이었으며 경이로운 기적의 현상이었다.

「낮에는 구름기둥, 밤에는 불기둥이 백성 앞에서 떠나지 아니하니라」
(출 13:22)

초자연적인 방식으로 나타난 하나님의 영광

다음에 소개하는 체험은 하나님의 영광이 임재하여 홀연히 나타남을 목격한 나의 간증으로 사실 그대로의 진술이며 당시 상황을 겪은 그대로를 기록한다. 이 극적인 체험은 내가 하나님의 음성을 들은 직후 3개월이 지난 뒤에 일어났다. 당일 처음으로 나는 하나님의 임재의 체험을 구하는 기도를 드렸었다.

"2018년 2월 23일 밤 11시가 다 되어갈 시점이었습니다. 저는 항상 잠자리에 들기 전 불을 끄고 무릎을 꿇은 채 주님께 기도를 드립니다.

「하루 세 번씩 무릎을 꿇고 기도하며」 (단 6:10)

그날 밤 저의 기도의 제목은 하나님의 임재하심에 관한 것이었습니다. 물론 앞서 언급(프랭크 루박의 임재 체험)한 대로 주님의 임재하심은 눈으로 보이는 것은 아니라 영적으로 느껴지는 그 무엇입니다. 때로는 직접적으로 하나님의 영광을 내비칠 때도 있습니다. 나는 주님의 임재하심을 강하게 느끼며 체험하고 싶은 마음에 그날 밤 간절한 기도를 처음으로 드렸습니다. 약 4분가량 기도를 마친 후 꿇었던 무릎을 편 채 눈을 뜨고 잠시 조용히 앉아있었습니다. 다른 때 같으면 기도가 끝나고 곧바로 잠자리에 들려고 누웠을 텐데 그날따라 편하게 가만히 눈을 뜬 채로 고요히 캄캄한 앞쪽 방향을 응시하고 있었습니다. 왜 그날따라 그랬는지는 저도 모릅니다. 아마도 그분의 임재를 느끼기 위해서 그랬던 것 같습니다.

약 3~4초 정도가 지났을까요. 별안간 상상하지 못할 깜짝 놀랄만한 일이 일어났습니다. 깜깜한 방안에 매우 밝은 빛이 우측에 있는 TV옆 벽면에 순간적으로 비춰진 것을 보게 되었습니다. 놀랍게도 그 빛은 직사각형의 모양으로 벽면을 아주 밝게 비추었습니다. 마치 벽 앞에서 환등기를 켜서 비춘 것처럼 보였습니다. 깜짝 놀란 저는 빛이 어떻게 직사각형 모양으로 나타날까? 하는 의문이 문득 들었습니다.

빛이 투사된 벽 쪽을 의아해 하며 잠시 쳐다보고 있는데 약 2초 후 또 다시 그 직사각형 빛이 정확히 같은 위치의 벽면에 투사되었습니다. 마치 저에게 확인이라도 시켜주듯 의도적으로 두 번에 걸쳐 그 빛이 나타났습니다. 그 빛은 방안으로 투사되어 벽면의 그 자리에만 비춘 것입니다. 특정 위치에 시간간격을 두고 정확히 두 번을 비춘다는 것은 상식적으로 납득이 가지 않았습니다. 그 빛은 영사기를 틀 때 보이는 빛줄기조차 없었으며 바로 벽면 앞에 직사각형 스크린이 맺힌 것처럼 보였습니다. 크기는 가로 길이가 약 40cm, 세로 길이가 약 30cm정도 되었습니다.

　나는 갑자기 이런 현상이 왜 생겼을까? 하늘에서 번개가 치는 것과는 분명 다른 현상인데 하는 생각으로 일단 바깥을 확인해 봐야겠다는 판단을 내린 후, 방 안쪽의 창을 열고 베란다 쪽으로 나갔습니다. 바로 앞쪽 건물을 바라보니 비가 내리지도 않고 번개나 천둥도 치지 않는 고요한 적막 상태였습니다. 그래서 자연현상은 분명히 아니구나 하는 결론을 내렸습니다. 그런 후 나도 모르게 고개를 쳐들어 주택 위쪽 하늘을 쳐다보게 되었습니다. 건물의 위쪽 하늘을 쳐다보는 순간 제 눈을 의심할만한 놀라운 광경을 보게 되었습니다. 엄청나게 밝은 흰 빛을 발하는 거대한 타원형의 광채가 하늘에 떠 있는 것이었습니다. 그 광채는 건물의 꼭대기 바로 위에 아주 고요한 상태로 머물러 있었습니다. 너무나 가까운 거리였기 때문에 정확히 볼 수 있었는데 마치 송편처럼 가운데가 약간 불룩하고 양쪽으로 완만한 기울기를 가진 타원형이었습니다. 불과 제가 서 있는 위치에서 약 10m쯤 떨어진 거리에 높이 16m 위치 상공에 그 빛이 가만히 떠 있었습니다. 그 빛의 직경은 대략 5m 정도 되어 보였고 높이가 1.5m 가량 되어 보였습니다. 순백색을 발하는 아주 고요한 빛이었습니다. 그 밝은 흰 광채를 바라보는 동안 눈이 부시거나 공포감이 들진 않았습니다. 오히려 제 마음 안에 '오!'하는 감탄의 소리를 내면서 그저 환상적인 그 순수해 보이는 흰 광채에 저는 정말 매료되었습니다.

「홀연히 하늘로부터 빛이 그를 둘러 비추는지라」(행 9:3)

그 빛을 바라보는 동안 제 마음속에는 '틀림없이 저 빛이 방안의 벽면에 투사된 직사각형 빛의 근원이었구나!'라는 강한 확신이 임했습니다. 만약 당시 하늘에 떠 있는 순백색의 광채를 보지 못했다면 저는 이 강렬한 체험을 이렇게 쓸 수 없었을 것입니다. 그 빛을 바라보는 잠깐의 시간 중에 제 마음에 기도의 응답으로 하나님께서 나타내신 임재의 영광이란 걸 확증할 수 있었습니다. 제 마음속에 확신이 들자 그 빛을 더 이상 보지 않고 조용히 문을 닫은 후 방으로 들어왔습니다. 그 빛은 나중에 사라지고 없었습니다. 저는 이 기묘한 현상이 일어난 후 쉽게 잠자리에 들 수 없었습니다. 저는 상황을 다시 정리해보기로 했습니다. 과연 내가 본 그 타원형의 커다란 흰 광채와 제 방에 순간적으로 두 번씩이나 비춘 사각형의 빛이 서로 어떤 연관성을 띠고 있으며 그 커다란 흰 광채가 나에게 전하는 의미가 무엇일까를 다시 한 번 곰곰이 생각해보았습니다. 결론적으로 저는 두 가지 잠정 결론을 내리게 되었습니다.

첫 번째는 분명 하늘에 떠있던 흰빛 광채가 제 방안의 벽면에 투영된 사각형 빛의 근원이 맞다는 확신입니다. 서로 상관관계가 입증된다는 점입니다. 먼저 자연현상의 빛은 금방 소멸하며 빛의 성질상 직진하는 성질을 갖지만 당시 상황으로는 광채가 떠 있는 높이와 방향, 각도 상 방바닥 쪽을 향할 수밖에 없습니다. 불가사의한 점은 그 광채가 떠 있는 위치에서 방의 안쪽 벽으로 투사되기 위해서는 인위적으로 두 번을 꺾어 들어와야 한다는 것과 직사각형 형태를 이루는 상을 두 번이나 같은 위치에 시간차를 두고 비추었다는 점입니다. 또 다른 가정은 그 빛이 비춰진 벽면 앞쪽으로 건물 외곽 벽을 직진으로 그대로 투과하여 다시 방안의 벽을 또 투과하고 최종 안쪽 벽면에 투영된다는 것인데, 이 역시 불가능합니다.

두 번째는 제 앞에서 일어난 그런 초자연적 현상이 주님께서 그분의 영광을 제게 나타내신 것으로 확증하여 입증시킬 수 있는가 하는 문제입니다. 제가 이 빛에 대해 예사롭지 않은 빛이란 걸 바로 확증할 수 있었던 점은 제 시야에 들어온 시점이 기도가 끝난 직후 발생하였고 일반적인 자연현상으로 도저히 설명될 수 없는 기이하고도 특별하다는 강한 인상을 받았기 때문입니다. 무엇보다도 그 빛은 외부로부터 제 방에 의도적으로 불가사의한 방식에 의해 투사되었다는 점이 저로 하여금 확신을 주었습니다. 저는 개인적으로 32년간 사진과 영상분석을 해온 풍부한 경험을 갖고 있습니다. 여러모로 보아 제가 겪은 이 현상은 일반적인 자연현상은 결코 아니었습니다.

그날 이후 개인적으로 하나님께서 보여주신 영광을 체험한 것이라는 강한 확신이 들었지만 한편으로는 처음 접했던 상황이라 이 현상이 비성경적인 것은 아닌가 하는 신중한 검토도 해나가기로 했습니다. 왜냐하면 이렇게 아주 가까운 거리 안에서 초자연적인 현상을 단 한 번도 경험한 적이 없었기 때문입니다. 그래서 저는 냉철한 입장에서 이 의문에 대한 확증을 구하기 위한 기도를 하나님께 간절히 구했습니다. 그렇게 시간이 흘러 한 달이 지나도 하나님으로부터 아무런 응답을 받지 못했습니다. 시간이 흐를수록 답답함이 일기도 했으나 개의치 않고 저는 책을 집필해나갔습니다.

그로부터 38일째 되던 4월 2일, 저는 여느 때와 마찬가지로 3장의 〈하나님의 음성과 기도의 권능〉편에 관한 내용을 집필해가던 중 마땅한 구절을 얻기 위해 성경 말씀을 찬찬히 찾아보게 되었습니다. 그런데 뜻밖에 제 눈을 사로잡는 구절을 발견하게 되었습니다. 하나님께서 확실한 응답을 성경 말씀으로 인도해주신 것입니다! 제가 찾은 그 구절은 신명기 4장 36절의 말씀으로 다음과 같습니다.

「여호와께서 너를 교훈하시려고 하늘에서부터 그의 음성을 네게 듣게 하시며 땅에서는 그의 큰 불을 네게 보이시고」(신 4:36)

하나님은 제게 경험적 사실을 통하여 교훈을 얻게 하시려고 땅 위에서 큰 흰 광채의 불로써 그분께서 살아 임재하심을 영광으로 나타내 보여주신 것입니다."

당시 성경에서 이 구절을 발견하는 순간 내 가슴에는 벅차오르는 감정으로 한 순간 눈이 녹아내리듯 모든 의문점이 사라지는 홀가분한 마음을 갖게 되었다. 일반적으로 성경 전체에 담긴 하나님의 말씀은 로고스(Logos)라 한다. 그리고 하나님의 음성이 성령님을 통하여 나의 마음 안에 특별한 인상을 느끼게끔 말씀하시는 경우가 있는데, 이를 헬라어로 레마(Rhema)라 부른다. 나는 레마로써 주님이 주시는 확증의 2차 응답을 받게 되었다. 그렇다. 우리가 겪는 특별한 체험들은 성경의 말씀에 비추어 확인해봐야 한다.

이로써 나는 이 책을 집필하는 기간 중에 하나님의 음성을 오른쪽 귀로 직접 듣게 되었고(2017년 11월 5일) 3개월 뒤에 하나님의 임재의 영광을 당일 초자연적 역사를 통해서 직접 체험(2018년 2월 23일)하게 되었다.

나는 앞서 아주사 대부흥집회에서 일어난 하나님의 임재의 영광에 대해 언급한 바 있다. 해외에서 신뢰할 만한 여러 간증사례들을 살펴본 결과 하나님께서는 처음에 자신을 사랑하는 자에게 마음에 각인될 만한 초자연적인 방식으로 임재하심을 나타내주시기도 한다.

성경에도 하나님의 임재와 영광에 대해 언급한 부분을 찾아볼 수 있다. 솔로몬 왕이 기도를 마치자 불이 하늘에서 내려와 그 번제물과 제물들을 사르고 여호와의 영광이 성전에 가득했다. 당시 하나님의 영광이 얼마나 강하게 임했던지 제사장들이 두려워 여호와의 전으로 들어가질 못했다고 했다(대하 7:1-2). 에스겔 역시 여호와의 영광이 성전에 가득한지라 고백했다(겔 44:4).

하나님의 영광의 임재는 이처럼 불기둥을 통해서도 나타나는데 이를 '하나님의 영광이 가득하다'라는 뜻인 '쉐키나'(shekinah)라 부른다. 즉 쉐키나는 특정 장소에 하나님이 실제적으로 임하실 때 나타나는 불길(또는 광채)이나 안개처럼 보이는 현상, 구름, 천사의 현현을 말한다.

이 두 가지의 체험과 분명한 확증을 통하여 내가 얻은 교훈은 기도의 응답은 곧 하나님을 사랑하는 자들(하나님의 자녀들)에게 증거로 나타내 주시는 값진 선물이며 약속의 증표라는 것이다. 주의해야 할 점은 육신적인 체험이나 영적 체험에 지나치게 빠져들면 말씀을 경시하고 은사주의나 영적인 정욕으로 흐를 수 있다는 점을 조심해야 한다. 그렇다고 이런 초자연적인 나타내심을 무시하거나 경시해서도 안 된다. 하나님은 인간의 생각을 뛰어넘어 기이한 방법으로 인도하시고 깨닫게 하는 경우가 성경에도 많이 등장하고 있다. 그러나 오늘날 목회자와 신학자들 중에는 하나님의 초자연적 역사하심에 반감을 갖거나 비판적인 시각으로 목소리를 높이는 분들이 있다.

그분의 응답하심은 때로는 우리의 상식을 초월하며 그분의 주권에 의해 그분만의 방식으로 그분이 정하신 때에 나타내신다. 우리는 항상 그 응답과 체험 속에서 하나님의 의도하심이 무엇인지를 파악하는 것이 중요하다. 하나님께서 이런 체험을 나에게 주시는 것은 성경 말씀과 같이 내게 사실적인 경험을 통해 하나님과의 관계를 돈독하게 하기 위해서였다. 하나님의 임재를 체험하고 난 사람들을 조사한 결과 그들의 인생관이 확 바뀌어 하나님을 경외하며 살아간다는 사실을 알게 되었다. 나는 하나님께서 살아 역사하시는 강력한 기도의 증거를 눈과 귀로 직접 체험하게 되었다. 내 심령은 오직 그분만을 바라보고 그분을 향해 쉬지 않고 기도할 것을 시편의 말씀(시 116:2)과 같이 평생 지키기로 약속했다.

「그의 귀를 내게 기울이셨으므로 내가 평생에 기도하리로다」 (시 116:2)

홀로 높으신 하나님,
주 앞에 무릎 꿇고 전심의 기도로
모든 영광과 존귀를 주께 돌리오니
이 땅과 하늘에 주의 영광이 드리우고
말씀으로 증거하신 이가 하나님임을 날마다 알게 하소서.
예수님의 이름으로 기도합니다. 아멘.

목마른 영혼을 생명수로 적시는 기도문

『자비로우신 하나님 아버지,
저의 기도가 주님께 진정한 기쁨으로 드리는

기도가 되게 하시고

주님의 말씀으로 내 영혼이 입어

목마른 영혼에 목을 축이게 하사

생명의 생수와 같이 온 육신에 퍼져나가

내게 힘이 되게 하소서.

이 시간 저의 기도가 주님의 임재 안에 거하고

잠기는 기도의 시간이 되게 하시고

주님의 은혜로 사는 내가

주님을 기쁘시게 하는 결단을 내리도록 하시옵소서.

하나님의 귀한 종으로서 증인이 되는 삶이

이 땅에서 펼쳐지게 하소서.

오늘도 저의 기도가 하루의 넘치는 감사로 마치게 하는

기도가 되게 하소서.

예수님의 이름으로 기도드립니다. 아멘.』

제 5 장

기도에 숨겨진 기도의 권능

「하늘에 계신 우리 아버지여 이름이 거룩히 여김을 받으시오며 나라
가 임하시오며 뜻이 하늘에서 이루어진 것 같이 땅에서도 이루어지이
다. 오늘 우리에게 일용할 양식을 주시옵고 우리가 우리에게 죄 지은
자를 사하여 준 것 같이 우리 죄를 사하여 주시옵고 우리를 시험에
들게 하지 마시옵고 다만 악에서 구하옵소서. 나라와 권세와 영광이
아버지께 영원히 있사옵나이다. 아멘」 (마 6:9-13)

하나님께서는 땅 끝까지 감찰하시며 온 천하를 살피시며 사람의 길을
주목하시며 전심으로 자기에게 향하는 자들을 위하여 능력을 베푸신다.
우리가 하나님 안에 거할 때 그분께서는 우리를 사랑하시며, 하나님을 의
지할 때 그분께서는 우리를 돌보시며, 하나님을 바라볼 때 그분께서는 우
리를 인도하신다. 그러므로 우리는 하나님과 항상 친밀한 관계 속에서 기
도하는 시간을 자주 가져야 한다. 아무것도 방해받지 않는 기도의 골방에

서 그분과 독대하는 시간을 가질 때 그분의 임재와 놀라운 은혜를 체험하게 된다. 하나님을 기쁘시게 하기위한 동기로 결정을 내릴 때 주님은 내 마음의 소원을 이루어주신다고 하셨다.

「또 여호와를 기뻐하라 그가 네 마음의 소원을 네게 이루어 주시리로다」 (시 37:4)

범사에 그분의 임재 안에서 자주 교제하는 기도의 시간을 가져야 하는 이유는, 나 자신의 생각에 슬그머니 스스로 빠져들 수 있기 때문이다. 무슨 말일까? '이번엔 내 생각이 확실히 맞는 것 같아'하고 구렁이 담 넘어가듯 기도하기를 슬쩍 넘기고, 다음번엔 '왠지 불안한데 한 번 하나님께 맡겨볼까?'하는 교만함의 늪에 스스로 빠지지 말아야 한다는 의미이다. 성경은 우리에게 그 점에 대해 "스스로 속이지 말라 하나님은 업신여김을 받지 아니하시나니 사람이 무엇으로 심든지 그대로 거두리라"(갈 6:7)고 가르쳐 주고 있다. 그러므로 우리가 전심을 다하여 뜨거운 불길의 기도를 드린다면 그분의 뜻과 생각을 그분의 '음성'으로 우리에게 응답해주심을 의심 없이 믿고 나아가야 할 것이다.

「오직 믿음으로 구하고 조금도 의심하지 말라」 (약 1:6)

기도의 목표는 하나님의 뜻을 알아가는 것과 하나님의 모습을 알게 되어 그분을 성품을 닮아가는 것에 있다. 그리고 기도의 목적은 하나님이 살아계시고 존재하신다는 사실을 기반으로 그분의 영광을 위해 이 세상의 사람들이 구원에 이르도록 하나님의 나라가 확장되어 완성되는 것에 있다.

하나님을 대적하게 만드는 사탄의 획책

「그 중에 이 세상의 신이 믿지 아니하는 자들의 마음을 혼미하게 하여 그리스도의 영광의 복음의 광채가 비치지 못하게 함이니」 (고후 4:4)

고린도후서 4장 4절에서, 이 세상의 신(사탄 또는 마귀)이 예수님을 믿지 않는 비기독교인, 무신론자, 불신자들의 마음을 혼미하게 하여 그리스도의 복음 전도가 그들에게 들어가지 못하도록 훼방을 놓는다는 사실을 지적하고 있다. 사탄의 임무 중 가장 중요한 한 가지는 믿음이 없는 세상 사람들이 그리스도의 영을 받지 못하도록 하는 데 있다. 하나님을 거부하는 사람들 중에는 소위 지식인에 속하는 최고의 석학조차도 예수를 신화적인 존재로 취급하고 심지어 천한 사람이라고까지 치부하는 경우를 보았다. 그런 사람들은 제 아무리 뛰어난 학식을 겸비해도 진리에 눈이 어두워져 교만과 편협함의 편광안경을 끼고 있을 뿐이다. 그들은 세상의 지식을 총 동원하여 자신의 주장이 맞다는 것을 입증하려 한다.

「악인은 그의 교만한 얼굴로 말하기를 여호와께서 이를 감찰하지 아니하신다 하며 그의 모든 사상에 하나님이 없다 하나이다」 (시 10:4)

또 어떤 이들은 하나님을 대적할 만한 정신적 스승이라 불리는 우상화된 지도자와 신들을 모시고 있다. 특히 구루(정신적인 수행을 지도하는 자)는 창시자로 존경받고 신과 동일시되어 숭배를 받으며, 신자는 몸과 재산을 구루에게 바치도록 배운다. 그동안 인간은 정신적인 것과 육체적인 잠재력을 강화시키는 쪽으로 연구를 집중해왔다. 초심리학과 정신과학이라는 무기가 그것이다. 세상 사람들에게 비춰지는 기도의 행위는 마치 스스로 자신의 생각과 행동을 조절하는 마인드 컨트롤처럼 보이기도 하고, 의도적으로 자기 최면을 거는 의식행위로 간주하기도 한다.

「오직 어떤 견고한 진도 무너뜨리는 하나님의 능력이라 모든 이론을 무너뜨리며 하나님 아는 것을 대적하여 높아진 것을 다 무너뜨리고」

(고후 10:4-5)

그들의 인식체계는 인간에 잠재해있는 정신(혼)의 능력과 관련된 기존의 지식체계와 이성적이고 가시적인 사고의 범주 안에서 풀어내려고 떠들 뿐이다. 그들은 입증할 수 없다는 이유로 영적 세계를 무시한다. 그들의 비판이 당장은 그럴듯하게 들릴지는 몰라도 그들의 약점 중 하나는 성경 말씀에 대해 너무 가볍게 부정하는 태도에 있다. 성경에 대한 진지한 조사와 연구를 해보지도 않은 채 피상적인 면만 가지고 이러쿵저러쿵 말들이 많다. 하물며 크리스천 중에서도 세상과 하나님을 저울에 올려놓고 시소게임을 하듯 그때그때 한쪽으로 쏠리는 경향이 있는 이들이 많다. 세상과의 타협은 바로 그런 것을 말한다.

나는 인간의 혼에 관한 성질이 어떻게 사탄과 연결될 수 있는지를 보여

줄 것이다. 이로 인해 얼마나 많은 사람들이 미혹당할 수 있는지를 알아야한다. 사탄은 인간이 하나님을 향해 기도할 때 가장 겁을 내며 접근하기를 거부한다. 나는 왜 사탄이 온갖 획책을 하여 기도를 방해하려고 하는지, 또 우리가 기도할 때 왜 사탄이 가장 무서워하는지를 밝힐 것이다. 그러기 전에 먼저 우리의 육신이 어떻게 구성되어 있는지를 알고 있어야 그 물음에 대한 해답이 나온다.

우리의 육신은 영과 혼과 육의 세 가지 형질로 구성되어 있다. 신학자들 간에는 영과 혼의 구분 없이 영혼과 몸으로 구성되어 있다고 주장하기도 하나, 데살로니가전서 5장 23절에는 분명히 인간이 영과 혼과 몸으로 되어있음을 말씀하고 있다.

「너희의 온 영과 혼과 몸이 우리 주 예수 그리스도께서 강림하실 때에
흠 없게 보전되기를 원하노라」(살전 5:23)

또 히브리서 4장 12절에서도 "하나님의 말씀은 살아있고 활력이 있어 좌우에 날선 어떤 검보다도 예리하여 혼과 영과 관절과 골수를 찔러 쪼개기까지 하며"라고 하여 혼과 영을 따로 분명하게 구분하였다. 고린도전서 15장 44절에도 이를 뒷받침하는 구절이 나온다.

「육의 몸이 있은즉 또 영의 몸도 있느니라」(고전 15:44)

그 순서도 중요하다. 영은 육체의 맨 안쪽에 자리하며 그 다음으로 혼이 그리고 가장 바깥쪽에는 육이 자리한다. 공으로 비유하면 공의 바깥 외피

는 육이며, 공기를 감싸고 있는 내피는 혼이며, 최종 내피 안쪽에 꽉차있는 공기는 영에 속한다고 할 수 있다. 즉 혼은 육과 영의 중간 지점에 자리한다. 우리가 이 세 가지로 구성되어 있음을 인정하지 않고서는 우리의 영적 기도는 무용지물이 되고 만다. 나는 이 말씀 구절을 기반으로 하여 기도에 숨겨진 비밀에 접근하는 핵심을 풀어나가려고 한다.

하나님은 인간을 창조하실 때 코에 생기를 불어넣으셨다고 했다. 여기서 생기를 불어 넣으심은 '영'을 뜻한다. 그런 후 사람이 생령이 되게 하셨는데, 생령이란 '혼'을 뜻한다. 다시 말해 정신적인 영역을 말한다.

「여호와 하나님이 이 땅의 흙으로 사람을 지으시고 생기를 그 코에 불어넣으시나니 사람이 생령이 되니라」 (창 2:7)

처음에 하나님께서는 최초의 지은바 된 아담과 하와가 타락의 길을 걷기 전에 하나님의 영의 지배를 받도록 하셨다. 그런데 아담과 하와가 뱀(사탄)의 간교한 말에 속아 죄를 짓고 타락한 후에는 하나님의 영이 사람에게서 있지 않게 되었다. 이는 곧 사람의 혼이 육신의 지배하에 있게 되었다는 뜻이다.

「여호와께서 이르시되 나의 영이 영원히 사람과 함께 하지 아니하리니 이는 그들이 육신이 됨이라」 (창 6:3)

세상의 영을 받은 사람들에게는 그리스도의 영이 없으므로 육신 안에 속한 혼의 능력으로만 살아가게 되었다. 따라서 그들은 하나님을 경외하지도 않고 육신 안에 갇힌 혼의 힘을 의지하며 살아간다. 반면에 크리스천들이 하나님을 의식하며 살아갈 수 있는 이유는 오직 하나님으로부터 온 그리스도의 영이 있기 때문이다. 이는 하나님과의 연합된 관계를 이어주는 역할을 한다.

> 「우리가 세상의 영을 받지 아니하고 오직 하나님으로부터 온 영을 받았으니」 (고전 2:12)

혼의 힘이란 심리학에서 말하는 의식의 저 편에 있는 소위 잠재의식이라 불리는 무의식, 잠재된 힘, 잠재력을 뜻한다. 수많은 자기 계발 방법을 가르치는 책들 중에는 바로 이 잠재의식에 내재된 힘을 이끌어내는 방법을 소개하고 있다. 전문가로 불리는 사람들조차 오로지 자신의 자아를 극대화시키려면 자신 안에 내재된 잠재력을 적극 활용하라고 선전한다. 이 힘의 원천은 혼을 다루는 힘에서 나오는데 대표적인 것들을 열거하면, 초심리학, 마인드 컨트롤, 최면술, 초능력 개발, 무당의 접신, 명상, 정신감응, 정신과학 등이 있다. 이들은 인간의 정신력에는 무한한 힘이 내재되어 있다고 강조한다. 그래서 이를 훈련하여 개발하면 평범한 인간의 능력을 초월하는 무한한 가능성에 도전할 수 있다고 주장한다.

실제로 훈련을 거듭한 자가 보이는 능력은 보통 사람이 가진 능력의 한계를 초월한다. 의자에 앉은 연약한 초등학교 여학생에게 동전을 과자라고 최면을 걸면 쇠로 만들어진 단단한 동전을 한 번에 구부려 꺾기도 한다. 또한 정신감응으로 먼 거리를 투시하거나 사물을 꿰뚫어 보기도 하고 물건을 통해 그 사람의 과거 행적을 알아맞히기도 한다. 그러나 문제는 이런 인간에 내재된 혼의 힘의 배후에는 사탄이 연결되어 있다는 점이다. 사탄은 그런 힘을 사람들에게 보여주어 미혹하게 하고 하나님을 대적하도록 은밀하게 잠입하여 조종한다는 사실이다(이 점은 매우 중요한 사항이므로 〈기도의 권능에 숨겨진 놀라운 비밀〉 편에서 좀 더 상세하게 다룰 것이다).

「그는 사람의 혼을 구덩이에 빠지지 않게 하시며 그 생명을 칼에 맞아 멸망하지 않게 하시느니라」(욥 33:18)

창세기로 다시 돌아가 보자. 사탄은 애초에 아담을 미혹하기 위해 하와에게 접근했다. 사탄은 하나님께서 먹지 말라고 명하신 동산 중앙에 있는 나무의 열매를 먹으면 눈이 밝아져 하나님과 같이 된다는 말로 하와를 꾀었다. 하와는 뱀(사탄)의 말에 넘어가 먹음직스런 열매를 먹고 아담에게도 먹어보게 했다. 그리고 난 후 둘은 눈이 밝아져 자기들이 벗은 줄 알고 창피함으로 무화과나무 잎으로 주요부위를 가렸다.

사탄은 하와에게 하나님을 대적하는 말로 유혹하여 하나님의 명령을 어기는 죄를 범하게 했다. 사탄은 인간이 신과 같이 될 수 있다고 꾀여 하나님을 대적하게끔 만들었다. 그렇다. 우리는 아담의 죄로 인하여 하나님의 영을 부인하고 혼의 힘에 의지하게 되었고, 하나님에 대한 믿음 대신 자신에 대한 신념으로 바꿔치기했다. 하나님의 영 대신 그 자리에 세상의 영이 들어갔다.

이로써 사탄은 미혹하는 영으로 인간이 죄를 범하게 하는데 성공을 거두었을 뿐만 아니라 하나님을 대적하게 만드는 데도 성공했다. 결국 사탄은 인간이 하나님의 영과 연결되는 관계를 끊어 놓는데 성공한 셈이다. 결국 죄를 범한 대가로 하나님을 닮은 영적인 인간에서 육적인 사람으로 변하여 이 세상의 영을 받게 되었던 것이다.

하나님께서 이 세상의 사람들 중 그들의 영이 하나님께 속하였나 분별하라고 말씀하신 이유가 여기에 있다. 거짓 선지자들은 하나님의 영이 없기 때문에 사탄에게 교묘히 속아 넘어가 자신의 행위가 하나님과 대적하고 있다는 사실을 전혀 인식하지 못한다.

「하나님께 속하지 아니한 자는 우리의 말을 듣지 아니하나니 진리의
영과 미혹의 영을 이로써 아느니라」(요일 4:6)

오히려 오늘날 거짓 선지자들은 끼리끼리 연합하여 그 세력을 넓혀가고 있다. 하나님은 결코 그들의 행위를 묵과하시지 않는다. 예수님은 제자들에게 가라지는 악한 자의 아들들이라 하시면서 가라지를 뿌린 원수는 마귀라 하셨다!(마 13:39). 하나님은 지금 이 순간에도 가라지를 구분하고 계신다.

「그런즉 가라지를 거두어 불에 사르는 것 같이 세상 끝에도 그러하리
라」(마 13:40)

나의 에벤에셀 하나님,
세상의 유혹에 미혹당하지 않게 하시고
악인의 말을 분별하여 휩쓸리지 않게 하시고

내가 어찌할 바를 몰라 헤맬 때에

성령의 권능으로 능히 이겨나갈 힘을 주옵소서.

예수님의 이름으로 기도합니다. 아멘.

영과 혼의 부조화를 틈타 접근하는 어둠의 영

거부할 수 없는 진리는 이 세상이 물질세계(육의 세계)와 비 물질세계(영의 세계)가 중첩된 곳이라는 사실이다. 육신은 물질로 이루어진 세계 안에 존재하지만, 육신에 깃든 영과 혼은 영적세계에 머무르고 있다. 물질세계에 나타난 모든 것의 시작점은 이미 보이지 않는 것에서 출발했다. 태초에 모든 만물이 하나님의 말씀으로 다 이루어진 것이다. 그리고 오늘날 세상의 모든 물리적 형태를 가진 인공적인 사물들은 오래전 우리의 마음속에서 기대해왔던 것들이 현실에 반영되어 물질화된 것이다.

영적인 세계는 어떤가? 예컨대 밖으로 표출되는 감정의 표현도 눈에 보이지 않는 마음 깊숙한 곳에서 일어난 느낌이 서서히 감정에 물들여 외부로 드러난 것이다. 감정에도 다양한 색깔이 있다. 예를 들어 기쁨, 슬픔, 감동, 환희, 화, 분노, 격앙 등이 그것이다. 이들은 모두 어느 순간 외부로 표면화된 것이다. 이처럼 외부로 결과가 나타나기 전까지 마음 내부에서는 혼미한 상태의 동요가 일어나게 된다. 생각이 일어나는 곳은 정신이 활동하는 영역인 마음이다. 어떤 대상에 대해 마음이 무겁게 느껴진다면 마음은 서서히 압박을 받기 시작해 우울해지기 시작한다. 이 증상이 심해지면 자신도 모르게 악한 생각으로 기울어질 수 있다.

　「마음에서 나오는 것은 악한 생각과」 (마 15:19)

　그리고 입으로는 악한 것을 토해내기 시작한다. 마음이 제아무리 그것을 감추려 해도 어둠의 영의 지배를 받게 되면 자신의 통제력을 잃게 되어 감정이 흐르는 대로 행동을 하게 된다.

　「입에서 나오는 것들은 마음에서 나오나니 이것이야말로 사람을 더 럽게 하느니라」 (마 15:18)

　세상에서 일어나는 사건들과 선택, 판단들의 결과에는 자의건 타의건 간에 그 원인이 자신의 감정에 기인하는 경우가 많다. 우리는 늘 감정의 지배를 받고 사는 셈이다. 그런데 그리스도인에게는 하나님의 영이 존재하므로 성령의 지배를 받는다. 성령님의 인도함을 구하기 때문에 이리저리 휩쓸리는 감정의 배에 편승하지 않는 것이다.

　하지만 그리스도인들도 때로는 우울하고 불안해하며 불평을 늘어놓고 걱정과 불만을 터뜨리며 살아간다. 나는 그 점에 대해 충분히 공감한다. 우리는 문제의 원인을 정확히 알아야 한다. 이런 감정이 일어나는 원인은 바로 영과 혼의 부조화(불일치) 때문이다! 다시 말해 영의 생각과 육신의 생각 사이의 쉴 틈 없는 줄다리기 싸움이 우리의 내면에서 일어나고 있는 것이다.

「육체의 소욕은 성령을 거스르고 성령은 육체를 거스르나니 이 둘이
서로 대적함으로 너희가 원하는 것을 하지 못하게 하려 함이니라」(갈
5:17)

육신의 생각은 계산적일 뿐만 아니라 저울질을 하며 앞뒤를 재는 데 선
수이다. 혼의 지배력을 갖는 육신 가운데서 일어나는 생각의 대부분은 이
세상을 살아나가는데 균형을 유지하기 위한 필요한 것들에 늘 초점을 맞
추고 있다. 물질적인 것들과 부와 자신의 정욕을 채워줄 수 있는 모든 것
들이 이에 해당된다. 이런 변화무쌍한 마음의 성질은 결국 육의 지배력을
키워줄 뿐이며 성령님께서 움직이실 영향력에 대적하게 된다. 따라서 그리
스도인들도 영과 혼의 부조화로 삶의 균형을 잃을 때가 많은 것이다. 크
리스천 중 많은 이들이 이처럼 자신의 내면에서 일어나는 영의 생각과 육의
생각의 부조화로 인한 갈등 속에서 끙끙 앓다가 남몰래 사주나 점술을 보
러 가기도 한다.

「너희는 … 점을 치지 말며 술법을 행하지 말며」(레 19:26)

이는 믿음이 연약하여 육신의 생각을 따르는 것이다. 하나님께서는 절대
그렇게 행하는 것을 그냥 넘기시지 않는다. 하나님이 싫어하시는 죄를 짓
는 반역행위를 금해야 하는 것이다.

「길흉을 말하는 자나 점쟁이의 말을 듣거니와 네게는 네 하나님 여호
와께서 이런 일을 용납하지 아니하시느라」(신 18:14)

왜 그들은 주님을 믿는다고 하면서 이런 행위를 몰래 하려고 할까? 어느 순간 주님보다 세상의 미혹을 더 신뢰하고 우위에 두기 때문이다. 세상과 타협하고자 하는 마음이 들 때 이런 일을 행하게 된다. 세상의 일은 세상의 이치를 다루는 학문이 더 잘 안다고 받아들이기 때문이다. 물론 이런 마음의 감정을 이입시키는 것은 어둠의 영인 사탄의 계략이다. 성령은 죄를 분별하게 하신다. 죄란 하나님과 나 사이의 관계를 갈라놓는 모든 것이 이에 해당된다. 죄로 인해 주님과 멀어지게 되는 것이다. 사탄은 성도에게 하나님과 멀어지게 하는 것이라면 그럴듯한 이유를 대어 교묘히 접근한다. 이 점을 잘 알아야 한다.

「죄를 짓는 자는 마귀에 속하나니」 (요일 3:8)

영과 혼의 부조화에 따른 갭(격차)이 크면 클수록 우리의 마음은 어수선하며 안절부절못하게 된다. 온전한 결정과 판단을 내리기도 힘들며, 어디론가 탈출하고 싶은 심정에 이르게 될 수도 있다. 즉 혼(정신)의 지배력에 끌릴수록 그렇게 된다. 그 이유는 하나님과 연결된 영(성령)의 지배에서 벗어나 악한 영(마귀)이 접근할 수 있는 통로인 혼의 지배하에 놓이기 때문이다. 이것은 매우 중요한 사실이다. 악한 영은 우리의 육신부터 먼저 공격을 한 후 그 다음에 혼으로 다가가고 마지막으로 영을 공격하게 된다. 모든 육신적인 질병의 70% 이상은 마귀에 의해서 일어난다는 보고가 있다.

중요한 포인트는 우리 마음이 부정적인 악한 생각(죄를 짓는 쪽)으로 기울게 되면 성령을 근심케 하여 그분이 떠나실 수 있다는 점이다. 결국 하나님의 섭리와 보호에서 멀어지고 이때를 틈타 마귀는 공격하기 위해 접근하게 된다. 마치 컴퓨터 해커가 컴퓨터에 접근하기 위해 방화벽의 취약점을 발견하는 즉시 침투하는 것과 같다. 해커는 온갖 다양한 방법으로 공격을 가할 수 있다. 미끼를 심어놓고 덥석 물기를 기다리거나 자주 다니는 길목에 함정을 파놓아 빠지게 할 수도 있다. 또는 의심하지 못하도록 계략을 꾸며 유인할 수도 있다.

「마귀에게 틈을 주지 말라」 (엡 4:27)

마귀는 언제든지 우리의 사악한 마음의 냄새를 맡고 저 멀리서 우리의 의식이 잠깐 하나님을 잊어버릴 때 그 찰나에 조용히 문을 열고 들어와 우리에게 이런저런 생각들을 보여주기 시작한다. 즉 마음의 혼란을 야기하는 것이다.

「근신하라 깨어라 너희 대적 마귀가 우는 사자 같이 두루 다니며 삼킬 자를 찾나니」 (벧전 5:8)

이런 상황은 우리가 세상에 깊숙이 잠길수록 더욱 심해진다. 우리는 반대로 해야 한다. 세상의 영으로 충만함이 아니라 성령의 충만함으로 그분 안에 거하며, 언제나 그분과 함께 해야 한다. 우리는 이제 그분께서 왜 우리에게 쉬지 말고 기도하라는 명령을 하셨는지 곧 이해하게 된다. 단순히 기도에 게을리 하지 말라는 뜻으로 하신 말씀이 아니다. 그 말씀 속에는 기도에 숨겨진 놀라운 두 가지의 비밀이 있다. 나는 그 비밀에 접근하고자 한다. 이제 기도가 갖는 강력한 파워에 숨겨진 놀라운 비밀을 파헤쳐 보자.

날 구원하신 주님,

원수가 나를 향해 다가올지라도 예수의 이름으로

나를 흔드는 어둠의 영을 물리치게 하시고

마귀의 간계를 대적할 수 있도록

하나님의 전신갑주로 무장하게 하여 주소서.

예수님의 이름으로 기도합니다. 아멘.

기도의 권능에 숨겨진 놀라운 비밀

하나님을 멀리하는 일반 사람들의 눈에는 그리스도인의 기도하는 행위
가 어떻게 비쳐지고 있을까? 정말 기도만 하면 우리의 소원을 하나님이 들
어주시는 것일까? 기도를 열심히 하는 친구에게 왜 빨리 응답해주시지 않
는 걸까? 기도를 안 해도 매사 잘 풀리는 사람도 있는데 군이 반복적인 기
도로 애원하듯 매달려야 하는 걸까? 지식인들과 일반인들은 하나님의 권
능과 기도의 강력에 대해 깊은 관심을 갖기 보다는 의심의 잣대를 먼저 들
이댄다. 그들의 생각으로는 기도의 권능을 쉽게 믿지 못하겠다는 것이다.

그들은 기도의 효력에 일관성이 없어 보이는 것과 아울러, 비논리적으로
모순처럼 보이는 결과들을 보고 도저히 이해가 가지 않는다고 말한다. 그

들은 또한 기도에 대한 논리적인 모순을 찾아내기 위해 조목조목 짚어내어 세상적인 생각과 논리가 옳다는 것을 그럴듯하게 합리화시켜 주장한다. 그들의 육신적인 생각은 하나님의 전능하신 능력을 제한시키려 하고 심지어 그분을 자신들의 조롱거리로 삼기도 한다. 육의 생각이란 정신적 자아의식에서 나오는 마음의 생각, 고집, 내 뜻, 편견, 느낌, 감정 등이 이에 속한다. 육의 생각의 특징은 어떤 대상을 바라볼 때 재빨리 자신의 선입견과 편견, 생각과 느낌의 잣대로 재보는 습성을 보인다.

기도에 관한 그들의 이런 의문점들의 제시는 그들이 배워온 세상의 학문적, 지식적, 이성적, 논리적인 면에서 인간의 이해를 넘어선 현상이므로 쉽사리 수긍할 수 없을 것이다. 그럼에도 불구하고 나는 기도의 권능에 대해 전혀 의심하지 않게 되었다.

확실히 기도에는 신비로움이 내재해 있다. 기도의 신비는 과학의 힘으로 풀리지 않는다. 왜냐하면 그것은 신의 영역에 속하기 때문이다. 그래서 과학자들은 기도의 놀라운 능력을 탐탁지 않게 여긴다. 자신의 지식적 능력으로 설명할 수 없기에 그러한 일은 불가능하다고 부정하는 것이다. 만약 하나님의 권능이 과학의 힘(물질을 창조하고 개조하는 힘)이나 혼의 힘(정신력 또는 잠재력을 강화시키는 힘)으로 충분히 달성될 수 있다면 그들의 자만은 극치에 도달할 것이다. 그러면 그들은 하나님과 대적하는 관계에 설 것이다. 하나님께서는 어디까지 가는가를 두고 보신다. 우리의 모든 능력과 지혜를 그분이 창조하셨다는 사실을 기억하라! 그분이 우리를 창조하신 목적을 알아갈 때 우리는 비로소 그분 앞에 겸손과 순종으로 나아갈 수 있게 된다.

기도를 하게 되면 마음에 평화가 깃든다. 기도를 하고나면 우연처럼 보이는 것들이 필연적으로 일어난다. 마치 내가 움직일 좋은 길을 미리 공사하여 닦아 놓는 것처럼 예비하는 힘이 있다.

나는 하나님께서 우리에게 '쉬지 말고 기도하라'고 명하신 것과 기도의 끈을 놓지 말도록 강조하신 것, 기도의 원칙과 응답을 받는 것에 관해, 오랫동안 생각을 해왔다. 그 결과 기도에 숨겨진 놀라운 두 가지 비밀을 알게 되었다. 나는 기도에 숨겨진 비밀을 이 책을 통하여 전달하겠지만 이해만 하고 페이지를 넘길 게 아니라 기도의 권능이 이 시간 이후로 우리의 삶 가운데 펼쳐져 기쁨으로 체득하기를 진정으로 원한다. 기도의 쉼을 가벼이 넘기지 말고 배가 고플 때마다 일용할 양식을 취하듯이, 영의 양식인 하나님의 말씀을 붙들고 마음(혼)이 아닌 내 안에 거하시는 성령 안에서 기도할 때 그분께서 들으시고 응답하실 것이다.

앞 절에서 나는 영의 생각에서 오는 지배력과 육의 생각에서 오는 지배력의 차이점을 설명했다. 이 차이점이 기도에 숨겨진 두 가지 비밀과 밀접하게 관련이 있다. 지금부터는 하나님께서 기도의 중요성을 강조하신 배경이 무엇인가와 기도에 숨겨진 두 가지 비밀에 대해 파헤쳐보고자 한다.

「내가 만일 방언으로 기도하면 나의 영이 기도하거니와」(고전 14:14)

하나님께서 쉬지 말고 기도하라는 계명을 주신 것은 지상명령이다. 이는 24시간을 쉼 없이 기도에만 집중하라는 것이 아니라 기도하는 것을 잊지 말고 기도하기를 게을리 하지 말며, 영의 양식으로 그때그때 때에 맞춰 주님의 말씀을 붙들고 기도에 온전히 집중하라는 의미이다.

기도에 숨겨진 첫 번째 비밀은 참된 기도에 돌입하게 되면 영과 혼의 부조화로 늘 불균형 상태에 놓여있던 마음이 그리스도의 영에게 연합되는 현상이 일어난다는 사실이다. 정확히 말하면 참된 기도에 돌입하는 순간, 정신세계(혼)에 속한 육의 생각이 영적세계(영)에 속한 성령의 권능에 귀속되어 영과 혼이 하나로 일치되는 현상이 나타남을 말한다. 평상시 영과 혼의 생각 차이로 벌어지는 부조화의 간격이 기도를 통하여 하나로 결속되게 만들어버린다는 것이다. 육체의 소욕은 성령을 거스르고 성령은 육체를 거스르기 때문에 이 둘이 서로 대적함이 일어난다고 성경을 말한다(갈 5:17). 그러기 때문에 참된 기도는 영과 혼의 부조화를 일체 허락하지 않는다. 이 말은 성령 안에서 기도하라는 것과 일맥상통한다.

기도에 숨겨진 두 번째 비밀은 영과 혼이 하나로 결속된 상태에서는 사탄이 절대 접근하지 못한다는 사실이다. 그 과정을 설명하면, 그리스도의 영에 육적인 생각과 육에 속한 혼의 지배력이 상실된 채 흡수되어 그리스도의 영 안에서 캡슐화(보호)작용이 일어나게 되는 것이다. 즉 육신의 마음이 영에게 복종을 하게 된다. 영과 혼이 '영혼'이 되는 것이다. 이로써 전지전능하신 하나님이 주신 성령과 연결된 상태에서 사탄이 접근할 수 통로인 혼의 거처가 원천적으로 차단되기 때문에 사탄은 힘을 쓸 수도 없고 접근조차 못하게 된다.

결론적으로 기도에 숨겨진 비밀의 핵심은, 기도는 하나님의 처방전을 구하는 것이므로 성령의 바다에 우리의 배를 띄워야 한다는 것이다. 다시 말해 우리의 길을 하나님께 다 맡기는 것이다. 그분을 전적으로 의지하는 것이다. 우리의 처방전을 그분께서 올바르게 내리려면(응답하려면) 그분을 전적으로 신뢰하여 솔직하고 정직하게 꾸밈없이 속마음(겪고 있는 증상)을 그대로 전해야 한다. 그런 후 구할 것을 구체적으로 명확하게 기도의 원칙에 부합하여 간구해야 한다.

어떠한 갈등이나 고민이 있더라도 전심을 다해 기도에 힘쓰라. 그렇게 진심어린 갈망으로 경건하게 드리는 우리의 기도는 이 땅에 떨어지거나 공중으로 흩어지지 아니하고 그분께서 다 접수하시고 응답해주신다. 우리의 영혼의 닻을 그분 앞에 내려 정박시켜보라! 우리의 영혼은 늘 기쁨과 그분의 사랑 안에서 손뼉을 치며 춤을 출 것이다.

생명의 피난처 되시는 주님,

기도로 나의 염려와 근심을 결박시켜 주시고

내 영과 혼을 연합하여 결속시켜 주옵소서.

나의 온 맘과 정성으로 드리는 내 기도에

주께서 새 힘을 주시고

내 마음과 생각을 지켜주시옵소서.

예수님의 이름으로 기도합니다. 아멘.

기도의 권능은 어디서 나오는가?

받는 분: 하나님, 보내는 사람: 나

하나님의 자녀가 성경에 쓰인 기도의 원칙대로 순종하여 기도를 하면 하나님께서는 반드시 그 기도에 어떤 식으로든 응답하신다. 나는 기도의 원칙을 다섯 가지로 알기 쉽게 구분하여 설명하고자 한다.

기도의 첫 번째 원칙은 기도를 받으시는 분은 오직 '하나님'이어야 한다는 것이다.

> 「하나님이여 내 기도에 귀를 기울이시고 내가 간구할 때에 숨지 마소서」(시 55:1)

다른 사람을 향해서 하거나 우상을 두고 하거나 사물을 바라보며 하거나 자기 자신에게 주문을 하듯 중얼거리며 하는 기도는 그리스도인의 기도에 속하지 않는다. 그런 기도는 그리스도의 영을 받지 않은 세속에 속한 사람들의 기도이다. 그들에게는 그런 기도 행위가 어떤 사상이나 생각을 굳게 믿으며 실현하려는 신념처럼 굳어져 있어서 그런 식의 복을 비는 유사 행위를 하는 것이다.

기도의 두 번째 원칙은 기도를 보내는 사람은 반드시 '나'이어야 한다는 것이다. 기도는 대리로 부탁하는 것이 아니다. 물론 중보기도로서 기도 요청을 부탁할 수 있으나 기도를 할 수 없는 특별한 상황일 경우를 제외하면 기도의 주체는 '나'이어야 한다. 기도의 발신자가 나일 때 내 길을 그분이 내시며 내 믿음이 그분을 의지하게 하고 내 구함이 그분으로부터 응답케 하신다.

「나의 하나님이여 내가 부르짖는 소리를 들으소서 내가 주께 기도하
나이다」 (시 5:2)

기도의 세 번째 원칙은 그분 앞으로 발송되는 간구의 기도문이 기도의
작성 원칙에 벗어나지 말아야 한다는 것이다. 기도문의 작성 원칙이란 기
도의 거부(접수 불가)에 속하는 계명을 지키고, 죄악을 품지 않아야 하고, 의
심이 엿보이지 않는 순전한 믿음으로 써야 하며, 마음의 욕심(정욕)으로 편
집되지 않은 필요가 되게 하고, 응답의 시기와 방식을 내 뜻대로 정하지 않
고 그분의 뜻에 모두 맡기는 믿음이 충만한 기도문이 되어야 하는 것이다.
또한 중언부언으로 혼란스럽지 않아야 한다. 많은 말을 자꾸 반복하여
쓰거나 앞에서 한 말을 되풀이하지 않는 것이다. 단 한 통의 기도문도 가
볍게 대하거나 소홀히 작성하지 말아야 한다. 하나님은 자신을 향한 지상
의 모든 기도를 낱낱이 살피시는 분이시다.

「오직 믿음으로 구하고 조금도 의심하지 말라」 (약 1:6-7)

기도의 네 번째 원칙은 작성된 기도문이 그분 앞에 정상적으로 접수되려
면 내 뜻대로의 응답이 아닌 그분의 뜻 가운데 응답받길 원하는 자세로 기
도에 임해야 한다는 것이다.

「그를 향하여 우리의 가진바 담대한 것이 이것이니 그의 뜻대로 무엇
을 구하면 들으심이라」 (요일 5:14)

이 말씀의 구절에서 특별히 눈여겨볼 구절은 '그의 뜻대로 무엇을 구하면 들으심이라'는 것이다. 내 뜻이 아닌 하나님의 뜻에 합당한 것이라면 들으시겠다는 의미이다. 우리의 기도가 주님의 뜻에 부합되는 기도라면 이 땅에서 무엇이든 구하라는 것이다. 그분의 뜻은 어디에 있는가? 바로 성경 속에 담겨있다. 성경에 기록된 말씀들은 모두가 하나님의 뜻이다. 그러므로 진실한 기도는 성령 안(주님의 말씀과 뜻 가운데)에서 우리의 입술로 고백하며 부르짖고 간구하는 기도가 되어야 한다.

기도의 화살이 그분의 보좌 앞에 도달하기 위해서는 횃불처럼 활활 타오르는 기도가 요구된다. 뜨겁게 타오르는 기도는 하나님의 마음을 움직이게 하고 이 땅에서 일어나는 만사에 그분의 개입으로 그 일을 성취시키고 선을 이루게 하신다.

기도의 화력은 그분에 대한 신뢰와 굳건한 믿음, 자발적인 순종에서 나온다. 기도의 화살이 힘을 받지 못하면(기도가 미지근하거나 차가우면) 땅에 떨어지거나 안개처럼 보이다 홀연히 흩어져 공중에서 사라져 버린다. 기도의 화살이 맥없이 땅에 떨어지지 않으려면 오로지 그분께 집중할 수 있는 영과 혼이 일치된 상태가 되어야 한다. 또 기도의 화살이 부러지지 않으려면 굳건한 믿음의 기도로 입혀져야 한다. 반대로 기도의 화살이 돌파력을 갖게 되면 못 뚫을 방패가 없으며 장애물(흑암의 권세, 마귀)이 스스로 비켜나가거나 튕겨져 나간다. 기도의 화살이 하나님께 닿으려면 오직 하나님만을 바라보아야 한다. 그분이 모든 것을 행사하시도록 우리의 온전한 믿음을 보여드리자. 그러면 그분께서 참으로 기뻐하실 것이다. 그러면 우리는 그분의 응답 신호(OK! 사인)를 기대해도 좋다.

기도의 다섯 번째 원칙은 주님으로부터 응답신호가 올 때까지 끈기 있는 인내와 꾸준한 기도가 필요하다는 것이다. 기도를 단지 우리의 목적에 따른 필요시의 구함을 요청하는 것과 공급을 받아내는 것이라고 가볍게 생각한다면 오산이다. 기도하는 목적 중에는 우리의 구함을 정식으로 요청 드리는 것이 있다. 그분은 그것을 예수님의 이름으로 구하라고 말씀하셨다. 나는 그 점에 대해 잘못되었다는 점을 지적하는 게 아니다.

물론 우리에게 물질의 필요가 시급하다면 간구해야 하고, 우리의 진로와 계획과 비전에 대해 어떻게 해야 할지 대책을 세우고 싶다면 그분께 아뢰고 어느 방향을 선택할지를 여쭈어 봐야 한다. 그런 후 그분의 최종 결재(응답 과정)를 통과하면 우리는 그분의 내비게이션(응답 신호)에 의지하여 안전한 형통함으로 인도받게 된다.

기도의 주권자는 전적으로 하나님이시라는 사실을 하루라도 망각해서는 안 된다. 그분을 경외하고 강한 믿음을 가져야 함에도 불구하고 자신의 뜻을 내세우고 오류에 빠지지 않기 위해서는 평소 말씀으로 연단되어 있어야 한다. 진정한 기도의 응답이란 궁극적으로 하나님의 진정한 뜻을 깨닫게 되는 것이다. 분명한 점은 우리가 드리는 모든 기도 내용들은 하나님이 계획하신 뜻 가운데 놓여있어야 한다는 것이다. 우리의 요청이 하나님의 뜻에 합하면 주님은 그 일을 이루기 위해 이 땅에서 필요한 것이라면 무엇이든지 기도로써 구하라고 말씀의 약속을 우리에게 건네셨다.

그분의 응답은 다섯 가지 기준인 '허락하심, 침묵하심, 즉시 개입, 지연 또는 지체, 거부하심'에 의해 철저하게 가려질 것이다. 하나님은 '허락하심'을 통하여 하나님의 뜻을 확인하게 하시고, '침묵하심'을 통하여 스스로 알게 하고 깨닫게 하시고(생각과 인식의 오류를 지적하심), 온전함을 이루게 하기 위해 '지연 또는 지체'로 응답하시며, '거부하심'(반려, 접수 불가)으로 하나님의 뜻에 반함을 알게 하시고 회개하게 하신다. 한 가지 알려드릴 것이 있다. 하나님께서는 천천히 일하신다. 우리는 그 점을 잘 알고 응답을 기대하되 차분히 기다릴 필요가 있다.

궁극적으로 하나님의 뜻은 그분을 통하여 그분의 뜻이 이 땅 위의 하나님의 백성들로 하여금 합력하여 모든 것이 선을 이루게 하는데 목적이 있다. 그것을 기도의 기준으로 삼고 행해보라. 어느 날 갑자기 우리는 위로부터 내려오는 선물과 축복을 누리게 될 것이다.

「네가 네 하나님 여호와의 말씀을 청종하여 이 율법 책에 기록된 그 명령과 규례를 지키고 네 마음을 다하며 뜻을 다하여 여호와 네 하나님께 돌아오면 네 하나님 여호와께서 네 손으로 하는 모든 일과 네 몸의 소생과 네 가축의 새끼와 네 토지소산을 많게 하시고 네게 복을 주시되 곧 여호와께서 네 조상들을 기뻐하신 것과 같이 너를 다시 기뻐하사 네게 복을 주시리라」 (신 30:9)

하나님의 말씀에 순종하라!

하나님이 우리를 위해 예비하신 길과 세우신 목적을 이루기 위해 이 세상에 우리를 보내셨음을 한 번쯤 생각해 보았는가? 그 점을 진지하게 생각한다면 우리는 하나님의 말씀을 가까이하게 될 것이다. 하나님의 생각은 우리의 지혜보다 깊으며 하나님의 행하심은 우리의 행함보다 측량할 수 없을 정도로 원대하시다. 놀라우신 하나님의 뜻을 순종하고 받아들일 때 우리는 하나님의 자녀로서 특권을 누릴 수 있는 자격을 가지게 된다.

하나님에 대한 절대적인 순종과 말씀에 대한 확고한 믿음은 하나님의 자녀가 되기 위한 필요충분조건이다. 순종과 믿음 없이는 하나님의 자녀라고 당당하게 말할 수 없으며 하나님의 자녀에 속할 수 없다. 하나님께 불순종함은 하나님을 거역하는 반역행위에 속한다.

주님에 대한 믿음이 없는 세상 사람들은 무엇이라 말할까? 사실 그들에게도 믿음이란 것이 존재한다. 그들은 그동안 자신에 대한 철저한 믿음으로 지내왔기 때문에 자신의 판단과 선택을 신뢰하고 있다. 자신이 자신에게 순종을 해왔고 자기 자신을 우상처럼 높여왔기 때문이다. 그러므로 한 번의 성공으로 자신의 생각이 남보다 우월하다 여겨 잘못된 점도 합리화시켰으며, 남의 잘못에 관대하기는커녕 자신의 행동을 그럴듯하게 포장하여 자신의 고상함을 유지시켜왔다. 그런 그들이 하나님의 자녀가 되지 못하는 이유는 자신의 고집스런 집착, 오만과 자만으로 물들은 오염된 양심을 따르는 잘못된 믿음에 있다.

> 「또한 부딪히는 돌과 걸려 넘어지게 하는 바위가 되었다 하였느니라
> 그들이 말씀을 순종하지 아니하므로 넘어지나니 이는 그들을 이렇게
> 정하신 것이라」 (벧전 2:8)

그리스도인도 처음에는 하나님에 대한 믿음과 순종이 왜 필요한지를 몰랐다. 그것은 말로 구차하게 설명하여 이해를 구하는 것이 아니다. 하나님의 말씀에 이의를 달지 않고 그대로 믿고 따르겠다는 결단만이 필요하

다. 우리는 그분 앞에 굴복해야 한다. 왜냐하면 우리는 그분이 만드신 피조물로서 목자를 따르고 의지하는 존재로 만들어 놓으셨기 때문이다. 순한 양이 목자를 따르지 않으면 그 양은 엉뚱한 곳을 향해 가다가 위험에 빠질 수 있듯이, 양은 목자의 음성과 인도에 따라 순종하고 따라가야 한다. 성경에 나오는 적절한 두 가지 비유가 있다. "우리가 말들의 입에 재갈을 물리는 것은 우리에게 '순종'하게 하려고 그 온몸을 제어하는 것이라 또 배를 보라 그렇게 크고 광풍에 밀려가는 것들을 지극히 작은 키로써 사공의 뜻대로 운행하나니"(약 3:3-4).

천방지축 뛰어다니는 야생말을 통제하고 길들이기 위해서는 말의 입에 재갈을 물리는데, 이는 주인에게 순종시키게 하려 함이다. 또 거대한 풍랑에 이리저리 움직이는 배를 주인의 뜻대로 방향을 잡아 나가기 위해서는 작은 키로써 그것을 가능하게 한다는 비유이다. 하나님께서도 험난한 파도가 몰아치는 이 세상에 휩쓸리지 않고 우리를 선한 길로 인도하시기 위해 가이드라인인 하나님의 말씀을 우리에게 주셨다. 따라서 그분께 나의 모든 것을 맡기고 의지할 때 그분은 우리를 안전한 길로 인도하시고 형통케 하시는 것이다.

「너희가 즐겨 순종하면 땅의 아름다운 소산을 먹을 것이요」 (사 1:19)

순종은 거역하지 않는 절대적인 믿음에서 비롯된다. 그리고 믿음은 신뢰에서 나온다. 신뢰한다는 것은 믿음을 뒤따르게 한다. 신뢰는 이해에서 비롯되지 않고 생각과 행동의 일치함에서 비롯된다. 그것은 마치 약속이 지켜지고 이루어지는 것처럼 보인다.

그럼 하나님을 신뢰하고 있는 것인지 아닌지를 어떻게 알 수 있을까? 우리가 하나님께 전심을 다해 기도를 드리고 있는 것인지를 어떻게 알 수 있는가? 진실함을 보이는 기도의 자세는 바로 하나님께 순종함을 나타내며, 하나님을 전적으로 신뢰하겠다는 의지의 표시이다. 우리가 하나님을 정말 신뢰하고 있는가 여부는 현재 우리의 마음속에 고요함의 평안이 있는가에 달려있다. 하나님의 뜻에 순종하는 자세로 대하면 그분은 우리의 마음에 진정한 '평안'과 '담대함'을 주신다.

나의 생각과 뜻을 하나님의 생각과 뜻보다 앞질러 나아가려고 하는 것은 하나님보다 내가 더 높아지려고 하는 얄팍한 가증스런 마음이다. 이런 마음이 고개를 들지 않도록 스스로 겸손해져야 한다. 겸손은 하나님께 구하는 것이 아니다. 스스로가 겸손해지는 것이다. 특히 하나님의 말씀을 읽다가 금방 이해할 수 없는 측면이 보이거나 그 구절에 대한 하나님의 뜻을 당장 이해할 수 없다 해서 그분의 뜻과 말씀을 의심의 잣대로 갖다 대보려고 하거나, 아예 구절을 건너뛰어 배제하려는 우(愚)를 조심해야 한다. 하나님의 말씀은 우리에게 불필요한 구절이 단 하나도 없다.

「진실로 너희에게 이르노니 천지가 없어지기 전에는 율법의 일점 일획도 결코 없어지지 아니하고 다 이루리라」 (마 5:18)

하나님의 말씀은 우리에게 언약으로서 진리의 말씀을 주신 것이다. 우리가 그분의 지혜와 생각을 믿음으로 순종하여 의지하고 참고 기다리면 우리를 죽을 때까지 인도하시며 형통케 하실 것이다.

「이 하나님은 영원히 우리 하나님이시니 그가 우리를 죽을 때까지 인도하시리로다」(시 48:14)

오직 믿음으로 구하고 조금도 의심하지 말라!

성경 말씀은 믿음에 대한 정의에 초점을 두지 않는다. 대신 믿음이 어디서 나는가와 어떤 결과를 가져 오는가를 말하고 있다. 믿음은 모든 구함의 시작인 동시에 결과를 이끌어내는데 결정적인 작용을 한다. 믿음에 대한 구차한 설명은 심리학자와 철학자들에게 맡겨둘 일이다. 성경에는 믿음에 대해 아주 간결한 문장으로 전하고 있다.

"믿음은 바라는 것들의 실상이요 보이지 않는 것들의 증거니"(히 11:1). 이어서 "보이는 것은 나타난 것으로 말미암아 된 것이 아니니라" 하셨다. '바라는 것들'이란 아직 이루어지지 않은, 이루지 못한 것들에 대한 원인에 속하며, '보이지 않는 것들'의 증거는 보이지 않는 영역에 속한 것을 말한다. 바라는 것들은 보이지 않는 것들을 말함이요, 실상은 증거를 말함이다. 즉 이루어지지 않아 보이지 않는 것들에 대한 증거를 믿음이 촉발시키고 가져오게 한다는 뜻이다.

「오직 믿음으로 구하고 조금도 의심하지 말라」(약 1:6)

로마서 10장 17절에서 사도 바울은 "믿음은 들음에서 나며 들음은 그리스도의 말씀으로 말미암았느니라"고 말한바 말씀을 통하여 믿음이 생겨나고, 믿음으로 행할 때 믿음의 온전함을 이루게 됨을 지적하고 있다.

고아의 아버지라 불리는 조지 뮬러는 "믿음은 사용할수록 성장한다."라는 의미 있는 말을 남겼다. 이 말은 믿음의 폭과 크기가 사람마다 다름을 지적한다. 예컨대 이 말속에 포함된 의미는 신앙인이라고 해서 모두 온전한 믿음을 가지고 있지 못하다는 말이다.

갓 자란 새싹과 같은 작은 믿음, 미지근한 반쪽짜리 믿음, 세상과 주님 사이에서 양다리를 걸치는 불순물이 섞인 믿음, 의심을 품은 거짓 믿음, 근심과 걱정으로 포장된 믿음들은 온전한 믿음과 배치되는 것들로 하나님을 전폭적으로 신뢰하지 않는 믿음이라고 할 수 있다. 믿음은 신뢰를 바탕으로 한다. 신뢰는 약속의 이행을 바탕으로 하며, 약속은 반드시 지킴으로 행함을 바탕으로 한다. 즉 믿음으로 행함을 전진시켜야 한다. 그렇게 함으로써 온전한 믿음에 가까워진다. 단지 입술로만 믿음을 나타내 보이는 위선은 믿음의 성장을 결코 이루어내지 못한다.

「영혼 없는 몸이 죽은 것 같이 행함이 없는 믿음은 죽은 것이니라」(약 2:26)

「이로 보건대 사람이 행함으로 의롭다 하심을 받고 믿음으로만은 아니리라」(약 2:24)

기도의 응답이 제때 오지 않는다고 낙심하거나 자신의 생각과 판단을 은근슬쩍 하나님의 생각과 비교해보려는 교만의 순간 믿음은 추락되고 만다. 그리스도인의 믿음이란 하나님을 향한 흔들리지 않는 영원불변의 믿음을 가리킨다. 하나님이 우리에게 기도할 때 "오직 믿음으로 구하되 조금도 의심하지 말라"고 강조하신 말씀에서, 주님은 우리의 마음을 훤히 들여다

보시고 오히려 우리에게 확신을 주고자 주님의 온전하신 약속의 믿음을 먼저 내보이셨다. 하나님은 분명하게 전하신다. 우리의 믿음이 미지근한 믿음에서 뜨거운 믿음으로 변화되기를 원하신다. "내가 네 행위를 아노니 네가 차지도 아니하고 뜨겁지도 아니하도다. 네가 차든지 뜨겁든지 하기를 원하노라"(계 3:15).

[믿음의 예_1]

마가복음 5장 25-34절을 보면 오랫동안 혈루병을 앓아온 한 여인에 대한 기적적인 치유 사례가 나온다. "열두 해를 혈루증으로 앓아온 한 여자가 있어 많은 의사에게 많은 괴로움을 받았고 가진 것도 다 허비하였으되 아무 효험도 없고 도리어 더 중하여졌던 차에 예수의 소문을 듣고 무리 가운데 끼어 뒤로 와서 그의 옷에 손을 대니"

병을 앓고 있던 이 여자는 절박한 상황에서 예수님이 병든 자를 치료하여 낫게 하신다는 소문을 듣게 되었고, 그녀는 기적을 행하시는 예수님에게 가까이 다가가 그분의 옷자락을 만질 수만 있다면 내 병은 낫게 될 것이라는 강력한 믿음이 마음속에 자리 잡고 있었다. 그분만이 자신의 병을 낫게 해주실 것이라는 확고한 믿음을 가지고 예수님을 찾아 나선 것이다. 자신을 괴롭혀온 병을 낫고자 하는 간절한 마음이 그녀를 예수님이 계신 곳까지 찾아가도록 만들었다. 당시 예수님을 둘러싼 수많은 무리 속에서 이 여인이 마침내 예수님의 옷자락을 만지게 되었고, 예수님은 뭔가 다른 만짐이 있음을 알아채고 "누가 내게 손을 대었느냐?"고 물으셨다. 그 여인이 자신임을 드러내 고백하자, 예수님은 그 여인에게 "딸아 네 믿음이 너를 구원하였으니 평안히 가라 네 병에서 놓여 건강할지어다" 말씀하실 때 그녀의 병은 완전한 치유를 받았던 것이다. 그 여인의 낫고자 하는 절박한 상황에서 촉발된 믿음은 예수님께 다가가고자 하는 행함으로 이루어졌고, 그 행함으로 인해 자신의 믿음이 온전하게 이루어졌음을 예수님의 말씀을 통하여 알게 되었다. 이 여인의 믿음은 예수님의 행하심을 귀로 들음에서 나온 것이다. 귀로 들음은 의심을 품은 들음이 아니라 들음을 그대로 온전함으로 받아들였으며 확고한 믿음으로 바뀌었던 것이다.

「네가 보거니와 믿음이 그의 행함과 함께 일하고 행함으로 믿음이 온
전하게 되었느니라」(약 2:22)

이 사례에서 우리가 깨닫는 것은 오직 그분만이 이 병을 낫게 할 거라는 조금의 의심도 품지 않는 순수한 믿음이 필요하다는 것이다. 가짜 믿음은 표면적으로는 믿는다 하면서 안으로는 불안과 염려, 근심과 걱정으로 요동치는 마음의 파도를 일으키게 한다. 사탄에 의해 가공된 가짜 믿음은 우리에게 '두려움'을 주어 '의심'하도록 만든다. 그러나 하나님을 향한 진짜 믿음은 우리에게 세상이 주는 평안(잠깐 동안의 행복감)과는 전혀 다른 '참 평안'(영원한 안식)을 주신다.

[믿음의 예_2]

두 번째 믿음의 예는 제자들이 보는 가운데 예수님이 물 위를 걸으신 사건이다. 예수님은 제자들을 배에 태워 건너편으로 가게 하시고 홀로 기도

하러 산에 올라가신 후 해가 저문 뒤 한밤중까지 계셨다. 그런데 제자들이 탄 배가 풍랑으로 거센 물결에 덮이게 되자 예수께서 바다 위로 걸어서 제자들에게 오시는데, 제자들은 예수님을 유령이라 여기고 무서워하여 소리를 지르며 놀라게 된다. 이에 예수님은 제자들에게 "안심하라 나니 두려워하지 말라" 하셨다. 이 말을 들은 베드로는 대답하기를 "주여 만일 주님이시거든 나를 명하사 물 위로 오라 하소서"라고 요구했다. 예수님은 그를 향하여 바로 노하시거나 '왜 나의 말을 의심하느냐'하는 말씀을 건네지 않고 단지 "오라"고 말씀하셨다. 베드로는 배에서 내려 물 위로 걸어서 예수께로 가다가 바람을 보고 무서워 물속으로 빠져갔다. 이미 그는 예수님의 말씀에 의심을 품은 채 물 위로 가다가 그만 거센 바람의 요동침에 눈을 돌리는 순간 겁을 먹고 두려움에 휩싸였던 것이다. 그의 두려움은 곧바로 의심을 일으켰다. 그는 자신의 믿음이 의심으로 바뀌어 물에 빠진 것을 알아채고 즉시 예수께 이르되 "주여 나를 구원하소서!"라고 외쳤다. 예수께서 손을 내밀어 그를 붙잡으면서 "믿음이 작은 자여 왜 의심하였느냐"고 말씀하셨다.

베드로는 바다에 난데없이 출현한 예수님이 정말 주님이 맞는가를 의아해 하면서도 반신반의하며 바다에 발을 디뎠던 것이다. 그는 주님임을 확인하기 위해 예수님을 시험하고자 하는 마음을 이미 품고 있었다. 그러나 그의 믿음은 스스로를 시험대에 올렸던 것이다.

「스스로 속이지 말라 하나님은 업신여김을 받지 아니하시나니」(갈 6:7)

두려움은 의심의 영을 불러들인다. 사탄은 의심을 이용하여 우리의 균형을 깨뜨리려 한다. 두려움은 의심의 불을 품고 있기 때문에 믿음의 영역으로 곧바로 침투하여 대적케 한다. 하나님께서 우리에게 두려워하는 마음이 아닌 평강과 사랑과 절제하는 마음을 주시는 이유도 바로 이 때문이다.

「하나님이 우리에게 주신 것은 두려워하는 마음이 아니요 오직 능력과 사랑과 절제하는 마음이니」 (딤후 1:7)

[믿음의 예_3]

성경에는 예수님의 부활에 대해서 언급을 하고 있다. 예수님께서 십자가에서 운명하신 지 삼 일째 되는 저녁에 제자들은 집안의 문을 모두 걸어 잠그고 모였다. 그런데 그곳에 부활하신 예수님께서 홀연히 나타나셨다. 문들이 모두 닫힌 가운데 집안으로 조용히 들어오신 예수님은 제자들을 부르시며 평강을 빌어주시자 그제야 제자들은 그리스도의 부활을 확신하고 기쁨을 감추지 못했다.

하지만 그 자리에 없었던 도마는 따로 이 소식을 전해 듣게 된다. 도마는 "내 눈으로 직접 예수님의 손에 난 못 자국을 보고 내 손가락을 그 못 자국에 넣어보고, 내 손을 예수님의 옆구리 상처에 넣어 보지 않고는 절대 믿지 않겠소."하며 의심을 했다.

여드레 후 제자들이 모여 있는 자리에 예수님께서 다시 나타나셨는데, 이번에는 도마도 함께 있었다. 예수님은 도마를 향해 손을 내미시며 "도마야! 네 손가락을 이리 내밀어 내 손을 만져 보고 또 네 손을 내 옆구리에 넣어 보라, 그리해서 믿음 없는 자가 되지 말고 믿는 자가 되어라"라고 말씀하셨다. 도마는 예수님의 말씀에 떨리는 음성으로 "나의 주, 나의 하나님이시여!"라고 고백했다. 그의 고백에 예수님은 "도마야, 너는 나를 보고야 믿느냐, 보지 못하고 믿는 자들이 참으로 복이 있도다." 말씀하셨다.

그리스도인은 나름대로의 믿음의 분량을 각기 가지고 있는데, 자신의 처한 상황에 따라 믿음의 정도가 다름을 여실히 나타낸다. 믿음은 결과를 촉발시키는 강력한 촉매제 역할을 한다. 그런 가운데 우리는 행함이 부족하다. "그들의 입은 주께 가까우나 그들의 마음은 머니이다"(렘 12:2)라고 했다. 주님은 입으로 주여 주여 하면서도 말씀과 뜻대로 행하지 않음을 질타하셨다.

「너희는 나를 불러 주여 주여 하면서도 어찌하여 내가 말하는 것을 행하지 아니하느냐」(눅 6:46)

우리는 앞서 세 가지 사례를 통해서 하나님에 대한 신뢰 없이는 온전한 믿음을 가질 수 없으며, 온전한 믿음으로 채워지려면 하나님께서 주신 언약의 말씀을 굳게 믿고 따라야 한다는 것을 다시 한 번 깨닫게 되었다. 성경에서는 하나님에 대한 온전한 믿음과 강건한 믿음, 신뢰의 믿음을 가져야 함을 권면하고 있다. 온전한 믿음은 하나님을 신뢰하고 말씀의 언약을 굳게 믿는 순종하는 자세에서 나온다. 하나님을 향한 나의 믿음이 강건한지를 알려면 참기 힘든 시련이 닥쳤을 때 하나님에게 불평과 불만을 쏟아내는지 아니면 하나님으로부터 멀어져 세상 사람들에게 의지하는지를 스스로 살펴보면 알 수 있을 것이다.

하나님의 말씀을 100% 신뢰하는 온전한 믿음을 갖게 되면 우리의 자세는 겸손과 순종으로 낮아지게 된다. 또한 하나님을 알아가려는 깊이가 성장해가고 우리의 마음속에 지워지지 않는 주님의 말씀이 새겨져 반석 위의 믿음으로 우뚝 서게 된다. 하나님께서는 우리에게 지키지 못할 약속과 진리가 아닌 것과 길이 아닌 것과 생명이 아닌 것을 말씀하지 않으셨기 때문이다!

쉬지 말고 기도하라!

기도는 영혼의 목소리를 대변한다. 기도의 문을 여는 것은 육신의 세계에서 영적인 세계로 들어가는 거룩한 행위이다. 기도에 돌입한다는 것은 영과 혼이 이의를 달지 않고 완전한 동의를 이루는 순간을 말한다. 기도는 그 둘을 서로 손뼉을 치게 하며 하나로 일치(조화)를 이루게 하는 도구이다. 기도하는 손은 형식과 의무를 타파하고 오직 간절함을 가지고 주님께 나아가므로 기도하는 마음은 뜨거워질 수밖에 없다. 간절한 마음이 없는 기도는 한낱 입으로 중얼거리며 읊조리는 말에 지나지 않는다. 바리새인들은 기도에 열심을 다했지만 참된 기도를 하지 않아 주님의 책망을 받았던 것이다.

오늘날 우리는 기도를 좇지 않고 신앙을 좇는다. 하나님을 좇지 않고 기독교를 좇는다. 간절함을 좇지 않고 열심을 좇는다. 말씀을 좇지 않고 사역을 좇는다. 간절함의 열망이 없이는 쉬지 않는 기도가 나오지 못한다. 간절함의 기도 밧줄은 하나님의 손길을 닿게 한다. 믿음의 뿌리내림은 기도에서 시작된다. 왜냐하면 기도는 믿음과 순종에 기반하기 때문이다. 믿음의 뿌리가 약하면 기도의 힘도 처지게 된다. 따라서 기도하기를 게을리 하게 된다. "나는 너희를 위하여 '기도하기를 쉬는 죄'를 여호와 앞에 결단코 범하지 아니하고"(삼상 12:23).

「쉬지 말고 기도하라」(살전 5:17)

'쉬지 말고 기도하라!'는 말씀은 하나님께 기도하는 것을 잊지 말고 늘 하나님을 향한 생각을 놓지 말라는 뜻과 끊임없이 기도하라는 행동지침을 알려주는 것이라 생각한다. 하나님의 말씀은 기도의 맥이 끊기게 하지 말라는 뜻을 일러주신다. '어떻게 쉬지 않고 기도할 수 있을까?'라고 나에게 묻는다면 사실 불가능하지만은 않다고 답할 수 있다. 우리가 여는 기도의 시간에서 그 해답이 나온다. 대부분의 기도하는 시간이란 별도의 시간을 내어 기도할 때를 말하는데 실은 그렇지 않다. 새벽기도, 철야기도, 금식기도 등 다양한 기도를 드리기 위해 우리는 정한 시간을 할애하여 기도를 해야만 기도했다고 하는 느낌의 만족을 얻게 된다.

기도란 우리가 늘 하나님을 생각하고 그분을 경외하는 마음이 자리 잡고 있다면 어떤 상황에서도 쉬지 않는 기도를 할 수 있다고 생각한다. 가령 집에서 때가 탄 옷들을 세탁기에 넣어 돌릴 때에도 서서 기도할 수 있다. 어떻게? 지난 한 주간 내 마음에서 일어난 더러운 죄를 벗겨내어 정결한 마음으로 채워주시길 원하는 일상생활에서의 '잡 기도'를 잠시 선 채로 드릴 수 있는 것이다. 전철을 타고 멀리 이동할 때도 자리에 앉은 상태에서 눈을 감은 채 '무빙 기도'를 드릴 수 있다. 또 퇴근 후 길을 걸어가면서 하루의 일과를 잘 마무리한 것에 감사함을 올리는 '워킹 기도'를 올릴 수도 있다. 얼마든지 수시로 하나님께 기도를 드릴 수 있는 것이다.

성도들이 기도를 하지 않는 가장 큰 이유는 기도 응답을 제대로 체험하지 못하고, 또 이 계명에 대한 마음속의 저항이 생기기 때문이다. 또 내가해도 충분히 잘 할 수 있다는 자신감 내지는 그분의 개입하심을 요청할 정도로 큰 문제가 아직 없기 때문에 기도를 할 필요성이 없다고 생각하는 것이다. 우리가 할 수 없는 범위를 벗어나는 상황들이 생길 때에만 기도하는 것이라는 관념을 깨야 한다. 평소에는 기도를 하지 않다가도 현실에서 그런 상황이 일어날 때에만 하나님을 애타게 찾는 성도들이 의외로 많다.

반대로 그런 상황이 아니더라도 애타게 하나님을 찾는 기도의 용사가 되어보라! 그러면 정말 어느 날 불현듯 그분께서 우리에게 찾아와 그분의 음성을 듣게 되는 귀한 만남이 이루어질 것이다. 기도의 습관을 일일 회개와 감사기도에서 시작해보라! 하나님의 응답은 특별한 상황이 아닐 때에는 아주 자연스럽게 지나갈 때가 많다. 그러므로 우리는 늘 범사에 감사해야 한다는 사실이다.

「기도를 계속하고 기도에 감사함으로 깨어 있으라」 (골 4:2)

기도의 응답 결과가 지금쯤은 나타나야 하는데 하는 생각이 들고 상황이 그렇게 전개되지 않더라도 감사하라. 내 방식을 고집하지 말고 그분의 방식은 어떻게 반응하실까 자못 기대와 설렘을 가지고 매사 기도에 순간순간 임하라. 주님께서 지상명령으로 이 계명을 주신 것은 우리가 자칫 세상의 일들에 몰두하고 신경을 쓰는 가운데 기도에 게을리 할 수 있기 때문이다. 매사 일상생활에서 작아 보이는 것에서도 기도를 하고 하나님의 뜻이 무엇인지를 구하는 기도를 자주 드려보라. 우리가 기도에 힘쓰지 않는 것은 믿음의 연약함을 보이고, 기도의 권능에 대한 의심과 하나님의 경외함과 권능에 대한 신뢰함이 땅에 떨어져 있기 때문이다.

우리의 기도는 하나님께서 일구시는 밭에 뿌려지는 '씨앗'과도 같다. 씨앗의 관리는 전적으로 하나님께서 하신다. 씨앗이 자라 거목이 되어 열매를 맺기까지 우리는 그분께 전적으로 모든 관리를 조금도 의심하지 않는 믿음으로 맡겨야 한다. 우리에게 할당된 믿음의 밭도 우리의 믿음 정도에 따라 그 질이 달라진다. 온전한 믿음과 순종은 좋은 옥토를 만들지만 믿음이 연약하면 흙이 얕은 돌밭이나 잡초와 가시덤불이 있는 밭으로 기도의 씨앗이 열매를 맺기도 전에 생명력을 잃어 도중에 그만 죽고 만다.

하나님은 우리에게 씨앗의 종류에 관계없이 씨앗이 밭에서 열매를 맺기 위해서는 기본적으로 어떻게 해야 하는가 하는 명확한 지침을 기재한 매뉴얼(성경)을 주셨다. 우리는 먼저 그 매뉴얼에 적힌 대로 숙지한 후 기도의 씨앗을 그분에게 접수하여 위탁하는 방법을 알아야 한다. 열매가 맺히기까지 무엇이 더 필요하고 얼마동안 기다려야 하는지 어느 정도 성장하고 있는지를 기대를 갖고 간절한 마음으로 그분과 친밀하게 교통해야 한다. 어느 날 우리가 기도에 게을리 하거나 기도의 응답에 의심을 품고 기도하기를 중단한다면 흙속에 있는 내 씨앗의 성장에 절대적으로 필요한 '믿음의 생수'가 끊기게 되어 더 이상 기도의 생명력이 떨어져 씨앗이 성장하지 못하고 말라 죽게 된다. 그러므로 기도하기를 중단하지 말라! 기도를 중단하게 되면 믿음의 생수가 변질되어 탁해져 생명력을 잃게 된다.

비유로 설명한 이 〈기도의 씨앗과 믿음의 생수〉 원리를 기도의 규칙으로 삼으면 우리는 그분께 누가 시키지 않아도 틈나는 대로 기도하는 재미가

불붙게 될 것이다. 〈기도의 씨앗과 믿음의 생수〉를 기억해두라! 기도를 드
릴 때 하나님이 경영하시는 거대한 기도의 밭을 방문한다고 생각하라. 하
나님은 천사를 통하여 마중 나오게 하고 밭을 구경시킬 것이며 우리에게
무엇이 잘못되었는지 지적하고 알려주며(교훈) 무엇이 더 필요한지를 가르
쳐주실 것(하나님의 뜻과 길)이다.

  우리는 '쉬지 말고 기도하라!'는 주님의 명령의 이유를 비유로 알았으므
로 이제부터 믿음의 생수로 큰 포도나무로 성장시키는 영적성장의 기쁨을
가지고 대해보라. 그것은 말 그대로 우리의 눈앞에서 서서히 현실화되어
갈 것이다.

골방에 들어가 기도하라!

> 「너는 기도할 때에 네 골방에 들어가 문을 닫고 은밀한 중에 계신 네
> 아버지께 기도하라 은밀한 중에 보시는 네 아버지께서 갚으시리라」
>
> (마 6:6)

  주님은 우리에게 기도하기를 힘쓰되 '골방'에 들어가 기도할 것을 가르치
셨다. 주님은 왜 골방에서 따로 기도할 시간을 갖기를 명하셨을까? 골방
은 외부세계와 차단된 다락방과 같은 작은 공간이다. 골방은 물리적으로
밀폐된 공간으로 하나님과 일대일 독대를 할 수 있는 영적대화의 산실이라
할 수 있다. 골방은 오직 하나님과의 교제를 위한 기도의 방이다. 세상의
소음들과 온갖 잡음들로부터 방해받지 않는 기도실이다. 하나님과 직통
으로 대화할 수 있는 교제의 방이자 은밀하게 전심을 다해 나의 모든 것을

토해낼 수 있는 나만의 유일한 기도의 방이다. 골방이 따로 없는 사람은 주변의 소음이 차단되고 시야가 방해받지 않는 공간이라면 골방으로 대신할 수 있다. 44년간 기독교선교연합연합 교단에 소속되어 목회를 하면서 무려 25권의 저서를 낸 미국의 선지자로 평판을 들었던 토저(A. W. Tozer)는 지하 보일러실을 기도의 골방으로 사용했다고 한다.

기도의 골방은 창고처럼 먼지에 싸인 채 방치되어서는 안 된다. 기도의 골방 문턱이 마르고 닳도록 자주 찾을 때 하나님께서 기뻐하신다. 하나님은 그 어떤 공적 장소에서 드리는 기도보다 골방에서 진실하게 뜨거운 갈망으로 드리는 기도를 더 듣고 싶어 하신다. 골방 찾는 것은 조용한 가운데 때를 정하여 하나님을 향한 기도드림 외에도 하나님과의 교제가 수시로 이루어질 수 있도록 습관화시켜야 한다. 하나님은 우리가 기도의 골방에서 기도를 드릴 때 옆에서 뒤에서 은밀히 듣고 계신다. 기도의 골방에서 드리는 기도의 특전은 다른 어떤 외적인 기도보다도 하나님의 풍성한 은혜와 인도함을 받을 수 있다.

골방 기도가 중요한 이유는 두 가지이다. 첫 번째는 하나님께 드리는 기도 중에서 가장 영광스럽고 진실한 마음으로 정직하게 자신의 모든 것을 다 고백하며 하나님의 뜻을 간절히 구하는 순전한 기도가 될 수 있기 때문이다. 두 번째는 우리의 기도의 간구에 대해 하나님의 뜻이 무엇인지를 그분의 세미한 음성을 통해 들을 수 있는 침묵의 공간이기 때문이다.

골방에서의 완전한 열린 마음은 성령의 충만으로 임하게 되고 조용한 가운데 하나님의 임재하심을 통해 그분의 음성을 듣는 것에 부족함이 없다. 기도의 골방에 들어가면 누구나 마음의 평안함을 얻는다. 무엇보다 하나님께 우리의 모든 것을 솔직하게 말씀드릴 수 있는 은밀한 장소이기 때문이다. 그런 장소에서 드리는 기도는 정직함과 솔직함이 배어있는 간구가 나오게 된다. 그렇기 때문에 먼저 우리의 죄를 온전히 시인하고 고백하여 하나님께 아뢰어야 한다. 그럴 때 회개와 감사와 간구의 기도가 차례로 나오게 된다.

골방에서의 기도는 하나님께 마음의 문을 활짝 열어 교통하는 뜨거운 가슴의 기도여야 한다. 하나님은 격식을 갖추는 미려한 말솜씨로 다듬어진 이방인의 기도방식을 배격한다. 정말 우리가 말하고 싶은 진정성이 담긴 고백의 기도를 좋아하신다. 그러한 기도는 하나님의 마음을 움직여 기도 응답을 하시게 만든다. 깊이 있는 기도도 중요하지만 믿음의 기도는 하나님을 더욱 기쁘시게 한다.

'골방에서의 기도'를 가장 소중하게 여기며 충실하게 이행했던 사람으로는 단연 기도의 거장 중 한 사람인 조지 뮬러를 들 수 있다. 조지 뮬러의 기도는 골방의 기도라 할 만큼 다른 어떤 공적인 기도보다도 소중하게 여겼는데 그 이유는 하나님께 가장 가까이 다가갈 수 있는 유일한 장소였기 때문이다. 그가 고아들을 먹일 양식과 옷과 기름과 전기 등 제반 운영 경비를 조달하기 위해 매일 필요한 재원마련에 얼마나 많은 고심과 고뇌함이 있었을까를 생각해보면 절로 고개가 숙여진다.

뮬러의 자서전 《기도가 전부 응답된 사람》(규장)을 보면 그는 아무에게도 노출되지 않고 들리지 않는 곳인 골방에서의 기도를 선호했으며, 골방을 통해 조용한 가운데 하나님과의 깊이 있는 영적 대화를 나눌 수 있었다. 내가 그분에게 큰 감명을 받은 것은 고아들을 보살피기 위한 필요의 공급을 기도로써 구하고 하나님의 응답으로 일용할 양식과 비용을 충당해 갔다는 점이 아니다. 그 사역을 감당하기 위해 오직 하나님에 대한 철저한 믿음으로 하나님과 동행하며 그분의 말씀을 붙들고 전심으로 기도하여, 하나님이 실제 살아계시고 기도의 응답으로 역사하신다는 사실을 우리에게 보여주었다는 점이다.

나의 방패시고 참 소망이신 주님,
모든 영광을 받으시기에 합당하신 주님,
목마른 사슴이 주를 갈급히 찾나이다.
내 기도가 주님의 기쁨이 되게 하시고
예수 안에서 나의 구할 것을
정성을 다 바쳐 기도하오니
주의 응답하심을 잠잠히 기다립니다.
예수님의 이름으로 기도합니다. 아멘.

기도의 권능을 뿌리내리는 기도문

『신실하신 하나님 아버지,

저의 몸과 마음을 지켜주시고 보살펴주시는 주님,

주님께서 저의 기도에 귀 기울이사

때로는 온전하지 못한 기도가 될지라도

기도의 맥이 끊어지지 않도록 하여 주옵소서.

때로는 몸과 마음이 상하고 아플지라도

주님께 기도를 드릴 때

진심의 감사와 기쁨으로 채워져 주 앞에 상달되게 하소서.

나의 영과 혼이 연합하고 강건한 믿음으로

주님의 영 안에 깊이 뿌리를 내리게 될 때

기도의 권능이 드러나게 하소서.

내 안에 어둡고 더러운 케케묵은 죄악의 보따리들과

상처의 찌꺼기들을 모두 제거하여 치유하여 주시고

그 자리에 주님이 주시는 평안과 담대함으로 임하는

기도가 나오게 하소서.

예수님의 이름으로 기도 드립니다. 아멘.』

제 6 장
하나님 보좌에 상달되는 기도의 권능

「여호와여 내 기도를 들으시고 나의 부르짖음을 주께 상달하게 하소
서」 (시 102:1)

기도의 권능을 실제로 응답 받아 체험하지 않고서는 우리는 그저 밋밋한 신앙생활을 할 수밖에 없다. 단 한 번의 응답 체험으로 그동안 우리의 눈을 덮고 있던 어둠의 비늘이 벗겨져 보이지 않던 하나님을 만나게 되는 영의 눈이 열리게 된다. 예수님을 만나 영접한 사람들의 증언을 들어보면 단한 번의 체험이 그들을 완전히 변화시켰음을 보게 된다. 마치 계란 속에 갇혀있던 병아리가 부화되어 스스로 껍질을 깨고 나와 바깥세상을 바라보는 순간과도 같다. 하나님은 믿음이 없는 자들에게 그분만의 방식으로 인도하여 그 사람이 거듭 태어나도록 이끄신다. 하나님께서 기도의 권능을 우리 눈으로 확인시켜 보여주시는 이유는 무엇인가? 세상 사람들의 육적인 눈을 영적인 시야로 바꾸고, 딱딱하게 굳어진 생각을 살처럼 부드러운 생각으로 만들어, 자신이 그동안 육(세상적인 것)이라는 감옥에 갇혀있었다는 것을 깨닫게 하기 위함이다.

하나님께서 들으시는 기도

「너희가 내게 부르짖으며 내게 와서 기도하면 내가 너희들의 기도를 들을 것이요」 (렘 29:12)

하나님의 백성이 아닌 세상 사람들도 기도라는 행위를 한다. 그러나 그들이 기도하는 믿음의 대상은 하나님이 아닌 부적, 인공조형물, 구루(정신적 스승), 하늘의 별들, 동물의 뼈, 짐승의 조각, 수많은 우상 신들이다. 설사 비 그리스도인이 이들을 대상으로 하지 않더라도 자기 자신을 믿음의 대상으로 신뢰하기도 한다. 우리는 그것을 신념이라 부른다. 반면 참된 그리스도인들은 하나님을 향해 전심을 다해 기도하고, 오직 믿음의 대상인 하나님만을 바라본다.

「믿음이 없이는 하나님을 기쁘시게 하지 못하나니」 (히 11:6)

주께서는 심지가 견고한 자를 평강하고 평강하도록 지키시겠다고 하셨다(사 26:3). 주님을 신뢰하기 때문에 주께서 그에게 평강함을 주시겠다고 하는 것이다. 믿음의 싹이 갓 돋아난 초심자들은 기도에 관한 그릇된 생각과 편견으로 인해 신앙생활과 영적성장에 방해를 받을 수 있다. 가장 우려되는 것은 기도하는 행위를 자칫 개인의 복을 구하는 기복적인 신앙으로 생각한다는 것이다. 전도를 받아 교회에 나오는 새 신자들의 생각 중에는 '기도를 하면 내 기도를 정말 주님이 들어주시는 걸까?', '구하는 기도를 하면 정말 내가 원하는 것을 얻게 되는 것인가?', '간구의 요청 기도를 하면 주님으로부터 정말 응답을 받을 수 있는 걸까?'하는 여러 가지 의문을 품을 수 있다.

「기도를 들으시는 주여」(시 65:2)

기도의 원칙 중 하나는 의심을 품으면서 기도하지 말라는 것이다. 그런 기도는 바로 중단해야 한다. 하나님께서는 그러한 기도에 자신의 얼굴을 가리시고, 그분에게 상달되지 못하게 하시기 때문이다.

「주께서 구름으로 자신을 가리사 기도가 상달되지 못하게 하시고」(애 3:44)

하나님이 들으시는 기도를 하려면 하나님이 거부하시는 기도의 지침을 숙지하고 이에 따라 행하면 된다. 〈7장. 하나님의 5가지 응답신호와 기도의 권능 편 참조〉

「오직 믿음으로 구하고 조금도 의심하지 말라 … 이런 사람은 무엇이든지 주께 얻기를 생각하지 말라」(약 1:6-7)

성경에 쓰인 하나님의 말씀은 언약이며 진리이다. 그러므로 그분이 말씀하시는 진리를 우리가 의심의 눈초리로 바라보거나 마음의 창으로 그분의 말씀과 뜻을 짜 맞춰 넣으려는 오만한 마음을 치워버려야 한다.

「눈이 높은 것과 마음이 교만한 것과 악인이 형통한 것은 다 죄니라」

(잠 21:4)

우리가 성경 말씀을 처음으로 접한다면 하나님은 우리에게 제일 먼저 하나님의 말씀에 대한 온전한 믿음을 요구하신다. 또 한 가지 반드시 알아두어야 할 것은, 기도의 응답이 내가 생각한 대로 결과가 나타나야 한다는 생각과 내가 계획한 대로 이루어지길 요청하는 기도에 주님이 그대로 응답해주시기를 기대해서는 안 된다는 점이다. 이 말에 의문을 제기할 수 있고 반문을 가할 수 있다. 왜 안 된다는 것인가? 기도의 주권은 하나님이 쥐고 계시기 때문이다. 즉 하나님의 뜻대로 하신다는 의미이다.

그런 응답을 구해야 하는 것이 왜 안 된다는 것인지 한 번 살펴보기로 하자. 그런 기도에는 함정이 도사리고 있다. 예를 들어 매번 내가 원하는 것의 결과를 기대하는 기도에 주님이 그대로 응답해 주셨다고 가정해보자. 그런데 어느 날 내 뜻대로의 결과가 아닌 낭패를 당하는 큰 실패로 이어졌다면 그 결과의 책임은 누구에게 있는가? 하나님께 돌릴 것인가? 그 책임은 전적으로 나에게 속해있는 것이다. 왜냐하면 주님은 매번 내가 그토록 원하는 대로 다 이루어주셨기 때문에 책임이 없다. 바로 이 점에서 우리는 내 뜻대로 구함이 아닌 주님의 뜻을 구해야 하는 이유를 발견하게 된다.

또 한 가지 문제점은 망친 결과에 대해 주님께 항의하며 이의를 제기하고 주님을 원망하며 불평과 불만을 쏟아낼 수 있다는 점이다. 결과에 집착함으로써 왜 이런 일들이 자신에게 닥치는지 자신의 책임을 그분께 돌려 회피해보려는 부정적인 감정에 휩싸일 수 있는 것이다. 실제로 본인의 간구가 잘못됨을 인식하지 못한 채 주님께 못 된 감정을 쏟아내는 성도들이 적지 않다. 기도를 하지 않았는데도 일이 잘 풀리면 내 덕으로 그렇게 된 것이고, 기도를 했음에도 일이 잘 안 풀리면 그분에게 불만과 책임을 은근히 전가하려는 마음이 고개를 내밀 수 있다는 것이다.

이 두 가지 점에서 우리가 얻는 교훈은, 기도하기를 가볍게 여기지 말 것과 항상 주님의 말씀을 읽고 겸하여 기도하라는 것이다. 가벼운 기도는 말이 급하여 두서가 없는 기도가 되며, 일방적인 기도가 되기 쉽다. 성도들 중에는 기도할 때 급하게 말을 빨리 하는 경향이 많음을 볼 수 있는데 이는 자신의 마음의 불안과 조급함으로 인해 생겨나는 것이다. 하나님은 우리에게 급한 마음으로 말을 내지 말라고 하신다(전 5:2).

「너는 하나님 앞에서 함부로 입을 열지 말며 급한 마음으로 말을 내지 말라 하나님은 하늘에 계시고 너는 땅에 있음이라 그런즉 마땅히 말을 적게 할 것이라」 (전 5:2)

여기서 깨달아야 할 점은, 우리가 기도드리는 방식이 주님이 세우신 기도 원칙에 반하는 잘못된 기도를 드리고 있다는 것이다. 내 뜻을 관철시키기 위해 그분 앞에 고집스럽게 내세우는 기도를 밀어붙이지 말라는 것이다. 정리를 하면 성도의 기도 방식은 바뀌어야 한다.

"주님! 이런 것을 제가 하기를 원하오니 이렇게 되게끔 해주세요."라는 기도는 공급받을 것과 이루어질 방법을 미리 정해놓고 그분께 통보하듯 전하는 기도이다. 우리의 생각과 지혜는 오류를 범할 수 있고 완전하지 못하여 실수를 할 수 있다. 그렇기 때문에 우리는 하나님의 생각과 지혜를 구하는 기도를 드려야 하는 것이다. 우리는 기도를 통한 응답으로 하나님의 뜻을 뒤늦게 깨닫게 될 때가 많다. 따라서 앞의 기도 예는 이렇게 바뀌어야 한다. "주님! 제가 하나님 나라의 복음을 전하기 위한 사역을 담당하기 위해 ○○○을 하고자 합니다. 제 뜻이 주님의 생각과 뜻에 합당한지를 비춰보기 원합니다. 주님이 보시기에 기뻐하시는 일이라면 주님의 계획과 지혜로 저의 발걸음을 한 걸음 한걸음 인도하여 주시고 목자를 믿고 따르는 어린 양처럼 주님의 영광 안에서 기쁨의 일들로 소산을 거두게 하소서." 이렇게 해야 사랑과 기쁨이 충만한 기도가 되며 그분께서 귀를 기울여 들으시는 기도가 되지 않을까?

나의 예를 들면 나는 먼저 기도문을 작성한 후 기도를 시작한다. 기도문에는 반드시 그 기도에 합당한 말씀을 포함시킨다. 그 말씀을 먼저 묵상한 뒤 그 기도에 포함시켜도 적정한 것인지를 결정한다. 나의 이런 기도 수칙의 습관은 나로 하여금 주님의 말씀을 내 마음 판에 새기게 했다.

우리가 기도를 한다고 하면서 주님의 영광을 드러내는 기도를 얼마나 하고 있는가? 주님을 경외하며 그분의 거룩함을 닮아가기를 얼마나 갈망하며 기도하는가? 눈물로 회개하며 진정 그분의 뜻을 구하는 기도를 얼마나 하고 있는가? 그분이 침묵하실 때 우리는 얼마나 끈질기게 기도하는가? 그분의 말씀을 우리는 얼마나 사모하는가? 그분의 응답하심에 우리는 얼마나 감사와 영광을 돌리는가? 그분 앞에 기도할 때 얼마나 낮아져 있는가?

우리는 하나님께 영광을 돌리는 기쁨의 소산을 만들어가야 한다. 진실로 나에게 기쁨이 일어나야 한다. 기쁨이 충만하고 성령이 충만하면 우리는 하나님을 경외하며 늘 그분을 사모할 것이다. 또한 기도하기를 매 끼니를 채우듯이 틈만 나면 그분께 기도하는 시간을 내게 된다. 하나님의 영광에는 두 가지 뜻을 포함하고 있다. 하나는 그분께서 우리에게 내비치시는 영광이요, 또 다른 하나는 우리가 그분께 돌리는 영광이 그것이다. 나는 그분에게 영광을 돌리기 위해 나에게 계획하신 그분의 의도를 알기를 정말 갈망하고 있다. 왜냐하면 나는 내게 주어진 시간이 그분에게 헛되이 보이기를 원하지 않기 때문이다. 그래서 한 자리에 머물러 있을 수 없다.

「너희가 서로 영광을 취하고 유일하신 하나님께로부터 오는 영광은 구하지 아니하니 어찌 나를 믿을 수 있느냐」 (요 5:44)

이제 우리는 기도의 수준을 한 단계 높여야 한다. 그분의 진리가 떠나지 않도록 마음 판에 아로새겨야 한다. 육적인 겉보기 믿음의 가면을 벗어버리고 영적인 뜨거운 믿음과 기쁨의 성장으로 나아가야 한다. 오직 영과 마음이 연합되어 합심하고 기도하며 성령 안에서 그분을 찬송하리라!

모든 지각이 뛰어나신 하나님,
나를 향하신 주님의 뜻 가운데
내 뜻을 주님의 말씀에 비추시어
내 기도가 주님이 귀 기울여 들으시는
기도가 되게 하소서.
예수님의 이름으로 기도합니다. 아멘.

하나님의 기대를 저버리지 않는 기도

「너희가 내 이름으로 무엇을 구하든지 내가 시행하리니 이는 아버지
로 하여금 아들로 말미암아 영광을 받으시게 하려 함이라」(요 14:13)

가난하고 헐벗은 채 길거리로 나선 고아들을 위해 일평생 몸을 바쳐 헌
신한 사람이 있었다. 그가 바로 《기도가 전부 응답된 사람》(규장)으로 잘
알려진 조지 뮬러 목사이다. 조지 뮬러의 기도 체험은 한마디로 기적에 가
까울 정도인데, 그가 주님께 올린 기도의 간구는 5만 번 이상의 응답 결과
를 이루었다. 그의 기도 수칙과 기도하는 방법은 전 세계 그리스도인들에
게 큰 감명을 주었고, 오늘날까지도 크리스천들에게 귀감이 되고 있다. 그
는 처음 30명의 유아들로 시작해서 66년간 만 명 이상의 고아들을 기르면
서 고아원을 성장시키고 운영해갔다.

더욱 놀라운 사실은 필요한 모든 경비를 외부로부터 단 한 차례도 부탁
하지 않았다는 점이다. 오직 하나님께 기도로 간구하여 고아들에게 필요
한 물품과 경비들을 적재적시에 공급받았다는 사실이다. 이 사실만 봐도
하나님과 하나님의 말씀에 대한 그의 믿음이 어느 정도인지를 짐작하고도
남음이 있다.

「여호와의 눈은 온 땅을 두루 감찰하사 전심으로 자기에게 향하는
자들을 위하여 능력을 베푸시나니」(대하 16:9)

조지 뮬러의 기도방식이 오늘날까지 이토록 하나님의 백성들에게 큰 관심을 받고 감동을 주는 이유는 그의 기도생활이 확실히 남들과는 달랐다는 점이다. 그의 기도는 하나님의 기대를 저버리지 않는 신실한 기도였기 때문이다. 그의 믿음은 성경의 말씀 그대로를 그의 마음 판에 새긴 확고부동한 믿음이었다. 그는 시편 37편 5절의 "네 길을 여호와께 맡기라 그를 의지하면 그가 이루시고"라는 말씀대로 자신의 모든 것을 주님께 맡겼다. 또한 "주께서 무엇이든지 하나님께 구하시는 것을 하나님이 주실 줄을 아나이다"(요 11:22)라는 말씀을 그대로 믿고 주님의 말씀대로 이루어짐을 확신하는 불순물이 제거된 순도 100%의 순전한 믿음의 기도를 드렸던 것이다.

> 「내가 또 너희에게 이르노니 구하라 그러면 너희에게 주실 것이요」(눅 11:9/ 마 7:7)

그가 생전에 고아원을 운영하기 위해 매일 부족함이 있는 가운데 고아들을 먹일 양식이 끊어지지 않고 해결해갈 수 있었던 결정적인 세 가지는, 주 하나님을 전폭적으로 신뢰한 것과 끝까지 포기하지 않는 믿음과 끈기의 기도, 그리고 하나님의 뜻에 부응하는 기도를 드렸다는 것이다.

> 「네가 적은 일에 충성하였으매 내가 많은 것을 네게 맡기리니 네 주인의 즐거움에 참여할지어다」(마 25:21)

그의 기도생활은 하나님의 기대를 저버리지 않았을 뿐만 아니라 하나님을 감동시키기까지 했다. 그는 하나님의 뜻대로 행함에 있어 분별력을 가지고 모든 일에 임했다. 오직 하나님의 선하시고 기뻐하시고 온전하신 뜻이 무엇인지를 분별하도록 했다(롬 12:2).

> 「사람이 하나님의 뜻을 행하려 하면 이 교훈이 하나님께로부터 왔는지 내가 스스로 말함인지 알리라」(요 7:17)

하나님께서는 우리가 구하기 전에 우리에게 있어야 할 것을 이미 아시고 계신다(마 6:8). 그러면 다 아시는 하나님께서 우리에게 굳이 기도를 하라고 명하시는 이유는 무엇인가? 하나님은 이 땅 위에서 일어나는 모든 것을 기도를 통해 이루신다. 정말 기도가 없었다면 이 세상은 이미 죄악이 만연하여 스스로 파국으로 치닫게 되었을 것이다. 하나님은 기도를 통하여 우리의 모난 부분을 깎아내시고 다듬고 매끄럽게 만들어 하나님과의 조화(거룩함)를 이루게 하신다.

하나님께서는 이 땅 위에서 일어나는 모든 일들에 대해 합력하여 선을 이루게 하시려는 목적을 가지고 계시므로 그분의 기대에 부응하는 기도를 듣기 원하신다는 점이다. 다시 말해 그분의 기대를 저버리지 않는 기도를 정말 기다리신다는 것이다. 혹 하나님의 기대를 저버리지 않는 기도를 해야 한다고 해서 나의 기도가 받아들여지려면 어떻게 기도를 드려야 하는지 심각하게 고민하거나 그분의 비위를 맞추려고 신경을 써가며 머뭇거리면서 기도하지 말라는 얘기다. 하나님은 오히려 우리의 진실한 마음에서 우러나오는 기도를 듣기 원하시며 편안한 마음으로 자신의 심경을 다 토해내기를 원하신다. 그런 기도는 강물이 흐르듯 자연스럽게 흘러나오는 법이다.

그분의 임재를 느끼는 평안함 속에 성령 안에서 기도를 드릴 때 기쁨과 감사함으로 표하는 기도가 응답의 열매를 받는다. 하나님과의 유일한 교제를 위한 시간이 매번 무겁게 느껴지고 힘들다면 우리 안에 바로 잡아야 하고 올바로 세워야 할 무언가가 있다는 것이다. 성령께서 우리의 마음을 찔러 알리시고자 하는 것이 있기 때문에 우리는 잠시 기도를 멈추고 자신을 점검할 필요가 있다. 회개하고 감사기도를 해야 할 것이다.

하나님과 연결된 기도 채널은 우리에게 주어진 매우 소중한 특권이라는 점을 간과해서는 안 된다. 그 선물은 아무에게나 거저 주어지는 값싼 저가품이 아니다. 그분은 하나님의 자녀들이 하늘의 보화를 가져다 쓰기를 원하시는 증거로 하늘 문을 여는 축복의 기도 열쇠를 특별히 각자에게 선물로 주셨다. 그리스도의 영을 받은 우리는 그분으로부터 이 엄청난 축복의 기회를 받을 수 있도록 때 맞춰 주시는 그분의 호의를 마다 할 이유가 있을까? 하나님이 주시는 축복은 우리가 상상하는 그 모든 것을 능가한다. 그분이 하늘의 축복의 문을 열어 은혜를 베푸시도록 하려면 우리에게 주어진 기도의 특권을 아끼지 말고 얼마든지 사용하라. "쉬지 말고 기도하라!"(살전 5:17). 주어진 말씀을 찾아 붙들고 수시로 전심을 다해 기도하라! 그런 기도만이 하늘의 문을 열게 한다.

나의 길을 인도하시는 주님,

주님의 손길로 내 삶을 붙드시고

내 기도가 주님의 얼굴을 구하는 기도가 되게 하소서.

주님의 눈길로 내 마음을 감찰하사

내 영혼이 주님의 영광으로 밝음에 거하여 빛나게 하소서.

예수님의 이름으로 기도합니다. 아멘.

하나님의 보좌에 상달되는 기도

「천사가 이르되 네 기도와 구제가 하나님 앞에 상달되어 기억하신바

가 되었으니」 (행 10:4)

누군가 나에게 '기도를 왜 해야 하는가?'라는 의문을 제기한다면 그에

게 '기도를 할 때 실제 어떤 일이 일어나는가?'라고 물어야 한다. 또 '기도

를 할 때 하나님이 정말 들으시는가?'라는 의문을 던진다면, 그에게 '어떠

한 기도에 정말 하나님께서 기뻐하실까?'라고 물어야 한다. 그리고 '기도

를 드리면 정말 그분의 응답을 받게 되는가?'라는 의문이 떠오른다면 '기도

를 어떻게 드릴 때 하나님께서 기뻐하시고 응답을 해주시는가?'라고 물어

야 한다.

「아무것도 염려하지 말고 오직 모든 일에 기도와 간구로 너희 구할

것을 감사함으로 하나님께 아뢰라」 (빌 4:6)

뱃속의 아기가 엄마의 탯줄에 연결되어 생명이 자라는데 필요한 영양분

을 공급받는 것처럼, 우리의 기도는 하나님과 우리와의 관계를 이어주는 생명의 영적 호흡과도 같은 것이다. 이는 기도가 해도 되고 안 해도 상관 없는 그런 것이 아니라는 것을 의미한다. 또한 기도는 '영혼의 언어'로 영혼의 대변자이다. 쉬지 말고 기도하라는 명령은 하나님의 지상명령이다. 하나님의 계명을 지키고 기도의 원칙에 부합될 때 우리의 기도는 공중으로 흩어져 사라지지 않고 하나님의 보좌로 올라갈 자격이 주어진다. 주님은 우리의 기도 행위에 대해 차든지 뜨겁든지 하기를 원한다고 말씀하셨다(계 3:15).

> 「네가 이같이 미지근하여 뜨겁지도 아니하고 차지도 아니하니 내 입에서 너를 토하여 버리리라」(계 3:16)

기도의 거장들은 매일 시간을 내어 기도의 골방에서 하나님과 교제의 시간을 갖는 것을 가장 중요하게 생각했다. 기도는 혼자 입으로만 중얼거리다가 끝내는 독백의 말이 아니다. 요나서 2장 7절에는, 내 영혼이 내 속에서 피곤할 때에 내가 하나님을 생각했더니 내 기도가 주께 이르렀다고 했다. 기도는 하나님을 나의 마음 안으로 모시기 위해 나의 마음의 문을 활짝 여는 것에서 시작된다. 그럴 때 그분의 인격에서 흘러나오는 생각의 주파수에 내 생각의 주파수가 튜닝(조율)되어 그분의 생각과 의도를 깨닫게 된다.

> 「내 영혼이 내 속에서 피곤할 때에 내가 여호와를 생각하였더니 내 기도가 주께 이르렀사오며 주의 성전에 미쳤나이다」(욘 2:7)

기도는 그분과 우리 사이의 교통을 이어주는 핫라인(Hot line)의 역할을 한다. 우리는 24시간 언제든지 기도를 통하여 우리가 안고 있는 문제들과 무거운 짐들을 그분께 고백하여 카운슬링을 받을 수 있다. 하나님의 영광을 드러내고 그분의 뜻에 부합하는 신실한 기도만이 응답을 받는 것이 아니다. 우리에게 약속하신 하나님의 언약이 우리 개개인의 기도를 통하여 세상 안으로 들어가 펼쳐지고 이루어져 완성되도록 이끄신다는 사실이다. 전 세계 수많은 성도들이 동시에 그분께 기도를 하고 있으니 과연 우리의 기도가 그분께 제대로 상달이나 될까 하는 염려는 안 해도 좋다. 우리가 드리는 기도는 천사들을 통하여 그분께 상달이 된다.

「향연이 성도의 기도와 함께 천사의 손으로부터 하나님 앞으로 올라가는지라」(계 8:4)

기도를 할 때 영적세계에서는 어떤 일이 일어나는지를 실제 체험한 사람의 간증을 잠깐 소개하고자 한다. 교통사고로 죽음 이후의 영적 세계를 체험하고 돌아온 게리우드(Gary Wood) 박사는 슈퍼 내추럴 TV프로그램에 출연하여 자신이 체험한 내용을 간증했다. 그는 세상 사람들이 기도할 때 영계에서 어떤 일이 일어나는 지를 다음과 같이 증언했다.

"저는 그 곳(천국)에서 세상의 사람들이 기도를 할 때 무슨 일이 일어나는지를 목격했습니다. 기도가 상달되면 예수님께서 그 기도를 접수하십니다. 그의 응답은 천사에게 전달되고 전달받은 천사는 요청된 것을 가져다가 즉시 세상으로 내려갑니다. 어떤 때에는 즉시 이루어지기도 하고 또 어떤 때에는 응답을 받는데 21일이 걸린 다니엘처럼 시간이 걸리기도 합니다. 마귀는 하나님의 응답이 사람들에게 전달되기를 바라지 않습니다."

하나님 보좌에 즉시 상달되는 기도는 뜨거운 불길의 기도(갈망하는 기도)에서 나온다. 그런 기도는 하나님을 즉각적으로 운행하시게 만드는 힘을 가지고 있다. 불이 붙는 기도는 돌파된다. 돌파 기도는 하나님과의 핫라인인 기도 통로를 통해 올라가므로 이 땅에 떨어지지 않는다.

「하나님이여 사슴이 시냇물을 찾기에 갈급함같이 내 영혼이 주를 찾기에 갈급하나이다」 (시 42:1)

어둠의 영들은 우리가 기도에 집중하지 못하도록 방해하거나 딴 생각을 하도록 부추긴다. 정확히 말하면 사탄은 우리의 생각이 일어나는 혼의 영역이 그리스도와 연결된 영에게 연합되지 못하도록 방해하는 공작을 핀다는 사실이다. 마귀는 '공중의 권세 잡은 자'(엡 2:2)로 우리의 눈에는 보이지 않지만 공중에 어둠의 장막을 치고 있다. 이 장막이 우리의 기도가 주님께 올라가지 못하도록 방해하고 있다. 기도의 권능은 성령 안에서 믿음의 불이 들어가 불로 가득한 기도 연기가 어둠의 구름층(장막)을 뚫고 하나님 보좌로 올라가게 한다.

앞서 언급한 대로〈5장. 기도에 숨겨진 기도의 권능 편〉, 혼이 성령과 연합되면 사탄은 훼방을 놓을 수 있는 힘을 전혀 쓸 수 없게 된다. 하나님의 영과 하나 된 혼은 그 순간 하나님의 영의 지배를 받기 때문에 사탄의 힘은 무력화된다. 그래서 사탄은 기도를 가장 무서워한다. 따라서 우리의 기도는 영과 혼이 의기투합하여 하나 된 상태에 들어갔을 때 뜨거운 불길의 기도가 막힘없이 하나님께 상달된다.

영과 혼의 부조화(불일치) 상태에서 시작되는 기도는 서로가 등을 지고 각자 중얼거리는 것과 같다. 다시 말해서 생각의 혼란을 끼친다. 기도가 막힌다 함은 바로 이런 상태에 놓일 때이다. 이럴 때에는 잠시 찬양을 듣거나 성경 말씀을 찾아 읽어본 후 기도하라. 참된 기도의 시작은 늘 영과 혼(생각이 일어나는 곳)이 하나가 되어 하나님께 집중시킨 후 성령의 도움을 받아 성령 안에서 기도를 해야 한다. 이럴 때 기도의 화살 방향은 정확히 하늘에 계신 하나님의 보좌를 향하게 된다.

> 「모든 기도와 간구를 하되 항상 성령 안에서 기도하고 이를 위하여 깨어 구하기를 항상 힘쓰며 여러 성도를 위하여 구하라」(엡 6:18)

영계에서는 기도가 연기처럼 보이는데, 기도가 약하게 되면(영과 혼이 하나로 연합되지 않은 상태에서의 어수선한 기도) 빙빙 돌다가 홀연히 사라진다. 요한계시록 5장 8절에는 "향이 가득한 금 대접을 가졌으니 이 향은 성도들의 기도들이라"고 기록되어 있다. 성도의 기도가 향이라고 기록된 것을 보면 영계에서는 기도가 연기처럼 보인다는 것이다.

기도가 향인 연기처럼 보이는 것으로 생각될 수 있는 구절이 요한계시록 8장 3절에도 나온다.

> 「또 다른 나팔 천사가 와서 제단 곁에 서서 금향로를 가지고 많은 향을 받았으니 이는 모든 성도의 기도와 합하여 보좌 앞 금 제단에 드리고자 함이라」(계 8:3)

그러므로 기도를 드릴 때에는 경건한 자세로 거짓이 없는 진실한 마음으로 솔직하고 구체적으로 드려야 한다. 기도의 힘은 진실하지 못한 위선적이거나, 거짓으로 포장하거나, 육적인 정욕(나의 유익만을 채우기 위한 것)과 영적인 정욕(내가 원하는 응답만을 바라고 기대하는 것)에 의한 것으로는 절대 나오지 않는다. 신실한 기도는 마음의 작용이 멈추고 영이 살아 영적인 파워(성령의 충만함)의 지배하에 있을 때 나오게 된다. 하나님 앞에 상달되는 기도는 우리의 영과 혼이 연합되어 일치되고, 성령 안에서 뜨겁게 기도할 때라는 점을 잊지 말자!

선한 목자 되시는 하나님,
주님의 생각과 뜻하심을 제게 가르쳐 주소서.
주님의 마음을 늘 내 마음 안에 채워주소서.
성령의 인도와 성령의 충만으로 기도하게 하시고
내 영혼이 생수의 강으로 내 속에 넘쳐나게 하소서.
예수님의 이름으로 기도합니다. 아멘.

하나님의 터치를 이루는 기도의 수칙

「그의 귀를 내게 기울이셨으므로 내가 평생에 기도하리로다」 (시 116:2)

나는 기도하는 데 있어서 나름대로 지켜야 할 기도 수칙을 정하여 이행하고 있다. 기도 수칙을 정하게 되면 기도를 가볍게 대하지 않게 되고 기도의 참 맛을 매번 느낄 수 있다. 기도의 수칙을 정하게 된 이유는 하나님의 계명을 지키는 것과 그분의 온전하신 뜻을 구함이 나에게 큰 위안과 영적 성장을 가져다주기 때문이다. 기도드리는 시간은 그분의 임재 안으로 들어가는 순간이다. 그분이 주신 특권을 마음껏 누려라. 그분의 무한하신 사랑의 빛 가운데 나의 영이 거한다는 사실을 생각하면, 지금 이 순간도 기쁨이 차오른다.

나는 기도 수칙을 세 가지 기준을 두고 정했다. 첫 번째는 기도하기 전, 두 번째는 기도를 드릴 때, 세 번째는 기도를 한 후이다.

첫째, 기도하기 전 기도할 내용이 주님이 거부하시는 기도의 지침에 속하지는 않았는지 미리 점검해보는 시간을 잠시 갖는다.

오늘 내가 드릴 기도가 하나님께서 듣지 않으시는 기도에 해당되지는 않는지를 체크하는 시간을 할애하라. 만약 해당되는 사항이 있을 때에는 주님 앞에 그 부분을 시인하고 회개하여 용서를 구한다. 때로 주님은 말씀으로 책망하시고 그래도 말을 듣지 않으면 징계로 다스리실 것이다. 〈7장. 하나님의 5가지 응답 신호와 기도의 권능 편 참조〉

「사람이 귀를 돌려 율법을 듣지 아니하면 그의 기도도 가증하니라」
(잠 28:9)

둘째, 기도를 드릴 때, 특히 하루를 여는 아침 시간과 하루를 마감하는 잠들기 직전의 시간을 가장 중요하게 생각한다.

나의 마음을 가장 설레게 하는 시간은 아침을 여는 시간과 잠들기 직전의 기도 시간이다. 물론 나는 하루 중 장소와 때를 가리지 않고 수시로 그분을 생각하며 기도와 중보기도를 한다. 그중에는 감사에 관한 기도도 많다. 하루를 시작하는 아침 기도와 하루를 마감하는 잠들기 직전의 밤 기도 시간이 다가오기 전에 그 날에 할 일과 한 일들에 대한 기도 제목들을 미리 생각하여 정리해 두었다가 건 별로 따로 따로 기도를 드린다. 나는 기도할 때 한꺼번에 두세 가지를 섞어서 기도하지 않는다.

「시몬아 자느냐 네가 한 시간도 깨어 있을 수 없더냐」(막 14:37)

셋째, 기도 후 내 간구에 대한 하나님의 뜻은 무엇인지를 잠시 묵상하는 시간을 갖는다.

묵상의 개념은 말없이 머릿속에서 반복하여 생각하고 되새김하는 것이지만 단지 생각하는 것에 그치는 것이 아니다. 묵상은 하나님의 말씀이 내 기도를 완전하게 감싸 온전한 반죽으로 만들어 영적 양식으로 소화되게끔 하는 것이다. 묵상을 자주 하게 되면 말씀의 위력을 실감하게 된다. 기도는 기도를 통하여 그분의 뜻을 알아 가는데 있다. 하나님은 선하시고 기뻐하시고 온전하신 뜻이 무엇인지 분별하도록 하라고 말씀하셨다(롬 12:2). 그분은 우리의 기도가 하나님의 뜻(선한 것, 기뻐하실 만한 것, 온전한 것) 가운데 서 있기를 원하신다.

「그를 향하여 우리가 가진 바 담대함이 이것이니 그의 뜻대로 무엇을 구하면 들으심이라」 (요일 5:14)

넷째, 기도에 관한 모든 주권이 하나님께 있으므로 기도 후 응답(신호)과 과정, 결과에 대해서 담대함을 갖고 수용하며 인내해 간다.

하나님의 상은 믿고 기다리는 자에게 주어지므로 담대함과 인내로 나아가야 한다. 하나님은 인내가 필요한 이유에 대해 이렇게 말씀하신다. "너희가 하나님의 뜻을 행한 후에 약속하신 것을 받기 위함이라"(히 10:36).

「그러므로 너희 담대함을 버리지 말라 이것이 큰 상을 얻게 하느니라」 (히 10:35)

그 피로 죄에서 건져주신 주님,

내 마음을 만지셔서 저의 기도가

주님이 받으시기에 합당한 기도가 되게 하시고

하나님께 영광 돌리는 귀한 영혼으로 거룩하게 하소서.

예수님의 이름으로 기도합니다. 아멘.

하나님께 기도하는 순서와 방법

다음은 기도하는 순서와 기도의 방식에 대한 가이드라인이다. 이 부분은 내가 여러 차례에 걸쳐 실행하는 과정에서 정립하여 만든 규칙이니 참고하기 바라며, 각자 좋은 방식을 취하여 참된 기도가 되길 바란다.

1. 찬양을 듣거나 불러서 들뜬 마음을 잠잠히 가라앉힌다.

찬양은 낙심하고 괴로울 때 처진 마음을 원상회복시킨다. 찬양은 마음이 쓰리거나 아플 때에 영적 진통완화제 역할도 하며, 마음의 진정효과에도 영향을 미친다. 또 찬양은 영적 치유에 도움을 줄 수 있다. 찬양의 유익은 하나님의 영에서 오는 생명력의 바람을 우리의 마음속에 불어넣어 활력을 되찾게 해주는 데 있다. 찬양은 우리의 마음을 활짝 열어젖히게 하여 하나님과 우리 사이의 자연스런 만남(하나님의 임재 안에 거하는 것)을 위한 다리 역할을 해준다. 다시 말해 하나님과 나 사이의 영적 조화를 이루게 한다. 따라서 기도할 제목과 관련한 찬양 목록을 미리 만들어 두고 필요시 기도를 하기 전에 선별하여 듣거나 따라 부르고 나면 훨씬 힘을 받아 막힘없는 기도가 나올 수 있다.

2. 오늘의 기도 제목에 합당한 말씀을 찾아 읽은 후 잠시 묵상의 시간을 갖는다.

오늘은 어떤 기도 제목으로 할지를 미리 생각해두고 성경에서 합당한 말씀을 찾아 읽은 후 잠시 묵상하는 시간을 갖도록 한다. 말씀을 찾는 방법은 기도할 내용에 따라 만남에 관한 것인지, 용서에 대한 것인지, 회개에 관한 것인지, 일과 계획에 관한 것인지, 물질에 속한 것인지를 찾아보라. 찾았으면 형광펜으로 그 구절에 색칠을 해두고, 따로 노트에 기도제목(...관해서)을 적고, 장과 절, 성경 구절을 차례로 적어나간다. 이는 나중에 찾기 편하게 하기 위함이다.

「내 아들아 내 말에 주의하며 내가 말하는 것에 네 귀를 기울이라 그 것을 네 눈에서 떠나게 하지 말며 네 마음속에 지키라」(잠 4:20-21)

말씀을 찾고 난 뒤에 그 말씀이 뜻하는 바가 무엇인지를 분별하는 묵상의 시간을 잠시 갖도록 한다. 말씀을 묵상하는 동안 떠오르는 하나님의 생각을 읽도록 한다.

「내가 말하는 것을 생각해보라 주께서 범사에 네게 총명을 주시리라」(딤후 2:7)

기도의 응답을 받을 때까지 기도할 때마다 그 성경 구절의 페이지를 펼쳐 놓고 암송하며 그 말씀을 붙들고(포함시켜) 기도하라. 이 방법을 꾸준히 실천하면 우리의 마음 안에 주님의 말씀이 항상 거하게 되면서 주님의 뜻에 합당한 기도의 권능이 성령 안에서 이루어진다.

3. 필요하다면 어둠의 영을 차단시키는 사전 기도를 하라.

어떨 때에는 기도가 잘 안되거나 막히는 경우가 있을 수 있는데, 이럴 때에는 '사전 기도'(선행기도)를 한 후 본 기도에 임할 필요가 있다. 사전 기도란 기도 집중을 방해하는 잡다한 생각들과 어둠의 영을 차단시키는 기도를 말한다. 어둠의 영은 우리의 욕구를 충족해줄 만한 육적인 생각에 집착하도록 종용하고 유도하도록 부추길 것이다. 기도가 하나님께 상달되는데 방해될 수 있는 혼의 생각을 그리스도의 영에 묶어 가두어둘 때, 기도의 흐름은 막힘없이 흘러갈 것이다.

「모든 생각을 사로잡아 그리스도에게 복종하게 하니」(고후 10:5)

4. 주님의 모습을 떠올려 영적 시선을 고정시키고 기도에 집중해야 한다.

이제 기도 제목에 따라 본 기도를 드릴 순서이다. 만일 오늘의 기도에서 내가 지난 주 지은 죄를 고백하고 회개하고 싶다면, 십자가에 달리신 예수님의 손과 발의 못 자국에서 흘리시는 보혈을 연상해보라. 마음이 너무 아파 위로의 기도로 잡고 싶다면, 주님의 품안에 거하는 장면을 연상해보라. 용서를 구하는 기도를 하고 싶다면, 하늘의 보좌에 앉아계신 주님 앞에 무릎을 꿇고 기도하는 장면을 연상해보라. 또 주님과 편안한 대화를 하고 싶은 생각의 기도를 원한다면, 예수님과 함께 걷는 장면을 연상해보라. 그 순간 우리는 하나님의 임재 안에 거하게 되며 기도의 대화가 시작된다. 마음속으로 하는 기도도 좋지만 직접 우리의 음성으로 하나님께 부르짖는 것이 더 좋을 것이다.

> 「내가 내 음성으로 하나님께 부르짖으리니 내 음성으로 하나님께 부르짖으면 내게 귀를 기울이시리로다」 (시 77:1)

부르짖으라고 해서 꼭 목청을 높이라는 말은 아니다. 부르짖음은 담대하고도 진실한 마음과 태도로 내보이라는 뜻을 포함한다. 그러면 하나님은 우리의 음성을 듣기 위해 귀를 기울여 들으신 후 응답하겠고, 우리가 알지 못하는 크고 은밀한 일을 보이실 것이다(렘 33:3).

궁휼을 베푸시는 주님,
주님께 내가 전심을 다해 부르짖으오니
주께서 내 마음을 여시고
내 염려를 주께 맡기게 하시어
지극히 평안함을 입게 하소서.
내 지은 죄로 괴로움에 처할 때
용서로써 진정 위로하여 주소서.
예수님의 이름으로 기도합니다. 아멘.

하나님께 상달되는 기도문

『하늘 보좌에 앉아계시는 하나님 아버지,

이 시간 골방에서 주님 전에 나와 기도하는

저의 입술에 신실함을 주시고

저의 혀에 정직함으로 주의 말씀을 읽게 하소서.

주님 앞에 무릎꿇는 저의 믿음이 가식 없게 하시고

저의 허물을 주님 앞에 회개하오니

제 기도가 주님의 보좌를 향하게 하소서.

주님께 드리는 저의 기도를

스스로 가벼이 여기지 말게 하시고

제 뜻을 굽히지 않고 내세우는 기도가 아닌지

알게 하여 주소서.

육적인 정욕과 영적인 정욕이 섞인 기도라면

제 기도를 거부하게 하시고

하나님의 뜻에 합당한 온전한 기도를 드릴 수 있도록

인도하여 주시며

열두 해 혈루증을 앓던 여인이

예수님의 옷자락만이라도 만지고자 했던

그 간절한 믿음처럼

내 기도도 주님의 얼굴을 구하는 절규의 기도로

임하게 하소서.

제 가슴으로 흘러내리는 뜨거운 눈물의 기도가

헛되지 않도록 뜨거운 불길의 기도로

주의 보좌 앞에 상달되고 응답하여 주시기를

간절히 원하나이다.

예수님의 이름으로 기도 드립니다. 아멘. 』

제 7 장
하나님의 다섯 가지 응답 신호와 기도의 권능

「그들은 순종하지 아니하며 귀를 기울이지 아니하며 그 목을 곧게 하여 듣지 아니하며 교훈을 받지 아니하였느니라」(렘 17:23)

하나님께서 성경에 기록된 말씀의 언약을 지키시지 않고 기도의 응답하심의 약속을 지켜주시지 않는다면, 하나님은 우리에게 항상 기도에 힘쓰라고 말씀하시지 않았을 것이다. 기도가 정말 불필요한 것이라면, 하나님과 우리 사이는 단절된 상태로 우리는 그분을 철저히 외면했을 것이다. 하나님이 약속하신 기도의 증거가 우리에게 현실화되어 가시적으로 나타나지 않는다면, 우리는 기도의 행위 자체에 의심을 갖게 될 것이다. 기도가 갖는 권능의 증거는 이미 오래전부터 기도의 거장들과 목회자와 선지자, 신실한 신앙인들에 의해 체험되고 간증되어 왔다는 엄연한 사실들이 존재한다.

하나님의 응답은 그분의 뜻이다

「여호와께서 이르시되 그 날에 내가 응답하리라 나는 하늘에 응답하고 하늘은 땅에 응답하고」(호 2:21)

　대부분의 그리스도인들이 생각하는 응답의 개념은 자신이 원하는 대로 이루어졌을 때에만 응답 받았다고 여긴다는 점이다. 그것도 내가 원하는 때에 내가 원하는 방식대로 기대하는 결과가 나타났을 때를 고집한다. 이런 관점은 매우 잘못된 생각이다. 하나님의 응답이란 눈에 보이는 결과만을 가지고 판단(응답 받았다 또는 응답 받지 못했다)을 내리는 것이 결코 아니다. 응답은 기도를 따른다. 그러므로 모 아니면 도라는 식으로 기도를 가볍게 여기지 말아야 한다. 반대로 응답의 결과에만 신경을 집중할 게 아니라 기도하는 동기와 관심의 비중이 어디를 지향하고 있는가를 생각해봐야 할 것이다. 왜냐하면 수많은 기도가 제 때 응답받지 못한다는 사실을 알고 있기 때문이다. 우리는 한 번 쯤 이 점을 깊이 생각해봐야 한다.

　기도의 응답은 반드시 주어진다. 하나님의 응답은 곧 그분의 뜻이기 때문이다! 성숙한 그리스도인은 응답의 결과를 애타게 기다리는 것보다 그분의 뜻에 합당한가를 먼저 알고 싶어 한다. 하나님은 기도하는 우리의 중심을 살피시며 관심이 어디를 향하는가를 살펴보신다. 이렇게 살피시는 것을 보면 그분의 생각과 내 생각을 절충하거나 조율하는 것처럼 보이지만 그것은 절대 아니다. 하나님이 한 번 정하신 뜻은 절대 꺾으시지 아니한다.

어찌 보면 우리의 기도는 그분이 정하신 기준에 합당해야 한다. 정리를 하면 하나님의 응답은 그분의 뜻이 반영된 것이라 할 수 있다. 따라서 하나님의 응답을 제대로 받지 못했다하더라도 낙심할 필요가 없다. 그분은 우리의 기도를 통하여 무엇이 하나님의 뜻인지를 우리에게 알려주시기 때문이다. 그분의 응답하심은 우리의 관점과 목적, 동기를 지적할 수 있다.

주님의 응답에는 우리가 원하는 기대치의 결과와 맞아 떨어져야 한다는 고집스런 마음을 먼저 내려놓아야 한다. 우리 스스로 제한적으로 묶어두거나 못을 박지 말라는 것이다. 우리의 지혜는 그분 앞에 그다지 현명하지 못하기 때문이다. 그분은 우리의 스승이시며 우리는 그분의 제자이다. 기도의 모든 주권은 그분이 가지고 계신다. 그분께 드리는 기도가 그분의 뜻과 생각에 합당한 기도라면 기도의 응답이 어떻게 올지 어떻게 이루어질지를 그분께 전적으로 맡기는 것이 옳지 않을까?

모든 기도의 응답은 그분의 뜻에 의해 최종 결정된다. 다시 말하지만 분명한 점은 기도 응답의 모든 결정권이 하나님께 있다는 것이다. 모든 일을 그분이 관장하고 계신다. 기도의 주권자는 하나님이심을 마음속에 상기시켜라.

「모든 일을 그의 뜻의 결정대로 일하시는 이의 계획을 따라」(엡 1:11)

또 한 가지 주의할 점은 자신의 간구와는 다른 응답의 결과를 받게 되거나 응답이 지연되는 것 같은 인상을 받게 되는 경우에 취해야 할 태도이다. 이럴 때 체념하고 낙심하며 하나님께서 내 기도에 침묵하시거나 왠지 거부하시는 것 같다는 생각으로 기울 수 있음을 경계해야 한다. 자신이 생각한

대로 응답되지 않는다면 "하나님이 왜 이런 식으로 응답하실까? 이해가 되질 않네!"하며 의아한 생각으로 기울 수 있다는 것이다. 그러한 생각은 나 중심으로 돌아가는 이기적인 마음에서 비롯된다. 다시 말해 나의 필요를 내 방식으로 충족시키려고 하는 것에만 초점을 두고 있기 때문에 응답 결과가 조금이라도 이상하거나 하면 내 마음의 잣대가 불쑥 고개를 내밀게 된다. 게다가 한 치의 오차라도 허용하지 않는 우리의 고집스러움 때문에 기도한 뒤에도 근심을 달고 살 수밖에 없다. 우리의 원함을 하나님께 요청드리는 기도가 하나님과의 수평적 거래관계처럼 변질되어서는 안 될 것이다. 하나님께서는 이번엔 '어떤 방식으로 반응하실까?', '꼭 이렇게 되어야 하는데…'라는 마음의 완악함을 버려야 한다.

이 책을 통하여 기도의 본질에 대한 숙지를 올바르게 정립하고 기도하는 자세가 확 바뀐다면 우리의 기대치를 뛰어 넘는 놀라운 축복의 응답이 임하게 될 것이다. 그분을 높여드리며 그분의 영광을 드러나게 하기 위해서는 자기중심의 기복적인(복을 비는 것) 기도로 치우치는 것을 조심해야 한다. 그렇다고 기도의 중심 안에 우리의 필요와 요청의 간구가 들어가는 것을 금해야 된다는 말이 아니다. 우리에게 꼭 필요한 것을 선한 목적으로 구해야 한다면 기도로 간구함이 마땅하다.

그러나 기도하는 목적을 모른 채 일방적으로 요청만 하는 낮은 수준의 기도에 머물지 말아야 한다. 이 책의 목적도 그것이다. 그분의 뜻에는 전혀 관심이 없고 그분을 경외함도 없고 사랑하거나 친밀함도 없고 대화할 생각이나 진실함도 없이 오로지 구함에만 눈독을 들이는 매달림의 기도는 부패된 기도에 불과하다. 그것이 지속되면 하나님은 어느 순간 우리의 기도 밧줄을 내려놓을 것이다.

응답의 개념을 확실하게 정립하지 않으면 우리는 항상 기도 후 고민에 빠지게 된다. 참된 기도를 드렸다면 그분의 응답 결과가 어떤 방식으로 나타나든지 가장 좋은 방향으로 인도하심을 믿어야 한다.

> 「그 말하는 것이 이루어질 줄 믿고 마음에 의심하지 아니하면 그대로 되리라」 (막 11:23)

하나님은 우리에게 가장 적합한 것으로 예비하시고 하나님이 정하신 가장 적절한 때에 응답하신다. 어떤 경우든 그분의 손길은 우리에게 가장 좋은 것으로 가장 좋은 때에 주실 것을 예비하고 계시다는 것을 마음에 확고하게 새겨두어야 한다.

참되고 겸손하며 진심이 담긴 간절한 기도라면 하나님의 응답은 어떤 식으로든 반드시 임한다. 하나님께서는 기도의 원칙을 벗어나는 것이 아니라면 우리의 모든 기도를 빠뜨리지 않고 들으신다. 그분은 우리가 기도할 때 오직 우리의 기도 외에는 다른 누구와도 대화하시지 않는 것처럼 임하신다. 기도를 드리고 난 후 하나님께서 정말 들으셨는지 눈으로 확인할 수 없다고 해서 의심을 품거나 답답해하지 않아도 된다. 시편 116편 1절에 "여호와께서 내 음성과 내 간구를 들으시므로"라고 했다.

그분의 말씀은 듣기 좋은 말에 불과한 것이 아니라 우리에게 언약의 약속을 지키겠다고 분명하게 말씀하신 것을 기억하라! 그러면 우리도 그분을 신뢰하고 그분 앞에 믿음과 순종으로 나아가야 하지 않을까? 기도하는 자세도 그분의 지침대로 조금의 의심도 품지 말고 기도해야 한다. 편안한 마음가짐으로 하던 일을 해나가라. 또 늘 일하는 가운데서도 하나님과 친밀함을 갖도록 계속 힘써라. 그러면서 주변의 돌아가는 상황과 환경이 어떤 변화를 보이는지 예의 주시하며 주의 깊게 살펴가라. 그러면 하나님께서 어떻게 움직여가고 계신가를 엿볼 수 있다. 하나님은 예상치 못한 가운데 응답의 결과를 보여주실 때가 있다. 그분은 우리 생각의 허를 찌르신다.

「여호와 앞에 잠잠하고 참고 기다리라 자기 길이 형통하며」 (시 37:7)

하나님은 우리의 기도에 응답해 주시는 것을 정말 기뻐하시는 분이다. 그분은 우리가 부르짖을 때 우리의 목소리에 귀를 기울이시고 응답할 준비를 하시고 계신다. 놀라운 사실은 하나님은 우리가 간구하는 기도를 하기 전부터 우리의 필요와 간구의 대상을 이미 파악하고 계시다는 점이다. "그들이 부르기 전에 내가 응답하겠고 그들이 말을 마치기 전에 내가 들을 것이며"(사 65:24)라고 했다. 그분은 우리의 참된 기도를 결코 저버리지 않는 분이시기 때문이다.

「그가 내게 간구하리니 내가 그에게 응답하리라」 (시 91:15)

그러므로 우리는 먼저 기쁨을 가지고 기대와 설렘으로 그분과 항상 친밀한 교제 시간을 갖도록 해야 한다. 기도의 본질에 따라 우리의 기도하는 시간과 회수가 많아질수록 하나님과 친밀한 관계가 유지된다. 마치 사랑하는 연인 사이처럼 매일 그분에게 기도하며 대화하라. 그럼으로써 우리는 자신도 모르게 성숙한 그리스도인으로 성화되어가며 매사 성령님의 뜻을 기도로 물어보고 내주하시는 성령님의 음성(응답신호)에 따라 행동으로 옮기게 된다.

그럼에도 불구하고 왜 우리의 기도에 하나님이 침묵하실 때가 많다고 여기는 걸까? 왜 간절하고 절박한 기도에 그분은 빨리 응답하시지 않는 걸까? 정말 필요로 할 때 드리는 긴급 기도에 하나님은 무정하게도 침묵으로 일관하실 때가 많은 걸까? 답은 하나님께서는 결코 침묵하시는 분이 아니라는 것이다. 하나님께서는 우리의 간구에 대해 결코 응답을 보류하시지 않는다. 사람은 응답을 보류할 때가 있지만 그분은 그분의 뜻 가운데 응답을 보내신다. 그분으로부터 뜻하지 않은 응답이 임하더라도 우리는 그것에서 그분의 뜻을 깨달아 다시 기도의 본질에 입각해 방향을 바로 잡아 그분께 부르짖으면 그 기도를 들으실 것이다.

「너희가 내게 부르짖으며 내게 와서 기도하면 내가 너희들의 기도를 들을 것이요」(렘 29:12)

그리고 응답의 결과가 우리의 마음에 들지 않는다고 해서 기도를 단발성으로 끝내버려서는 안 된다. 그분의 응답에는 우리가 생각지 못한 허를 찌르는 곳이 있어 그곳이 어딘지를 잘 파악해야 한다. 다시 한 번 재차 강조한다. 하나님의 응답은 그분의 뜻이다! 우리가 지나칠 수 있는 부분은 바로 그것이다. 하나님께서 왜 그때 그렇게 응답하셨는지 그 이유를 알게 될 날이 오게 된다. 그리고 감사한 마음을 갖게 될 것이다.

「예수께서 대답하여 이르시되 내가 하는 것을 네가 지금은 알지 못하

나 이 후에는 알리라」 (요 13:7)

그러므로 기대한 응답의 결과가 다르다고 해서 불쾌하게 생각하거나 기분 나빠하거나 불평을 터뜨려서는 안 된다. 마귀는 어떻게든 기도 줄을 놓게 만들려고 갖은 수단을 다 쓸 것이다. 그 계략에 말려들지 말라는 것이다. 그런 마음상태에 빠져들 때에는 얼른 성경을 펼쳐 하나님의 말씀을 찾아 목소리를 내어 반복하여 읽어보고 예수님의 이름으로 물리쳐라!

나의 기도를 하나님께 온전하게 드렸다면 주님의 〈응답 방식〉—주님의 외적 음성 또는 내적 음성, 주변 환경으로, 성경말씀으로, 선지자들의 책으로, 사람으로, 일과 사건으로 등, 〈응답 신호〉—허락하심, 개입과 간섭, 지연과 지체, 침묵하심, 거부하심, 〈응답 결과〉—긍정적: 수용, 부정적: 불허, 만족, 불만족에서 최소한 깨닫거나 더 나은 좋은 길로 예비하시는 그분의 사려 깊은 생각을 읽을 수 있을 것이다.

언제나 위로하시는 주님,

세상의 세파에 시달리고 힘들어 할 때

환난 가운데 나를 위로하시고 지키시는 주님

내 마음이 연약해지고 괴로울 때

주님의 얼굴을 바라보게 하시는 주님

내 손을 꼭 붙잡아 주옵소서.

이 세상 끝나는 날까지 주의 평안을 누리게 하소서.

예수님의 이름으로 기도합니다. 아멘.

하나님의 응답 신호와 응답 결과

「너희 말대로 너희 하나님 여호와께 기도하고 무릇 여호와께서 너희
에게 응답하시는 것을 숨김이 없이 너희에게 말하리라」(렘 42:4)

많은 성도들은 주님께서 보여주시는 '응답'의 개념을 기도의 간구에 대한
'결과'로 받아들이고 있다. 응답은 기도의 간구를 들으시고 답하신다는 의
미이다. 실제로 응답이 응답의 결과를 뜻하지 않는다. 그렇기 때문에 많은
성도들이 응답의 개념을 잘못 받아들여 기도를 한 후 '왜 나한테는 응답이
안 오는 걸까? 한참을 기다려도 응답을 안 주시네.'하며 결과만을 애타게
기다린다. 결국 그분이 주시는 내면의 음성을 들으려 하지 않고 눈으로 보
이는 결과만을 기대하고 있는 것이다.

이 책을 쓰면서 나는 기도의 응답이라는 것에 대해 틈나는 대로 묵상을
해왔다. 그러던 어느 날 갑자기 예레미야 33장 3절이 떠올랐는데, 이 구절
이 응답에 대한 정확한 뜻을 나에게 완전하게 정립시켜 주었다. 그 말씀은
"너는 내게 부르짖으라. 내가 네게 응답하겠고 네가 알지 못하는 크고 은
밀한 일을 네게 보이리라"는 것이다. 어순을 보면 "너는 내게 부르짖으라!
내가 네게 응답하겠고"란 구절이 먼저 나온 뒤 이어서 "네가 알지 못하는
크고 은밀한 일을 네게 보이리라" 하셨다. 이 말씀의 순서에서 응답(신호)을
먼저 주시고 난 후 그에 합당한 일(좋은 일 또는 기도에 합당한 결실)을 우리에게 보
여주시겠다는 것을 알 수 있다.

정리를 하면, 하나님께서는 우리에게 응답의 결과를 먼저 나타내시기 전

에 허락하심의 여부를 우리 마음 안에 전달받게 하신다는 점이다. 즉 감정의 표현(평안, 기쁨, 침묵, 무거움, 불안정, 꺼림직함 등)으로 전하신다. 전도서 5장 20절에는 이를 뒷받침하는 구절이 나오는데, 하나님의 응답이 우리의 감정을 통하여 미리 신호로 전달하신다는 것을 잘 보여주고 있다.

「이는 하나님이 그의 마음에 기뻐하는 것으로 응답하심이니라」(전 5:20)

그러므로 우리는 응답의 결과를 애타게 기다리는 것이 아니라, 먼저 그분이 보내시는 응답 신호를 잠잠히 기다려야 한다. 이 점은 매우 중요한 의미를 지닌다. 예를 들어 기도를 하고 나서 내내 마음속에 전달되는 응답 신호가 뭔가 꺼림직 하다고 느껴진다면, 잠시 묵상하는 가운데 기도의 방향을 바꾸어 볼 것을 말씀하고 있기 때문이다. 내 뜻의 지향하는 방향이 하나님이 보시기에 잘못될 수 있기 때문에 성령님이 그런 불안정한 마음을 주시는 것이다.

하나님께 기도를 드린 후 마음에 평안이 올 때까지 그 기도가 계속되어도 평안한지를 체크해보라. 그분이 주시는 평안은 기도의 긍정적 응답 결과를 가리는데 중요한 역할을 한다. 기도의 아버지로 불릴 만한 조지 뮬러는 하고자 하는 일을 실행에 옮기기 전에 하나님께서 정하신 때를 얻기 위해 먼저 기도를 드리고 난 후 마음에서 일어나는 반응을 살펴보았다. 즉 자신의 생각에 의한 심사숙고한 판단을 내리되 마음에 평안이 찾아오고 두 번 이상의 간구 후에도 지속적인 평안이 임하면 그때 비로소 행동으로 옮겼다고 한다.

「너희는 기쁨으로 나아가며 평안히 인도함을 받을 것이요」(사 55:12)

주님이 주시는 응답 신호(하나님의 음성)에 귀를 잘 기울이고 그분의 음성을 듣는 훈련을 평소에 잘 익혀두면 기도의 응답 결과보다는 기도에 담긴 동기와 의도가 더 중요하다는 사실을 알게 될 것이다. 실제 그리스도인들 중에는 기도를 하고 나서 하나님의 허락하심을 그분의 초기 사인을 통하여 응답의 결과로 확신하는 경우를 종종 볼 수 있다. 하나님께서 여러 유형의 응답 신호를 여러 통로를 통하여 나타내시는 것을 잘 알아채야 한다. 우리에게 전하시는 뜻이 직접적으로 또는 주변 환경과 사건들에서 어떻게 나타나는가를 유심히 살펴보아야 한다.

예를 들어 그분의 사인은 생각지 않은 뜻밖의 전화, 갑작스런 사건 또는 사고, 천재지변, 질병, 기적적인 치유, 예기치 않은 방문, 사업의 성공과 실패, 사람과의 대화, 취업 제의 등 물리적인 환경을 통하여 그분의 메시지를 전하실 때가 있다. 나 역시 그런 경험을 통하여 신호등의 켜짐을 해석할 때가 있었다. 하나님의 음성 신호는 성령님의 아주 작은 세미한 음성(내적인 음성)으로 내면에서 울려올 수도 있고, 어떤 주어진 상황의 일이 되어가는 쪽으로도 올 수 있고, 또는 앞서 말했듯이 내적 감정으로 마음에 기쁨이 차오르거나 무거워지거나 불안함으로 다가올 수도 있다.

「주의 법을 사랑하는 자에게는 큰 평안이 있으니 그들에게 장애물이 없으리이다」(시 119:165)

하나님은 우리의 마음이라는 통로를 통하여 그분의 응답 신호를 알게 하시고, 특별하게 여겨지는 감정의 차오름이나 사건들을 통하여 방향을 제시하거나 발걸음을 인도하시기도 한다. 예를 들어 방향을 틀어(유턴) 가라는 것인지, 멈춤(정지)을 지시하시는지, 잠시 쉼(일시 정지)을 가지라는 뜻인지를 분별할 수 있어야 한다. 하나님께 참된 기도를 드리면 주님은 여러 모양의 방식으로 반드시 미리 응답을 주신다. 우리는 주님의 응답 신호에 민감해질 필요가 있다. 나의 경험과 여러 사례들을 조사한 것에 비추어 보면, 하나님의 응답의 신호는 다섯 가지로 분류될 수 있다.

① 정하신 때에 이루시기 위한 허락하심, ② 즉시 개입과 간섭, ③ 온전함을 이루기 위한 응답의 지연, ④ 영적성장의 깨달음을 주기 위한 침묵하심, ⑤ 하나님의 뜻에 맞지 않을 때 거부하심이 있다.

사랑하는 나의 아버지,
'먼저 그의 나라와 그의 의를 구하라'는 말씀과 같이
나의 부족한 것을 간구하기 전에 주의 나라가 확장되고
주의 성품과 뜻을 내가 알기를 진심으로 원하나이다.
예수님의 이름으로 기도합니다. 아멘.

하나님이 정하신 때에 이루심

우리는 앞날의 계획을 달성하기 위해 나름대로의 시간표를 짜놓는데 익숙해 있지 않은가? 계획한대로 내가 그린 밑그림의 모든 일들이 술술 풀려 나가면 좋겠지만, 내가 정한대로 정해진 때에 목표를 완수하기가 만만치 않다. 우리는 목표를 향해 가는 순간순간마다 정해놓은 시점에 도달하기를 기대한다. 그러나 성경은 범사의 모든 일들이 그에 적합한 때가 있음을 지적하고 있다. 우리가 최선을 다하고 믿음으로 기도하고 순종해왔음에도 불구하고 하나님이 문을 여시지 않는 것은 아직 때가 이르지 않음이며, 그분의 또 다른 뜻이 있음을 알려주시는 것이다.

「하나님의 일도 하나님의 영 외에는 아무도 알지 못하느니라」 (고전 2:11)

그러나 하나님이 어느 순간 문을 열어젖히면 세상의 그 어떤 힘으로도 막을 수 없다. 하나님께서 일을 시작하시면 그 일은 멈출 수가 없고 그 어느 것도 방해할 수 없다. 그분은 자신의 타이밍에 완벽하게 마무리하신다. 게다가 늦지도 않고 빠르지도 않다. 우리는 그분의 때에 따라 구하는 것을 믿어야 한다. 그런데 어디 그런가? 현실에서 진행되는 모든 일들이란 시간의 구속에 짜여 돌아가기 때문이다. 그러나 하나님께서는 우리의 시간에 구속을 받지 않으신다.

「주께는 하루가 천 년 같고 천 년이 하루 같다는 이 한 가지를 잊지 말라」 (벧후 3:8)

하나님의 시간 흐름은 우리의 시간 개념과는 전혀 다르다. 그리스 신화에서 시간의 신은 둘이 등장하는데, 하나는 세상의 절대적인 시간을 지배하는 태초의 시간의 신이고, 또 다른 하나는 상대적인 시간의 신인 기회의 신이다. 인간이 사용하는 시간은 '크로노스(Cronos)'라 부르는데, 크로노스라는 시간 개념은 물리적인 시간으로, 한 방향을 향해 과거, 현재, 미래로 일정하게 연속적으로 흘러간다. 반면 '카이로스(Kairos)'는 정신적, 주관적 시간 개념으로 '이 순간', '이 때'라는 가장 적절한 '기회'나 '결단'의 순간 포착이라고 할 수 있는 때를 지칭한다. 하나님께서는 바로 이 카이로스의 시간으로 움직이신다.

우리는 단지 시간의 때에 맞춰 계획을 잡고 약속을 하며 그에 따라 움직여가지만, 하나님께서는 그분의 정한 때에 맞춰 우리에게 응답하신다. 크로노스와 카이로스의 공통점은 바로 '그것을 시작할 때!'이다.

다니엘이 내 죄와 내 백성 이스라엘의 죄를 자복하고 내 하나님의 거룩한 산을 위하여 하나님 앞에 '간구의 기도를 할 때'에 가브리엘 천사가 즉시 그에게 나타났다. 가브리엘 천사가 다니엘에게 "다니엘아 내가 이제 네게 지혜와 총명을 주려고 왔느니라" 하면서 곧 네가 기도를 시작할 즈음에 명령이 내렸다고 말한다.

> 「곧 네가 기도를 시작할 즈음에 명령이 내렸으므로 이제 네게 알리러 왔느니라」 (단 9:23)

이 점으로 미루어보아 하나님은 필요시 우리가 기도를 시작할 때에 미루지 않으시고 즉각적으로 이 세상에 개입하여 일을 펼치신다는 점이다.

기도하는 자가 가장 설렘을 갖는 순간은 하나님께서 움직이기 시작하시

제7장 하나님의 다섯 가지 응답 신호와 기도의 권능

는 때로 보이는 순간이다. 그 순간은 말로 표현할 수 없는 기쁨의 순간이다. 그런데 우리의 시각으로 보면, 하나님의 시간은 왠지 느리게 가는 것처럼 보일 때가 많다. 이 말에 함축된 의미는 우리가 그만큼 조급함과 성급함을 가지고 매사 임하고 있다는 것을 드러낸다. 정해진 시간보다 앞 당겨 끝내길 원하고, 그래야 일을 제대로 수행한 것으로 여긴다. 때때로 우리의 마음은 하나님이 세우신 계획과 때를 앞지르려고 하기 때문에 성공보다는 수많은 시행착오와 잦은 실패를 맛보게 된다. 하나님의 계획을 앞질러 나가려고 한다는 것은 무슨 의미일까? 그 의미는 내가 짜놓은 타임 스케줄대로 이루기 위해서 내 방식대로 고군분투하는 것을 말한다.

「너는 마음을 다하여 여호와를 신뢰하고 네 명철을 의지하지 말라 너는 범사에 그를 인정하라 그리하면 네 길을 지도하시리라」 (잠 3:5-6)

다시 강조하지만 하나님의 시각은 우리와는 전혀 다르다. 그분의 계획은 무한에 가까울 정도로 원대하여 사람의 마음으로 그분의 뜻과 계획을 헤아릴 수 없으며, 우리가 정한 때와는 전혀 다른 때로 인도하시는 경우가 종종 있다. 우리의 생각이 전혀 못 미치는 곳에서 하나님은 일을 진행하시기 때문에 우리의 시각으로는 기대 밖의 전혀 엉뚱한 측면으로 비쳐질 수 있다.

「하나님은 헤아릴 수 없이 큰 일을 행하시며 기이한 일을 셀 수 없이 행하시나니」 (욥 5:9)

하나님께서 하시는 일은 사람이 전혀 간파할 수 없다. "바람의 길이 어떠함과 아이 밴 자의 태에서 뼈가 어떻게 자라는 것을 네가 알지 못함 같이 만사를 성취하시는 하나님의 일을 네가 알지 못하느니라"(전 11:5).

> 「하나님의 하시는 일의 시종을 사람으로 측량할 수 없게 하셨도다」
>
> (전 3:11)

시편 55편 22절에는 "네 짐을 여호와께 맡기라 그가 너를 붙드시고"라고 했다. 한마디로 하나님께 우리의 인생길을 전폭적으로 의지하고 맡기라는 것이다. 내가 들어 올릴 수 있는 것과 들어 올릴 수 없는 것조차 전부 하나님께 맡기고 기도하며, 그분이 어떻게 진행해 가시는가를 잘 살펴보라. 그렇다고 손 놓고 멍하니 알아서 다 해주시길 바라는 것이 아니다. 내 수고를 그분에게 의지하며 기도의 응답(하나님이 주시는 특정 인상)으로써 그분의 인도하심을 잘 따라가라는 것이다.

> 「네 길을 여호와께 맡기라 그를 의지하면 그가 이루시고」(시 37:5)

하나님은 우리를 하나님의 뜻에 합당한 목적으로 인도하기 위해 완전한 계획의 수행과 더 풍성한 열매를 맺도록 우리가 보는 상황과는 전혀 다른 방향으로 이끄시기도 한다. 어떤 시점에서는 도저히 이해가 가지 않을 때가 있을 수 있다. 이해를 돕기 위해 예를 들어보자. 전선에 있는 전투병들은 지휘관의 명령에 따라 일사분란하게 움직이지 않는가? 아무리 상황이 나빠 보이고 급박하게 보이더라도 유능한 지휘관은 적진의 동태와 상황을 예의주시하고 그들을 교란시키기 위한 작전을 수립한 뒤에야 비로소 부하들을 움직이게 한다. 이와 마찬가지로 우리가 할 일이란 잠시 숨을 고르고 하나님이 어떻게 상황을 변화시키실 것인가 그분의 작전계획과 그분이 말씀하시는 음성(응답신호)에 자세히 귀 기울이는 것이다. 하나님은 분명 그 해법을 제시하고 있다. 하나님의 타이밍을 기다리라는 의미이다. 시편 102편 13절을 읽어보라!

「지금은 그에게 은혜를 베푸실 때라 정한 기한이 다가옴이니이다」(시 102:13)

전능하신 하나님,
나를 위하여 모든 것을 이루시는 하나님,
주님의 뜻에 합당한 기도로 그의 의를 구하게 하시고
주님의 정하신 때에 기도의 응답을 온전하게 받게 하소서.
예수님의 이름으로 기도합니다. 아멘.

하나님께서 응답을 지체하실 때

「비록 더딜지라도 기다리라 지체되지 않고 반드시 응하리라」(합 2:3)

성경에는 기도의 응답이 지체된 경우가 여러 곳에 등장한다. 다니엘서 10장 12-13절에는 다니엘의 기도 응답이 21일(3주) 동안 지체되었음을 기록하고 있다. 응답이 지체된 이유는 바사왕국의 통치자인 악한 영의 세력이 다니엘의 기도 응답을 막기 위해 하나님의 천사들과 영적 전투를 벌였기 때문이다. 사탄의 방해로 인해 그의 기도 응답이 제때에 못 오고 21일간 지체된 것이다. 또 출애굽기 24장 12-16절에는 모세가 하나님의 부르심을 받고 십계명이 새겨진 돌 판을 받기 위해 시내산(이집트의 시내 사막에 위치)에 올라가 있을 때 구름이 6일 동안 산을 가렸다고 했다. 6일간 하나님은 모세에게 아무런 말씀도 안하셨고 침묵하셨다. 그러나 이 기간 동안 하나님의 영광이 그 산 위에 머물러 있었다. 그런 후 7일 째에 구름 가운데서 하나님은 모세를 부르셨다.

우리는 하나님의 응답이 지연되거나 느려지고 있다고 생각될 때에는 하나님께서 침묵하신다고 여길 수 있다. 이 때 조심할 것은 결코 부정적인 생각을 떠올리지 말라는 것이다. '주님의 생각과 뜻이 어디에 있기에 나에게 기다리라고 하실까?'하며 잠잠히 묵상해 보길 바란다.

그분이 지체하실 때에는 주님의 또 다른 계획이 있음을 알아야 한다. 주님은 인격체를 가지신 분이 아닌가! 우리의 기도를 세심히 들으시며 그분의 섭리로 우리를 다스리신다. 주님이 잠시 동안 또는 일정 기간 동안 침묵하실 때에는 반드시 그 속에 숨은 뜻이 있음을 알아야 한다. 응답이 지연되거나 지체됨이 있다고 여겨질 때에도 답답해하거나 중도에 포기하지 말고 끈기 있게 기도를 하면서 그분의 음성을 듣기를 기다리고 기다려라.

「내가 여호와를 기다리고 기다렸더니 귀를 기울이사 나의 부르짖음을 들으셨도다」(시 40:1)

우리의 머리에 떠오르는 이런저런 생각을 멈추고, 그분을 바라보며, 하나님께서 어디에 초점을 두고 계시는 걸까에 주목해야 한다. 우리는 그분의 품으신 뜻이나 계획을 기도에 담아 여쭈어보고 응답을 받아야 한다. 우리의 기도 방향은 언제나 주님을 향하고 있으므로 그분의 응답이 지체되더라도 조금의 의심도 품지 말아야 한다.

하나님께서 더디 일하시는 것처럼 보이는 것은 우리의 시간관념 때문이다. 우리의 잣대로 그분의 일하심을 측량하려 하지 말고 잠잠히 기다려라. 성경에는 "때가 차매", "내 때가 아직 이르지 아니하였나이다" 하면서 그분의 때에 맞춰 이루어짐을 강조하고 있다. 즉 하나님이 짜놓으신 타임 스케줄은 빠르지도 않고 늦지도 않다는 것이다. 우리의 기도에 그분의 응답이 지연될 때에는 두 가지 이유가 있을 수 있다.

첫째는, 하나님이 우리의 '믿음'을 시험하시려는 목적이 있기 때문이다. 나는 믿음에 대해 히브리서 11장 6절인 "믿음이 없이는 하나님을 기쁘시게 하지 못하나니"로 대신하고 싶다. 하나님은 우리의 기도가 일회성에 그치는 차가운 기도인지 아니면 간절함으로 응답받기를 기대하는 뜨거운 기도인지 또는 우리의 믿음이 조급하여 의심으로 흔들리고 있지는 않은지를 시험하실 수 있다. 하나님은 우리가 원망의 소리를 지르려고 할 때까지 가만히 계실 수 있는 분이다. 하나님은 우리의 관심이 정말 끝까지 하나님을 지향하고 있는지를 기다리며 살펴보신다. 우리가 보기에 그분이 정말 무관심하시다고 보일 정도로 침묵하실 때도 있다. 그럴지라도 우리는 그런 상황에서도 끝까지 기도를 지속해야 한다. 왜냐하면 그것이 그분께 나의 진심임을 표현하는 유일한 길이기 때문이다!

둘째는, 그분의 영광을 드러내시기 위해 천천히 개입하시기 때문이다. 우리가 하나님께 기도하는 것은 그분이 우리의 삶에 개입하셔서 인도하여 주시기를 갈망하는 데서 시작된다. 우리의 눈은 늘 돌아가는 현실을 직시하므로 그때그때 해결되지 않으면 마음이 조급해지기 시작해서 심리적 균형을 잃을 수 있다. 해결되지 않는다는 것은 그 일을 이루기 위한 조건들이 충족되지 않아서이다. 그런데 하나님은 여전히 조용하시다. 왜 그러실까? 하나님은 천천히 일하시는 것을 좋아하시는 것 같다. 그분은 결코 서두르시는 법이 없다. 그분은 우리처럼 시간에 쫓기는 분이 아니시다. 우리는 시간에 항상 쫓기듯 다니지만 그분은 우리의 시간에 얽매이지 않으신다.

그러면서도 그분은 우리의 일에 개입하실 시점을 정확히 알고 계신다. 왜냐하면 우리의 돌아가는 현실과 앞날을 꿰뚫고 계시기 때문이다. 또한 우리가 암만 이때 해달라고 아우성쳐도 그분은 그분의 뜻에 따라 가장 적합한 때에 행하신다. 우리는 그 점을 잘 알고 있어야 한다. 그분은 모든 것이 명확하게 구분되기 위해 일을 모색하시며 결정적인 시점에 개입을 하신다. 하나님은 그분의 권능으로 언제든지 적시에 우리의 깊은 고민을 해결하실 수 있는 분이지만, 우리로 하여금 하나님께 영광을 돌릴 수 있는 때에 맞춰 일어나게 하신다. 바로 그 때가 하나님의 영광이 빛을 발하는 시점이기 때문이다!

의지하는 자의 방패이신 하나님,

주는 나의 도움이시요 나를 건지시는 이시오니

하나님이여 내 기도의 응답에 지체하지 마옵소서.

하나님이여 속히 나를 도우소서.

예수님의 이름으로 기도합니다. 아멘.

하나님께서는 이럴 때 침묵하신다

《하나님의 침묵》이란 책을 쓴 제럴드 시처(Gerald L. Sittser)는 현직 워싱턴 주 스포케인에 있는 휘트워스 대학의 종교 및 철학교수이다. 그는 1991년 어느 날, 갑작스런 교통사고로 인하여 아내와 어머니, 그리고 네 살 박이 딸을 잃은 후 극심한 심적 고통을 겪게 되었다. 함께 살아난 세 아이들에게도 큰 충격을 주었다. 그는 그 날도 딸의 안전을 위해 하나님께 기도를 드렸음에도 불구하고 상상조차 할 수 없는 불행의 사건이 일어난 것에 대해 도저히 이해할 수 없었다고 한다. 하나님이 왜 자신의 기도에 응답하지 않으시고 감당할 수 없는 그런 엄청난 사고를 겪게 했는지 도무지 알 길이 없었다. 자신에게 응답되지 않는 기도에 대한 의문이 머릿속에서 떠나질 않았다. 그는 자신이 겪은 사고를 계기로 '왜 하나님께서 우리의 기도에 응답하시지 않는가'라는 질문에 대한 답을 구하기 위해 오랫동안 깊은 생각을 하게 되었다. 그 후 그는 자신이 생각해온 것들을 정리를 하여 출간했는데 그 책이 바로 《하나님의 침묵》(원제: 주님이 당신의 기도에 응답하지 않았을 때, 성서유니온)이다. 그가 전하는 기도 응답의 핵심은 "하나님을 알게 되는 것이 우리의 기도에 대한 하나님의 가장 좋은 응답이다."라는 것이다.

우리의 기도를 그분께 드릴 때 그분은 우리의 개인 기도를 낱낱이 들으시지만, 우리에게서 그분이 원하시는 기도를 하기를 기다리신다는 사실이다. 그렇게 함으로써 우리는 하나님의 섭리를 자연스럽게 깨닫게 되며 그분의 깊으신 뜻과 길, 생각과 지혜를 본받게 되고, 그로 인해 그리스도의 삶을 살게 되는 것이다.

우리는 현실에서 일어난 수많은 그와 비슷한 불운의 사건 사고를 제시하라면 얼마든지 들 수 있다. 말기 암에 걸린 부모님을 위해 간절한 수명 연장 기도를 드렸지만 응답되지 않고 돌아가셨을 때, 병든 아이를 위해 회복 기도를 하는 도중 아이가 갑자기 숨을 거둘 때, 아이의 안전을 위해 기도했음에도 불구하고 사고로 죽음을 피할 수 없었을 때, 우리는 망연자실할 수밖에 없다. 가령 가족 중에 아버지가 진료검사를 받은 결과 말기 암이라는 진단이 나왔다면, 당사자인 아버지에게 즉시 암이란 병명을 알려줄 것인가 하는 문제이다. 병석에 누워있는 아버지는 검진 결과가 그다지 중대한 병이 아니길 바라는 마음이 누구보다도 간절할 것이다. 그런 상황에서 가족들이 아버지께 말기 암이란 병명을 바로 알려드리는 것이 마땅한가 하는 문제다. 아마도 가족들은 잠시 침묵할 수밖에 없을 것이다.

사실 우리의 기도에 하나님께서 침묵하실 때가 많은 것 같다고 여길 때가 있다. 나 역시 오래 전부터 하나님의 침묵에 대해 의문을 품어왔었다. 한 가지 알아두어야 할 점은 우리가 아직 그분의 음성을 못 알아듣기에 침묵하시는 것으로 받아들이거나 음성 듣기에 익숙하지 못해 침묵하심으로 판단할 수 있다는 점이다. 또한 새 신자나 아직 신앙심이 깊지 않은 성도의 경우 그분의 음성에 낯설 수 있다. 그러므로 우리는 하나님의 음성이 여러 경로를 통하여 전해지는 것을 알고 이를 먼저 숙지하고 있어야 한다.

「내 아들아 내 말에 주의하며 내가 말하는 것에 네 귀를 기울여라」(
잠 4:20)

하나님이 침묵하실 때에는 마치 공허한 곳에 나 혼자 있는 것처럼 생각
되거나 아무 소리도 들리지 않고 깜깜한 터널 안에 있는 것처럼 답답함이
느껴질 수 있다. 한동안 텅 빈 공간이 내면에 자리 잡은 것처럼 느껴질 때
도 있다. 하나님으로부터 나의 기도가 무시당한 것은 아닐까? 아무런 응
답이 없고 긴 시간이 흘러도 적막만이 흐를 때 내가 할 일이란 무엇인가?
나의 현재 상황은 시급하고 무언가라도 잡아야만 하는 위기상황인데도
불구하고, 하나님은 여전히 침묵 속에 일관하시는 모습으로 비쳐지는 이
유는 뭘까? 이러한 생각들은 의문이 아니라 그분에 대한 불신에서 비롯된
다는 사실이다. 마귀는 불신을 조장하며 우리를 가지고 논다. 그래야 하
나님으로부터 멀어질 수 있기 때문에 불신의 생각을 우리에게 알게 모르게
집요하게 현혹시키고 있는 것이다.

우리가 진정한 그리스도인이라면 주님은 언제까지나 우리 편에 서 계신
다! 끝까지 그분을 믿고 따라가라! 추호의 의심과 불신을 품지 마라! 주
님께서는 때로 잠시 동안 또는 경우에 따라서는 오랜 기간에 걸쳐 침묵하
실 수 있다.

「하나님이여 침묵하지 마소서 하나님이여 잠잠하지 마시고 조용하
지 마소서」(시 83:1)

이럴 때 아무런 잘못과 죄지은 것이 없더라도 우리의 기도는 계속되어야 한다. 우리의 믿음도 변함이 없어야 한다. 그분이 준비하시는 일이 수면 위로 드러날 때까지 조급하지 말고 기다려라. 주님은 우리의 믿음이 강건한지를 살펴보신다.

나는 하나님의 침묵하심에 대해 많은 시간을 할애하여 묵상해온 결과, 우리의 기도 응답에 다음과 같은 네 가지 경우에 침묵하실 수 있음을 알게 되었다. 하나님께서 침묵하시는 것으로 여겨질 때에도 우리는 그분의 뜻을 주의 깊게 생각할 필요가 있다. 하나님의 침묵하심에는 그분의 계획과 때가 있는 것이다. 나의 생각에 동의하지 않을 때 하나님께서 침묵하실 수 있다. 우리는 더 이상 움직이질 말고 잠시 발걸음을 멈춘 후 그분께서 나에게 어떤 말씀을 하시려는지 묵상하며 그분의 음성 듣기에 주의해야 한다. 그 어느 경우든 하나님의 깊으신 뜻이 숨겨져 있음을 깨닫게 될 것이다. 결론적으로 하나님은 침묵하시지 않는다! 다만 침묵하심으로 우리에게 또 다른 깨우침을 알도록 하시는 것이다.

첫째, 하나님은 깨달음을 주기 위해 침묵하실 때가 있다.

하나님은 우리의 그릇된 생각과 움직임을 아시고 기도 요청이 잘못되었다는 것을 침묵으로 '지적'하실 수 있다. 우리의 기도에 대한 하나님의 침묵하심은 우리가 영적성장을 통해 그분이 품고 있는 감춰진 뜻에 대한 깨달음을 알게 하려는 데 있다.

「사람의 속에는 영이 있고 전능자의 숨결이 사람에게 깨달음을 주시

나니」(욥 32:8)

　그분은 우리의 기도가 영적성장 없이 단순히 필요에 의한 간구에만 머물러 있는 것을 안타까워하신다. 그렇지 않은가? 우리는 문제의 해결책과 결과에 대해 예측할 수 없을 때 오리무중에 빠지게 된다. 그럴 때 우리의 생각은 더욱 고심하게 되며 생각을 쥐어짜게 만든다. 더 심각한 것은 끝까지 자신의 생각을 고집하며 앞으로 나갈 때이다. 그러한 상황을 나쁘다고 말하는 것은 아니다. 물고기가 세차게 흐르는 물을 거슬러 올라가려면 그만큼 저항을 받게 되듯이 세상으로부터 거센 저항을 받게 된다. 문제는 이때 자신의 확고한 생각과 결단을 쫓으면서 현실에 밀어붙이기(작용)도 하지만, 현실의 반응이 뜻밖에 반작용으로 튀어 오르면 대책이 없어 진퇴양난에 빠지게 된다. 그런 경우 예외 없이 자신의 판단을 절대적으로 믿었기 때문에 책임도 본인에게 돌아간다. 하나님은 우리의 연약한 믿음과 낮은 수준의 기도에 반응하지 않으시고 잠자코 계실 것이다.

　중요한 점은 이것이다. 하나님께서 내 일에 간섭하실 여지를 스스로 내주지 않기 때문에 하나님은 "네 고집대로 네가 알아서 다해라!"고 내버려두시는 것이다. 그 순간 우리는 하나님이 정말 무심하다고 생각하거나 침묵하신다고 여길 수 있다. '왜 나를 도와주시지는 않고 침묵만 하시는 걸까?'라고 말이다. 하나님과 동행하는 마음을 열어두라! 하나님이 보여주시는 길을 따라가겠노라고 순종해라!

　하나님의 계획은 우리의 길과는 다른 길을 제시할 때가 있다. 그 길은 우리의 눈에 전혀 엉뚱하게 비쳐질 수도 있고 왜 이런 길을 제시하는지 의아하게 받아들일 수도 있다. 그분의 길은 우리의 길보다 탄탄하고 그분의 생각은 우리의 생각보다 높다. 하나님은 한 수 앞을 내다보시는 분이 아니기 때문에 우리의 생각과 지혜로는 결코 그분을 앞질러 갈 수 없다. 그렇기 때문에 나의 생각을 주님께 아뢰고 잠시 생각을 멈춘 뒤 그분의 뜻이 어떠하신지를 헤아리기 위해 잠잠히 기다리는 묵상의 시간을 가져야 한다.

> 「주의 말씀을 열면 빛이 비치어 우둔한 사람들을 깨닫게 하나이다」(
> 시 119:130)

하나님의 방식은 우리의 고민에 해결책을 제시하는 것이 아니라 우리 스스로가 해결해나갈 지혜를 주시거나 생각을 달리하도록 유도하실 수 있다. 왜냐하면 하나님은 사람의 길을 주목하시며 사람의 모든 걸음을 감찰하시기 때문이다(욥 34:21). 그 깨달음의 시간을 우리에게 할애하기 위해 그분은 잠시 침묵하신다. 그 때 우리는 조용한 가운데 생각을 정리하고 매듭을 풀어나가기 위해 하나님이 보여주시는 뜻이 무엇인지를 구해야 한다. 그런 가운데 나아갈 좋은 길을 발견하게 되면 그 일은 이미 해결선상에 놓임을 받은 것이다.

둘째, 하나님은 아직 때가 이르지 않았음을 아시고 침묵하신다.

전도서에서, 심을 때가 있고 심은 것을 뽑을 때가 있으며, 찾을 때가 있고 잃을 때가 있으며, 지킬 때가 있고 버릴 때가 있으며, 잠잠할 때가 있고 말할 때가 있다고 했다(전 3:2-7). 우리는 때를 앞당기려는 조급함을 가질 때가 많다.

「범사에 기한이 있고 천하만사가 다 때가 있나니」 (전 3:1)

하나님께 뜻을 구하고 하나님께 모든 것(방법과 시기)을 맡긴다고 해놓고선 하나님의 응답 시점을 은근히 자신이 정한 시점에 끼워 짜 맞추려고 하는 자기중심적인 생각이 끼어들 수 있다. 그럴 경우 하나님은 우리의 기도 응답을 잠시 보류 하신다. 우리의 생각이 그분의 생각과 지혜를 앞지르려고 하는 조급함으로 발버둥을 치려하면 하나님은 모른 척하시고 침묵하신다.

물론 어떤 것들은 우리 선에서 충분히 해결 가능하며 때에 맞춰 조건을 충족시켜 나가면 자연스레 해결이 되기도 한다. 모든 일들은 그에 맞는 특정 조건을 기다리고 있다. 그 특정 단서가 조건을 충족시키게 되면 마치 살아서 움직이듯 스스로 가동되어 현실화되기 시작한다. 하지만 그 일이 성공적인 결과를 가져올지는 아무도 예측할 수 없다는 것이다. 그런 점에서 고집스런 생각(마음의 억죈 매임)을 풀어 놓고 그분 앞에 겸손한 마음가짐으로 맡겨 드려야 한다.

응답의 지연이 있을 때 우리는 하나님께서 침묵하시는 것으로 알지만, 우리가 생각한 때와는 다르게 하나님이 정하신 때가 따로 있다는 것을 깨달아야 한다. 하나님은 우리의 생각이 그 일에 70%에도 못 미침을 아시고 100%를 완성시키는 '시점'을 택하신다. 하나님이 정하신 때는 우리가 정한 타이밍보다 훨씬 더 좋고 더 나은 방식으로 하시므로 우리의 생각은 그분의 생각에까지 전혀 미치지 못한다. "하나님의 하시는 일의 시종을 사람으로 측량할 수 없게 하셨도다"(전 3:11).

예수님도 "내 때는 아직 이르지 아니 하였거니와"(요 7:6)라고 말씀하셨다. 아직 하나님께서 정하신 타이밍이 아니라는 것이다. 하나님의 시간은 우리의 시간개념과는 전혀 다르다. "사랑하는 자들아 주께는 하루가 천년 같고 천년이 하루 같다는 이 한 가지를 잊지 말라"(벧후 3:8)고 했다. 그러면서도 우리에게 미루어지거나 이르지 않게 제 때(최적의 시점)에 응답하심을 믿어야 한다. 그분은 "주의 약속은 어떤 이들은 더디다고 생각하는 것 같이 더딘 것이 아니라 오직 주께서는 너희를 대하여 오래 참으사 아무도 멸망하지 아니하고"(벧후 3:9)라 말씀하셨다.

우리가 구하는 결과보다 더 좋고 풍성한 결과를 얻게 하는 때를 그분은 아신다. 그러므로 하나님께 예비하시는 축복을 받기 위해서는 그분의 인도하심을 잘 따라야 할 필요가 있다. 조급해 하지 말고 하나님의 정하신 타이밍에 필요를 채울만한 넉넉한 그릇을 준비해가라!

셋째, 하나님은 더 나은 것을 예비하고자 하실 때 침묵하신다.

우리가 구하는 기도는 스스로 한계를 긋게 된다. 누군가는 "이 정도면 전 만족해요. 더 이상은 필요 없어요. 주님!"이라고 기도할지 모르겠다. 그러나 주님은 이런 간구함이 겸손에서 나온 것이 아니라 주님 앞에서 욕심으로 비쳐질까봐 일부러 작게 하여 기도한 것임을 알고 계신다. 주님은 구하기 전에 우리에게 있어야 할 것을 너희 아버지께서 아시느니라고 말씀하셨다. 하나님은 우리가 어디까지 원하는지를 이미 아시고 계신다. 하나님은 우리에게 이렇게 말씀하신다.

「너희는 더욱 큰 은사를 사모하라 내가 또한 가장 좋은 길을 너희에

게 보이리라」(고전 12:31)

하나님이 보여주시는 길은 우리의 길과는 비교할 바가 못 된다. 하나님의 뜻은 우리가 추구하는 길보다 더 나은 가장 좋은 길로 인도하시기 때문이다. 하나님께서 잠시 하늘의 문을 닫으시는 것은 우리의 기도에 만족하지 못해서가 아니라 기도의 소망을 온전하게 완성시키기 위해 한 단계 또는 두 단계를 건너뛰도록 계획하시기 때문이다. 즉 하나님이 우리를 위해 별도로 생각해 놓으신 또 다른 더 나은 계획이 준비되어 있다는 얘기다. 지금 당장 우리의 머리로 도저히 이해할 수 없더라도 하나님을 믿으라.

시편 81편 10절에는 "네 입을 크게 열라 내가 채우리라"라는 말씀이 있다. 이 말씀은 우리가 구함에 있어 하나님께서도 크게 기뻐하실 일이라면 뭐든지 크게 구하라는 의미이다. 그것은 더 나은 것으로 더 좋은 것을 구하는 것을 말한다. 스스로 한계를 정하지 말고 나의 소망을 펼치기 위한 것이 곧 하나님을 기쁘시게 하고 영광을 돌리는 것이라면 무엇이든 구하되 하나님께 다 맡기라는 것이다.

그분은 우리의 기도를 통해 우리의 한계를 관통하시지만 우리의 간구에 대해 미래까지 내다보시고 계획하시는 분이므로 그 뜻을 당장 헤아리기 힘들 수 있다. 하나님은 우리의 간구 요청에 적합한 것보다 더 큰 것을 예비하시거나 더 큰 축복을 내리시기 위해 온전히 인내하고 기다리라는 침묵의 신호를 보내시기도 한다!

넷째, 하나님은 우리를 보호하기 위해 침묵하실 때가 있다.

종종 우리는 그분의 뜻을 존중하고 잠잠히 기다리기 보다는 우리가 이미 결정해놓은 사안들을 그분께 응답해달라는 식으로 요청을 한다. 그렇다고 내 뜻이 전적으로 틀렸다는 것은 아니다. 하나님은 우리의 간구가 절망의 나락으로 빠져들거나 막다른 골목으로 다다르는 것을 원치 않으신다. 만일 우리의 요청기도를 매번 주님께서 그렇게 하라고 응답하신다면, 우리는 콧노래를 부를 수 있을까? 우리는 주관자이고 그분은 공급자로 우리를 돕는 존재에 불과한 분인가? 물론 하나님은 나를 돕는 이시며 내 생명을 붙들어주시는 이시다(시 54:4).

우리의 생각대로 구하는 간구를 매번 응답받기 원한다면 굳이 기도할 필요가 있을까? 우리는 스스로 원인(생각)을 제공하고 결과(현실)를 거둔다. 그런데 그 생각의 결과가 돌이킬 수 없는 잘못된 상황으로 치닫거나 후회스런 결과를 낳는다면 그것은 우리에게 위험스런 결과를 초래할 수 있다. 그분은 단순히 조력자의 역할을 담당하는 분이 아니시다. 우리의 간구는 그분 앞에 필터링 된다. 하나님은 진실하게 간구하는 모든 자에게 가까이 하신다(시 145:18).

우리의 기도가 약간의 두려움을 내포하고 있다면 하나님께 먼저 보호해 달라고 청하라. 그리고 하나님의 길을 보여 달라고 간절하게 구하라. 우리는 그분의 뜻을 당장 이해하기 힘들고 헤아리기 힘들더라도 그분을 신뢰하고 그분의 침묵하심에서 어떤 뜻이 숨겨져 있는가를 먼저 살펴봐야 한다. 하나님이 우리를 바른 길로 인도하시는 가장 주된 이유는 우리가 위험에 빠지지 않도록 보호하는 것에 있다.

「지혜를 버리지 말라 그가 너를 보호하리라 그를 사랑하라 그가 너

를 지키리라」(잠 4:6)

하나님의 권고가 우리 맘에 들지 않더라도 전능하신 하나님의 생각을 믿어라. 우리에게는 결단이지만 그분에게는 생각에 불과하다. 하나님의 권고를 인정하라! 주 안에서 그분이 주시는 따끔한 책망은 우리를 보호하기 위한 방패역할을 하게 하신다. 하나님께서 침묵하실 때에는 우리의 마음을 조용히 멀리서 감찰하신다. 한 번 전하신 말씀을 우리가 어떻게 반응하고 있는가를 살펴보신다. 믿음을 가지고 더욱 뜨거운 기도로 돌파해가라!

나의 힘이신 하나님,
하나님을 전심으로 찾는 자로
내 소망을 하나님께 두며
하나님의 의에 순종하오니
하나님이여 내 기도에 잠잠하여 침묵하지 마소서.
예수님의 이름으로 기도합니다. 아멘.

하나님께서는 이럴 때 거부하신다

「그때에 너희가 나를 부르리라 그래도 내가 대답지 아니하겠고 부지런히 나를 찾으리라 그래도 나를 만나지 못하리니」(잠 1:28)

하나님은 우리의 기도에 응답하시리라 언약으로 약속하셨지만 다음과 같은 경우에 해당될 때에는 듣지 않으시고 응답을 거부하신다고 분명하게 말씀하셨다. 실제 응답받지 못하는 기도는 의외로 많다. "육신의 생각은 하나님과 원수가 되나니"(롬 8:7)라는 말씀은 혼에서 나오는 내 자아에 집착하는 육적인 생각을 거두라는 것이다.

하나님께서는 우리가 기도를 해도 다음과 같을 때 응답하시지 않는다고 성경에서 말씀하고 있다. 하나님으로부터 응답 신호가 오지 않을 때에는 아래의 항목(거부 지침)들을 조용히 묵상하며, 자신이 한 주간 어떤 생각과 행동으로 지내왔는지 점검하고 살펴보길 바란다.

첫째, 계명을 지키지 않고 기도할 때 거부하신다.

> 「그때에 그들이 여호와께 부르짖을지라도 응답하지 아니하시고 그들의 행위가 악했던 만큼 그들 앞에 얼굴을 가리시리라」(미 3:4)

"너희가 많이 기도할지라도 내가 듣지 아니하리니 이는 너희의 손에 피가 가득함이라"(사 1:15) 하시면서 내 눈앞에서 너희 악한 행실을 버리며 행악을 그치라고 말씀하셨다. 악한 행실과 행악을 피하는 것은 그분의 계명을 지키기 때문에 지켜야 하는 행위이다. 하나님의 계명을 지키는 것은 그분의 지상명령을 그대로 복종하고 순종하여 이행하는 것이다. 주님은 나의 계명을 지키는 자라야 나를 사랑하는 자니 나를 사랑하는 자는 내 아버지께 사랑을 받을 것이요 나도 그를 사랑하여 그에게 나를 나타내리라(

요 14:21)고 말씀하셨다.

하나님은 우리에게 세상을 살아가면서 지켜야 할 율법을 주셨는데 이는 하나님의 계명을 지킴이요 나아가 하나님의 뜻을 알기 위함이다. 계명을 지킨다는 것은 하나님의 섭리에 어긋나지 않고 세상의 미혹에도 물들지 않는 마음의 옥토를 일구는 것과 같다. 하나님의 계명은 우리를 얽매어 속박하기 위한 것이 아니라 죄의 구속에 빠져들지 않게끔 하기 위함이다. 율법을 의식하지 않고 주님이 주시는 기쁨과 평강을 내 마음의 접점에 늘 닿게 하면 계명은 무거운 것이 아니라 가벼움으로 바뀐다.

「여호와의 교훈은 정직하여 마음을 기쁘게 하고 여호와의 계명은 순결하여 눈을 밝게 하시도다」 (시 19:8)

둘째, 마음에 죄악을 품고 기도할 때 거부하신다.

「내가 나의 마음에 죄악을 품었더라면 주께서 듣지 아니하시리라」 (시 66:18)

하나님은 오직 너희 죄악이 너희와 너희 하나님 사이를 갈라놓았고 너희 죄가 그의 얼굴을 가리어서 너희에게서 듣지 않으시게 함이니라고 경고하셨다(사 59:2). 우리의 기도 순서가 회개와 감사의 기도로 선행되지 않으면 우리는 하나님 앞에 담대한 태도로 기도에 임할 수 없다. 철저히 회개하지 않은 채 매사 감사한 줄 모르고 요청의 기도만을 한다는 것은 교만함의 죄에 빠져있는 것이다. 예레미야 13장 15절에서는 "너희는 들을지어다, 귀를 기울일지어다, 교만하지 말지어다, 여호와께서 이같이 말씀하셨음이라"라고 교만에 대한 경고의 말씀을 하신다. 잠언 21장 4절에는 눈이 높은 것과 마음이 교만한 것과 악인의 형통한 것은 다 죄니라고 했다. 하나님은 우리의 죄를 아시고 거부하심으로 그 죄를 지적하실 수 있다. 평상시에 자신도 모르게 지은 죄가 있는지를 잘 점검해보고 회개의 기도를 먼저 드리는 것이 순서이다.

셋째, 믿음으로 심지 않고 의심을 품고 기도할 때 거부하신다.

「오직 믿음으로 구하고 조금도 의심하지 말라 의심하는 자는 마치 바람에 밀려 요동하는 바다 물결 같으니 이런 사람은 무엇이든지 주께 얻기를 생각하지 말라」(약 1:6-7)

두 마음을 품지 말라는 명령이시다(약 1:8). 기도함의 충족요건은 무엇보다 하나님 앞에 진실함과 하나님을 전적으로 신뢰하는 믿음에 있다. "스스로 속이지 말라 하나님은 업신여김을 받지 아니하시나니 사람이 무엇으로 심든지 그대로 거두리라"(갈 6:7)고 했다. 기도의 성장은 믿음의 밭에서 자란다. 믿음의 생수를 밭에 흠뻑 뿌려줄 때 기도의 씨앗이 마르지 않고 잘 자라게 된다. 하나님에 대한 믿음이 연약한 기도는 미지근한 기도이며, 그러한 기도는 주님께 응답받기를 기대하는 갈급함이 없다. 따라서 응답이 와도 좋고 오지 않아도 상관없다는 식으로 치부해 버린다. 기도의 출발선은 믿음에서 시작되므로 기도하는 회수가 아무리 많다 하더라도 믿음의 순도가 떨어지면 그 기도는 허공에 흩어지게 마련이다. 기도가 지향하는 곳에 응답이 있다. 하나님의 말씀대로 행함이 없는 기도는 죽은 것이다.

넷째, 개인적인 사익만을 추구하는 정욕에 의한 기도를 할 때 거부
하신다.

「너희가 얻지 못함은 구하지 아니하기 때문이요 구하여도 받지 못함
은 정욕으로 쓰려고 잘못 구하기 때문이라」(약 4:2-3)

자신의 정욕(개인적인 유익만을 추구하는 것)만을 채우기 위한 기도는 하나님께
잘못 구하는 기도임을 말씀하는 것이다. 정욕을 위한 기도는 하나님의 영
광을 나타내기 위한 기도가 아니다. 정욕의 기도는 결국 썩어서 사라지게
된다. 악인이 구하는 기도는 썩은 냄새가 난다. 오직 정욕만을 위한 기도
는 하나님의 뜻에 어긋나 응답받지 못한다. 그렇다고 나의 필요를 구하는
기도가 모두 잘못되었다는 것은 아니다. 처한 상황과 환경에 따라 우리는
필요의 간구를 주님 앞에 드러내어야 한다. 가령 직장을 실직하여 힘들 때
나 사업의 어려움에 직면했을 때, 위험스런 상황에 처했을 때, 먹을 식량과
의복이 필요할 때, 가정의 곤궁함으로 궁핍할 때 우리는 하나님을 붙들고
간절하게 기도를 드려야 한다. 위기적인 비상상황에서의 하나님의 개입은
당연히 하나님의 백성을 위한 것이다.

다섯째, 용서하지 않고 기도할 때 거부하신다.

「너희는 스스로 조심하라 만일 네 형제가 죄를 범하거든 경고하고 회개

하거든 용서하라」(눅 17:3)

하나님은 우리의 마음이 형제를 용서하지 아니하면 하늘의 아버지도 우리를 이와 같이 용서하지 않으신다고 하셨다(마 18:35). 우리가 지은 죄를 주님 앞에 내어놓고 "주님의 자비로 저를 용서해주세요" 할 때 주님은 우리에게 이렇게 말씀하실 것이다. "네가 나에게 요구한 것과 같이 다른 사람들도 똑같이 용서할 수 있겠느냐?"라고.

「네 형제에게 원망들을 만한 일이 있는 것이 생각나거든 예물을 제단 앞에 두고 가서 형제와 화목하고 그 후에 와서 예물을 드리라」(마 5:23-24)

하나님은 용서를 중히 여기신다. 내가 죄를 짓지 않고 남이 나에게 죄를 지었을 때 그에게 분노와 화가 치밀겠지만 그를 진정으로 용서하게 되면 더 이상 그로 인해 마음에 시달림을 받지 않게 된다. 사탄은 죄를 짓게끔 미혹하기 때문에 그것에 넘어가서는 안 된다. 죄의 응어리를 스스로 만들지 말라는 뜻이다. 용서를 하지 않고 스스로를 분노하게 하고 복수를 생각한다면 죄를 지으려고 마음에 악한 생각을 품고 있는 것과 똑같은 것이다.

「너희가 무슨 일에든지 누구를 용서하면 나도 그리하고」(고후 2:10)

주님은 우리가 사람의 잘못을 용서하면 아버지께서도 우리의 잘못을 용서하시지만, 용서하지 아니하면 아버지께서도 우리의 잘못을 용서하시지 않을 것이라고 말씀하셨다(마 6:14-15).

거룩하시고 의로우신 하나님,

하나님은 의인의 기도를 들으시나니

주의 계명을 내가 지키며 내가 하나님의 말씀과

간구의 기도로 주의 손길을 갈망하나이다.

예수님의 이름으로 기도합니다. 아멘.

하나님의 기도 응답 기도문

『기도의 주권자 되시는 하나님 아버지,

저의 간구의 외침을 들으시는 주님.

주여, 저의 기도에 귀를 기울여 주시옵소서.

내 기도가 주의 선하시고 기뻐하시며 온전하신 뜻에

합당하도록 참된 기도가 되게 하시고

성령 안에서 전심으로 드리는 기도가 되게 하소서.

주의 손길을 구하는 필요의 구함에 그치지 아니하고

주의 얼굴을 항상 구하는 간절함의 기도가 되게 하소서.

내 유익만을 채우기 위한 기도라면 거부하게 하시고

저의 죄를 깨닫지 못한 기도라면

주께 상달되지 못하게 하소서.

두 마음을 품지 않고 기도하며

믿음과 순종으로 나아가는 자가 되게 하소서.

주님께서는 기도할 때 제 말을 마치기 전에

들으신다 하였습니다.

나의 소원을 위해 주께 밤낮으로 매달리오니

저의 부르짖음을 들으사

주님의 때에 주님께서 행하시는 방식으로

응답의 결과를 보여주시길 원하옵나이다.

예수님의 이름으로 기도 드립니다. 아멘.』

제 8 장

치유 기적을 일으키는 기도의 권능

「이르시되 너희가 너희 하나님 나 여호와의 말을 들어 순종하고 내가
보기에 의를 행하며 내 계명에 귀를 기울이며 내 모든 규례를 지키면
내가 애굽 사람에게 내린 모든 질병 중 하나도 너희에게 내리지 아니
하리니 나는 너희를 치료하는 여호와임이라」 (출 15:26)

하나님은 이 땅의 믿음 없는 사람들에게조차 그분이 살아계셔서 역사하
심을 체험하여 간증하게 하고, 그분의 섭리에 의해 그들의 영혼이 구원에
이르도록 인도하신다. 하나님은 우리가 사는 이곳에 그의 아들 예수를 보
내어 오병이어의 기적과 같은 수많은 이적과 표적을 보이시고 병 고침을 현
장에서 즉시 행하셨다. 귀신을 쫓아내고 말 못하는 사람과 간질에 걸린
아이를 고치셨으며, 나병환자, 중풍병자를 고치시고, 맹인들의 눈을 뜨게
하셨고, 오랜 기간 혈루증을 앓던 여인을 회복시켰으며 심지어 죽은 자까
지도 살리셨다.

「예수께서 질병과 고통과 악귀 들린 자를 많이 고치시며 또 많은 맹인을 보게 하신지라」(눅 7:21)

나는 기도와 하나님의 권능에 의해 기적적으로 치유된 사례들을 광범위하게 조사한 결과, 하나님의 치유능력은 현대의술로 그 즉시 치유받기 힘든 불가항력인 상황에서 초자연적인 힘으로 고침 받은 수많은 기적을 일으킨 사례들이 있어왔다는 것을 알게 되었다.

조사한 사례들을 살펴보면 기도를 받은 후 백내장이 바로 사라졌고, 관절염이 그 즉시 고침 받았고, 악성종양으로 인해 귀를 잘라내고 고막까지 제거된 여성이 소리를 즉각 듣게 되었고, 20년 이상을 휠체어에 의지한 채 걷지도 못하던 사람이 그 즉시 일어나 걷기 시작했고, 등이 굽은 꼽추소년이 몇 분 만에 정상화되었으며, 부부 싸움 중에 남편의 내연녀에게 한쪽 귀를 물어뜯긴 여성의 귀가 즉시 생겨났고, 배에 구멍이 생겨 창자가 밖으로 튀어나온 것을 고침 받고 구멍이 아무는가 하면, 한쪽 어깨가 작업 중 사고로 절단되어 팔이 없던 남자가 불과 몇 초 만에 뼈가 자라기 시작하여 살이 붙고 정상적인 팔로 되돌아왔고, 전화상의 기도로 수술실에 있는 아버지의 심장이 30대 심장으로 정상화되었을 뿐 아니라 제거된 폐가 새로 다시 생겨났고, 10년 동안 척추이상으로 고통 받던 여성이 비행기 안에서 기도를 받은 후 즉각적으로 치유되어 고통이 사라졌고, 마약중독자로 온몸에 악마형상의 문신을 가진 사람의 바늘자국이 30초 만에 감쪽같이 사라지는 등 도저히 믿기 힘든 치유의 기적이 사역 현장과 여러 장소에서 일어났다.

「나는 여호와요 모든 육체의 하나님이라 내게 할 수 없는 일이 있겠느냐」(렘 32:27)

예수님을 영접하고 그분이 살아 역사하심을 믿고 기도할 때 치유의 기적이 일어난다. 이 기적들의 치유현장에는 기도의 권능이 있었다. 그리고 기도의 권능 배후에는 하나님의 역사하심이 있었고 그 현장에 그분의 권능이 강력하게 임했다. 하나님께서 우리에게 보여주시는 치유의 권능이 역사하심은 세상의 그 어떤 의학기술과 어떤 명의와도 비교를 불허한다. 내가 이처럼 단언할 수 있었던 점은 수많은 치유 사례들을 조사하는 과정에서 이같은 결론을 내릴 수밖에 없었던 강력한 기도의 응답 체험이 현장에서 실제적으로 일어났고, 그 증거가 아직까지도 남아 있기 때문이다.

기도의 강력 배후에서 역사하시는 하나님의 권능

「내 이름을 경외하는 너희에게는 공의로운 해가 떠올라서 치료하는 광선을 비추리니 너희가 나가서 외양간에서 나온 송아지 같이 뛰리라」(말 4:2)

1906년 4월부터 시작되어 약 3년 반에 걸쳐 전 세계의 이목을 집중시킨 놀라운 치유기적 부흥집회가 미국의 LA 아주사(Azusa) 지역에서 일어났다. 이 부흥집회는 20세기의 뜨거운 성령체험의 현장으로 하나님의 영광이 임한 아주사거리 대 부흥집회라는 역사의 한 페이지를 장식했다. 가축을 길렀던 허름한 보잘 것 없던 창고에서 시작된 이 부흥집회는 하나님의 영광이 집회 장소에 어찌나 강력하게 임했던지 건물 위쪽 상공으로 15m 높이까지 치솟는 성령의 불길이 하늘에서 내려오는 또 다른 불길과 맞닿으면서 놀라운 장관이 펼쳐지기도 했다. 그러나 이 불길은 실제 불이 났던 것이 아니라 쉐키나(Shekinah Glory), 즉 하나님의 영광이 현현하는 현상이었다.

이 부흥 집회를 이끈 인물은 노예의 아들로 태어나 교육을 제대로 받지 못한 흑인 목사 출신인 윌리엄 세이모어(William J. Seymour) 목사였다. 그런 그가 하나님으로부터 기름부음을 받고 아주사 집회에서 회중을 이끄는 설교를 하기 시작했다. 특이했던 점은 부흥회가 시작되기 전에 그가 항상 머리에 나무상자를 뒤집어쓰고 회중석에 앉아 있었다는 점이다. 그는 그런 상태에서 어떤 때는 10분 또는 1시간 이상 기도를 했다고 한다. 세이모어 목사의 말에 의하면 하나님의 명령에 따라 그렇게 했다고 한다. 그는 사람들의 눈에 그런 자신의 모습이 어떻게 비칠지 아랑곳하지 않고 하나님의 말씀에 순종하며 따랐던 것이다. 그런데 나무상자를 머리에 쓴 채 집회에 나타나는 것이 바깥 세상에 알려지게 되자 그의 행동은 이상한 기행으로 비춰지기 시작했다.

게다가 그는 언론의 심한 비판과 조롱을 받아야만 했다. 그가 세상으로부터 조롱과 핍박을 견디지 못한 채 머리에 상자 쓰기를 중단했더니 더 이상 치유의 기적도 일어나지 않았다. 그렇게 한참이 지난 후 다시 하나님의 인도하심을 받게 되었고 상자를 벗고 나서도 하나님이 하라시는 대로 하면 큰 치유역사가 일어났다. 매주 3~4일의 집회 기간 중 하루 두세 명씩 기적적 치유를 경험하는 일이 생겨나면서 3년 반 동안 매주 6~8회의 치유기적이 일어났다.

왜 하나님께서 세이모어 목사에게 남들의 눈에 이상한 모습으로 비춰질 수도 있는 나무상자를 굳이 머리에 쓰도록 명령하셨는가? 하나님께서 세이모어 목사에게 별나게 상자를 머리에 쓰도록 하고 집회 장소에 나타나게 한 의도는 하나님의 또 다른 깊으신 뜻이 있었다. 그것은 얼마나 하나님께서 세심한 생각(앞뒤에서 일어날 상황의 예견)으로 일을 역사하시는가를 보여준다. 하나님은 초자연적인 기적의 치유가 허름한 장소에서 흑인 목사에의해 진행되고 있을 때 앞으로 일어날 수밖에 없는 외부의 도전받는 상황에 대비하여 기가 막힌 전략을 세우셨던 것이다. 그건 믿음이 없는 수많은 세상 사람들로부터 받을 거센 도전(비난과 비방, 조롱과 정죄)이 있을 것임을 미리 아시고 오히려 특정한 방식으로 그를 더 주목 받게 하셨던 것이다. 예견대로 불미스런 사건들이 연이어 터지기 시작했다. 세이모어 목사의 모습이 기이한 행동으로 비춰지면서 세상 사람들은 조롱하고 납득하기 힘든 기행으로 볼 수밖에 없는 그의 행동을 천박하게 받아들였던 것이다. 그들의 눈에는 하나님의 역사가 그렇게 천박한 모습으로 시작되거나 나타나지 않는다는 생각으로 폄하시켰을 것이다.

실제 당시 언론들은 그를 신랄하게 비판하는 논조로 기사화했다. 〈LA 타임스〉는 새로운 광신 집단의 등장으로 광란의 현장이라는 머리기사를 내기도 했다. 뿐만 아니라 전통적 주류 교단들마저 그의 부흥운동을 곱지 않은 시선으로 바라보았다. 더군다나 세이모어 목사의 스승이었던 찰스 펄햄(Charles F. Parham) 목사마저 그를 혹독할 정도로 비판했다. 설교할 때에도 그를 비난하고 방언이 터지는 것을 영적 최면현상이라 하는가 하면 아주사에서 일어나는 일들을 영적 매춘행위로 정죄하기도 했다.

그러나 하나님의 역사는 오히려 그를 세간의 주목을 끌게끔 하여 부흥의 열기를 고조시켜 나갔고 곳곳에서 찾아오는 더 많은 사람들을 치유하여 구원시키는 역 전략을 구사하는 계기로 만들었던 것이다! 온갖 비난이 거세질수록 그의 기도의 부흥역사도 활활 타오르는 불길처럼 그칠 줄 몰랐다. 세이모어 목사가 기도를 할 때마다 하나님의 영광이 강력하게 임했다. 심지어 절단되었던 다리가 그 즉시 현장에서 원래대로 자라나는 초자연적인 기적이 계속 일어났다. 또한 목사의 설교를 독일어, 스페인어 등으로 동시에 듣는 통역 기적도 일어났다.

> 「믿음의 기도는 병든 자를 구원하리니 주께서 그를 일으키시리라」
>
> (약 5:15)

그는 또 〈사도적 믿음〉이란 뉴스 소식지를 발행하기도 했는데, 전 세계에서 수많은 사람들이 이를 보고 몰려와 하나님의 영광과 성령 체험을 하게 되었다. 갖은 혹평의 횡포에도 불구하고 부흥의 열기가 세상 밖으로 퍼져나가 교회 건물의 모든 층에는 몰려든 사람들로 가득 차 부흥의 열기가 어느 정도인지 실감할 수 있었다. [출처: Sid Roth 진행—슈퍼내추럴 TV 토크쇼 출연 토미 웰첼의 증언 외 기타 자료]

미국 아주사 거리 부흥집회에 임한 하나님의 치유역사

「부흥은 하나님의 주권적 선물입니다. 그러나 그 은혜는 아무 곳에서나 임하는 것이 아니라 간절히 사모하는 곳에 임합니다.」 -Jonathan Edwards

미국 아주사 부흥집회 사역자들의 증언에 의하면 2년간 3,000개의 종양과 얼굴에 난 종기가 치유되었고 100명이 넘는 언챙이 사람들이 치유되었다고 한다. 암이 식도를 잠식해서 말 못하는 벙어리가 기도를 한 후 그 즉시 혹이 사라져 말하게 되었고, 35명의 귀머거리 사람들이 현장에서 귀가 뚫려 듣게 되었다. 그런가 하면 눈이 흰자위 없이 검은색으로만 뒤덮인 태어날 때부터 맹인인 여성이 기도를 받고 난 후 눈을 뜨게 되었고, 목이 심하게 굽은 한 살도 되지 않은 아기가 엄마의 품에 안긴 채 굽어 있던 목이 곧게 펴지는 기적도 일어났다. 썩었던 치아가 완전히 치유되고 빠진 부분에 새 치아가 생겨나며 굽은 이빨이 반듯하게 되었다. 또한 손목 위의 큰 사마귀로 인해 집안일을 못할 정도로 고통을 받던 여성이 몇 초 만에 사마귀가 사라지기도 했다. 팔이 부러져 심하게 굽었거나 안짱다리가 2분 만에 즉각적으로 펴지고 뼈가 정상으로 돌아오기도 했다. 기차에 다리를 친 사람이 기도를 받자 부러진 여러 개의 뼈에서 우두둑하는 하는 소리가 나면서 그 즉시 다리가 곧아지고 휠체어에서 일어나는 기적이 일어났다. 그런가 하면 20년 이상을 심한 꼽추로 힘들어하던 여성이 기도를 받자 놀랍게도 곱사등이 펴지며 몇 분 만에 치유되기도 했다. 부부싸움으로 남편이 봉으로 내리쳐 손목이 부러진 여성이 기도를 마친 후 손목을 향해 예수 이름으로 치유될 것을 명령하자 그 자리에서 완전히 나아버렸다. 기계에 손가락이 절단된 한 남자는 랭크포드 형제가 기도를 시작하자 높이 처든 손에서 손가락이 자라나기 시작했고 손톱까지도 생겨났다.

아주사 부흥집회에서 일어난 기적의 치유의 특징은 거의 즉각적으로 회복되었다는 점이다. 현대의술로도 불가능한 것들이 어떻게 현장에서 즉시 고침으로 정상인처럼 회복된다는 것이 가능한 것일까? 나는 이 점에 대해 무척 궁금했는데, 천국을 다녀온 사람들의 간증을 면밀하게 살펴보던 중 그들의 증언에서 공통점을 발견할 수 있었다. 즉 천국에는 각 사람의 해부학적 신체 부분들이 보관된 방이 있다고 하는 말을 각기 다른 사람들로부터 확인하게 되었다. 그들의 말에 의하면 무균실 같이 보이는 방에는 사람의 안구, 손가락, 발가락, 췌장, 간 등 수많은 각종 신체와 장기를 여분으로 보관하고 있어 이 땅에서 필요시에 사람들에게 사용되는 것이란 걸 알게 했다고 한다. 불의의 사고나 선천성 또는 후천성 질병으로 인해 신체의 일부를 잃어버렸을 때를 대비하여 천국에는 개인들의 여분 신체부위를 예비로 보관하고 있는 방이 있다는 놀라운 사실을 하나님께서 알려주신 것이다.

이를 입증하듯 아주사 부흥집회에서 일어난 수많은 기적의 치유 사례 중 가장 놀라웠던 초자연적인 기적의 치유사례는 이것일 것이다. 한번은 직장에서 큰 공작기계를 다루다가 어깨를 포함해 팔이 절단된 남자가 의수를 달고 집회를 찾아왔다. 세이모어 목사가 그 의수를 벗어버리라고 했더니, 그 남자는 목사에게 "작년에 어떤 남자의 다리를 자라나게 하신 것처럼 재미있는 일을 하시려고 하세요?"라고 물었다. 세이모어 목사는 "그렇습니다."라고 대답했다. 잠시 후 그의 어깨에 손을 대고 기도를 하기 시작하자 갑자기 뼈가 튀어나오면서 10cm 정도 자라나기 시작해 그 주위로 살이 붙기 시작했다. 그 기적은 놀랍게도 불과 2~3초 만에 새로운 팔이 자라났다. 그리고 몇 분 후에는 손톱까지도 생겨났다. 그 남자는 그 자리에 서서 엄청난 충격을 받았고 팔을 움직이기 시작하며 다른 손으로 진짜 팔인가를 느껴보기도 했다. 당시 현장에 있었던 사람들에 의하면 기적의 치유과정이 마치 느린 동작의 슬로우 비디오를 보는 것 같았다고 했다. [출처:「아주사 부흥 그 놀라운 간증」, 도서출판 거룩한 진주]

나를 치료하시는 주님,

지금 이 순간 이 영혼이 주님께 부르짖나이다.

내 심정이 괴롭고 이 몸이 아파오니

모든 질병을 내게서 끊어지게 하시고

내가 떠나 없어지기 전에 나의 건강을 회복시키소서.

예수님의 이름으로 기도합니다. 아멘.

하나님의 약병으로 고질적인 질환을 완치시키다

「내 아들아 내 말에 주의하며 내가 말하는 것에 네 귀를 기울이라 그것을 네 눈에서 떠나게 하지 말며 네 마음속에 지키라 그것은 얻는 자에게 생명이 되며 그의 온 육체의 건강이 됨이니라」(잠 4:20-22)

하나님의 말씀은 영적 성장에 필요한 영양분을 제공하기도 하지만 실제로 우리의 감정과 몸까지도 치유하는 능력이 있다. 매 아침마다 하나님의 말씀을 읽는 습관을 들이면 생명의 빛이 영을 감싸 영적 생명력을 강화시킨다. 하나님의 말씀은 곧 생명이기 때문이다. 다음에 소개하는 사례는 매일 식후마다 주님의 말씀을 약처럼 복용하여(1일 식후 3회 기도) 몸에 생겨난 고질적인 악성 피부질환을 말끔히 치유 받은 데릭 프린스 목사의 놀라운 치유 간증이다.

> 「그가 찔림은 우리의 허물 때문이요 그가 상함은 우리의 죄악 때문이라 그가 징계를 받으므로 우리는 평화를 누리고 그가 채찍에 맞으므로 우리는 나음을 받았도다」 (사 53:5)

2차 세계대전이 한창이던 중 영국 의무대 소속의 의무병으로 5년 반 동안 이집트를 시작으로 리비아, 수단에서 복무한 데릭 프린스는 거의 사막에서 군 복무를 지냈다. 그는 강렬한 태양과 모래바람이 부는 사막의 악조건 상황에서 손과 발의 피부가 갈라지는 심각한 악성 피부질환에 걸리게 되었다. 자신의 몸 상태로는 도저히 정상적인 군 생활을 하기가 힘들다고 판단한 그는 일 년 간 군 병원에 입원하는 신세를 지게 되었다.

그런데 치료를 받는 도중 자신과 같은 증세로 입원한 몇 몇 다른 군인들도 있음을 알게 되었다. 그들도 군 병원에서 치료를 받고 있었지만 개선효과가 전혀 나타나지 않았고 치료를 해도 아무 소용이 없었다는 사실을 알았다. 병원의 치료가 아무런 차도를 보이지 않자 치료로 인해 나을 거라는 그의 믿음은 점점 사라져 갔다.

그러던 어느 날 그는 자포자기의 심정으로 혹시 성경 안에 몸의 치유에 관해 해답을 찾을 수 있을까 하는 막연한 생각이 들어 군에 입대할 때 가져온 성경을 읽어나가기 시작했다. 말씀을 읽어 나가던 중 잠언 4장 20-22절의 말씀이 그의 눈을 사로잡았다.

잠언의 말씀은 이렇게 시작된다. "내 아들아 내 말에 주의하며 내가 말하는 것에 네 귀를 기울이라 그것을 네 눈에서 떠나게 하지 말며 네 마음속에 지키라 그것은 얻는 자에게 생명이 되며 그의 온 육체의 건강이 됨이니라." 특히 그의 눈길을 사로잡은 구절은 22절로 "그것은 얻는 자에게 생명이 되며 그의 온 육체의 건강이 됨이니라"는 말씀이었다. 당시 그가 가지고 있던 성경은 킹 제임스 성경으로 주석에는 '건강'이란 단어 대신 '약'이라고도 번역할 수 있다는 설명이 적혀있었다.

그는 그 말씀이 자신의 건강을 회복시켜 줄 '약'을 약속하는 것으로 받아들이고 그 잠언구절을 되풀이 하여 읽곤 했다. 그러면서 "그것은 얻는 자에게"라는 구절을 그냥 지나치지 않고 그 말씀이 단지 읽고 마는 행위에 그치는 것이 아니라 실제 그 이상의 뜻을 가지고 있을 거라는 것을 깨달았다. 그래서 말씀에 따라 행동으로 옮기는 아주 순진한 방법을 택하기로 하는데, 그 방법이란 하나님의 말씀을 '약'처럼 매일 복용해보자는 결정이었다. 하루 세 번의 식사를 마칠 때마다 잠언 4장 20-22절을 기도문과 함께 간절한 마음으로 매일 식후 기도를 하기 시작했다. 그의 기도문은 다음과 같았다.

"하나님, 당신의 말씀이 내 온 육신에 약이 될 것이라고 하셨으니 이제 저는 예수님의 이름으로 당신의 말씀을 약으로 복용합니다. 아멘"

그렇게 몇 개월이 지나자 놀랍게도 그의 고질적인 악성 피부질환이 하나님의 약(잠언 구절) 복용과 기도로 기적적으로 완치되어 정상적인 몸으로 회복되었다. 그는 자신의 완치된 치유 경험을 증거로 남기기 위해 테이프에 녹음해 두었는데, 이후 어느 해 파키스탄에서 온 한 크리스천 청년을 만나게 되었다. 그 청년은 자신이 20년 동안 습진으로 고생하고 있다고 말했다. 그래서 그가 녹음해둔 테이프의 내용을 들려주자 청년은 그의 방법대로 따라 해보기로 결심을 했다. 그러자 며칠이 지난 후 완전히 나아버렸다는 놀라운 연락을 받게 되었다.

바로 이 기적 같은 말씀에 의한 치유간증을 《하나님의 약병》(복의 근원)이란 한 권의 책으로 엮어낸 사람이 데릭 프린스(Derek Prince) 목사이다. 그가 목회자의 길을 걷게 된 결정적인 계기는 1941년 7월 어느 날 밤에 일어났다. 군에 입대 후 영국 요크셔에 있는 군 막사 안에서 성경을 창세기부터 읽어 나가던 그는 욥기를 읽던 무렵 예수님을 만나는 초자연적인 체험을 하게 된 것이다. 그는 이 체험을 통해 두 가지 결론을 내렸는데, 첫째는 예수 그리스도가 살아 계시다는 것이고, 둘째는 성경은 진실이며 현대인의 삶과 밀접한 관계가 있는 책이라는 점이다.

2003년도에 타계한 데릭 프린스 목사는 영국 캠브리지대학의 철학교수직을 역임한 20세기의 뛰어난 성경해설가로서 일생을 성경을 연구하고 분명하고도 쉽게 해석하고 가르치는 사역에 헌신했다. 50여 권이 넘는 그의 저서들은 100여 개 언어로 번역되어 출간되었다. 미국에 국제본부를 두고 있는 데릭 프린스 선교회는 한국, 호주, 독일, 뉴질랜드, 캐나다, 싱가포르, 남아프리카공화국, 네덜란드, 영국, 중국, 프랑스, 노르웨이, 러시아, 스위스 등지에 지부를 두고 있다. (데릭 프린스 목사님의 놀라운 치유기적의 간증을 이 책에 실을 수 있도록 허락해주신 조철환 한국지부 선교사님께 진심으로 감사의 말씀을 전한다.)

이 놀라운 치유간증 사례에서 얻는 교훈은 하나님의 말씀이 단순히 기록된 성경책으로 남아있는 것이 아니라 그분의 말씀이 생생하게 살아 움직이는 생명력을 가지고 있다는 사실이다.

데릭 프린스 목사의 치유 사례에서 보듯이 하나님의 말씀은 균형이 깨진 생명을 회복시켜준다. 그것은 얻는 자에게 생명이 된다고 말씀하셨다. '얻는 자'란 우리가 치료약을 복용하듯 그분의 말씀(잠 4:20-22)을 매일 눈으로 읽고 소리 내어 듣게 되면(보고 듣기가 동시에 이루어짐) 심령 안에 말씀이 심어져 온 육신에 건강을 주는 특효약처럼 몸 안에서 치유효과가 일어난다는 것이다.

「주여 나를 용서하사 내가 떠나 없어지기 전에 나의 건강을 회복시키소서」 (시 39:13)

잠언의 말씀대로 하나님은 다섯 가지를 우리에게 전하신다! 내 말에 주의하며(마음에 말씀을 새겨두며), 네 귀를 기울이고(말씀과 음성을 듣기에 힘쓰고), 네 눈에서 떠나게 하지 말며(말씀에 시선을 고정시키며), 네 마음속에 지키라(심령 안에 말씀의 뿌리를 내리라), 그것은 얻는 자에게(지속적으로 행하는 자에게) 생명이 되며 건강(또는 약)이 된다고 하신 것이다.

나의 생명이 되시는 주님,

그가 채찍에 맞으므로 저희가 나음을 받은 것처럼

주의 말씀을 얻는 자로서 말씀을 약으로 복용하오니

나의 온 육체의 건강이 회복됨을 믿습니다.

예수님의 이름으로 기도합니다. 아멘.

내가 너를 치유하였으니 일어나서 걸어라

랜디 클락(Randy Clark) 목사는 18살 때 끔찍한 교통사고를 당해 큰 부상을 입었고, 옆에 있던 절친한 친구는 이미 죽은 상태였다. 77일간 입원해 있던 중 그는 척추에 심한 손상을 입어 온 몸이 마비상태였고 턱이 부서져 있었으며 뇌진탕 증세까지 보였다. 그러던 어느 날 아침 그가 깨어보니 아무런 고통이 없었고 마음 안에서 들려오는 "내가 너를 치유하였으니 일어나서 걸어라!"라는 하나님의 음성을 듣게 되었다. 그리곤 병원 침대에서 일어나 걷게 되자 의사와 간호사들은 움직일 수 없는 환자가 걷는 것을 보고 깜짝 놀라며 걷는 것을 만류하는 일까지 벌어지기도 했다.

이렇듯 하나님의 치유 손길이 임하면 완전한 회복이 기적적인 방법으로 일어난다. 그는 자신의 치유기적은 부인할 수 없는 실재라고 말하면서 자신이 침례신학대학을 다닐 때 강의를 듣던 중에 주님으로부터 다음과 같은 음성이 들려왔다고 한다. "내가 오늘날에도 교회에서 치유한다는 것을 네가 가르쳤으면 한다. 그리고 교회에서 치유집회를 하길 바란다. 난 네가 다르게 설교하길 원한단다. 너희 것은 적고 나의 것으로 가득한 설교 말이다." 랜디 클락 목사는 말하기를 침례신학대학을 다닐 때 그를 가르치던 교수로부터 초자연적인 역사들을 부정하는 가르침을 받았다고 한다. 그러나 이미 교통사고의 부상으로부터 치유기적을 체험한 그는 치유에 대한 믿음을 결코 버리지 못했다.

> 우리들의 삶에 함께 하시는 주님,
> 지금 하나님의 치유하심을 내가 간절히 원합니다.
> 주의 임재하심과 영광으로 내 몸이
> 예수님의 이름으로 치유되길 갈급하게 기도합니다.
> 예수님의 이름으로 기도합니다. 아멘.

아들아, 네 목숨을 구걸할 의향이 있느냐

다음에 소개하는 이야기는 이안 맥코맥(Ian McCormack)이 바다 속에서 일어난 갑작스런 사고로 인해 사경을 헤매는 과정에서 극적으로 예수님을 만난 후 다시 현실로 살아 돌아온 그의 생생한 체험담의 증언이다. 그는 자신이 겪은 놀라운 기적적인 체험을 영상으로 담아 간증했는데, 그의 이야기는 바다 속을 다이빙하면서 일어난 한 사건으로부터 시작된다.

"정말 눈부신 밤이었습니다. 우리가 탄 배는 산호초 부근에 도착했고 곧

바로 다이빙을 시작했습니다. 그리고 바다 가재를 잡았습니다. 주위는 어두웠고 구름이 몰려와 달빛도 없었습니다. 야간 다이빙을 할 때에는 보통 수중 플래시를 가지고 가는데 바다 가재나 게에 빛을 비추면 눈이 멀게 되어 그냥 잡을 수 있었습니다. 그런데 다이빙을 하는 동안 갑자기 내 주변에 긴 촉수가 달린 투명한 해파리가 나타났습니다. 처음엔 투명한 오징어인 줄 알았죠. 나는 만져보기 위해 무심코 손을 뻗었습니다. 그때는 그 해파리가 매우 치명적인 독을 가지고 있다는 사실을 몰랐습니다. 무언가가 팔을 쏘았습니다. 순간 팔이 수천 볼트의 전기에 감전된 것 같았고 엄청난 충격이 가해졌습니다. 수면위로 올라오는 사이에 더 많은 해파리에 쏘였습니다. 마비된 오른쪽 팔을 물속에 넣었을 때 또 한 번 쏘였습니다. 고통을 느끼면서 문득 내가 저지른 죄에 대한 벌을 받고 있다는 생각이 들었습니다. 곧이어 내가 지금까지 저지른 죄에 대한 기억이 밀물처럼 몰려왔습니다. 그리고 죄에 대한 대가든 뭐든 내가 죽어가고 있다는 생각이 들었습니다. 정신을 집중하기로 했습니다. 독이 신장을 지나 몸 우측으로 퍼지는 것을 느꼈습니다.

내가 해변에 도착했을 때 한 아이가 일어서라고 했습니다. 몸을 일으켜 배에서 내릴 때 이미 몸의 오른쪽이 완전히 마비된 것을 알았습니다. 그 아이는 나를 일으켜 세운 후 온 힘을 다해 나를 모래사장에 내려놓았습니다. 난 그냥 모래위에 누워 있었습니다. 점점 힘이 빠져나가는 것을 느끼고 눈이 감기기 시작했습니다. 눈을 감으려고 할 때 누군가가 내게 말했습니다. '아들아 지금 눈을 감으면 영영 깨어나지 못할 거야! 잠들면 안 돼!'하는 목소리가 오른쪽에서 들려와 보았지만 그쪽에는 아무도 없었습니다. 하지만 분명히 어떤 남자의 음성을 들었습니다. 나는 공인 인명 구조원이기 때문에 혼수상태에 빠지면 죽는다는 것을 잘 알고 있었습니다. 그런데 누군가가 내가 혼수상태에 빠지는 것을 막으려고 말을 걸었던 겁니다. 몸을 일으킨 후 죽음과 맞서기 위해 몸부림을 쳤습니다. 다행히 왼쪽다리는 힘을 지탱할 수 있었습니다. 오른발을 목발처럼 이용해 절룩거리며 걸었습니다."

그가 겨우 어느 마을로 들어갔을 때 길거리에 서서 얘기를 나누고 있던 두 명의 사람에게 도움을 청했지만 그들은 그가 다리를 절룩거리며 걷는 모습을 보고 술에 취한 사람으로 착각해 거들떠도 보지도 않았다. 잠시 후 택시에서 한 사람이 내렸고 그들과 만나 어디론가 사라졌다. 그의 간곡한 요청에도 무시하고 그 사람들이 사라진 후, 그에게 또 다시 조금 전의 그 목소리가 들려왔다. '아들아, 네 목숨을 구걸할 의향이 있느냐?'라고.

그는 간신히 택시를 잡아탄 후 운전사에게 가까스로 도움을 청해 병원으로 가자고 했다. 하지만 택시기사는 그가 묵고 있는 호텔 앞에 차를 세워주고 내동댕이쳐졌다. 그가 누워 있었을 때 친구 다니엘의 목소리가 들려왔다. 다니엘은 이안을 안고 호텔로 들어갔다. 그리고 그는 이안을 내려놓고 구급차를 부르러 갔다. 거기엔 중국인들이 모여 위스키를 마시며 마작게임을 하고 있었다. 그 사람들 중 한 사람이 그에게 다가오더니 팔에 쏘인 자국을 보고 마약중독자인 줄 알았다. 그가 차로 병원에 데려다 달라고 하자 그냥 구급차를 기다리라고 말했다. 그는 마음 안에서 끓어오르는 분노를 참아가며 여기서 살아나면 가만두지 않겠다고 다짐했다. 참을 수 없는 화를 억누르고 있을 때 놀랍게도 다니엘과 구급차가 주차장으로 들어오는 것이 보였다. 병원으로 가는 동안 그는 구급차 안에서 머리가 흰 작은 소년을 보았다. 다시 그가 전하는 당시 상황을 이어서 들어보기로 하자.

"나는 그 소년이 살아온 과거의 일부를 보고 있었습니다. 그리고 곧 그 소년이 바로 나 자신이라는 것을 깨닫게 되었죠. 내가 살아온 과거의 모습을 본 것입니다. 정신을 가다듬어 생각을 해보았고 내가 곧 죽게 될 거라는 사실을 알게 되었죠. 죽음이 임박했고 내가 살아날 가망이 없다는 사실을 직감했습니다. 모든 걸 포기하고 있을 때 어머니의 모습이 선명히 보이기 시작했습니다. 어머니가 말하시길 '이안, 네가 얼마나 많은 죄를 지었든, 네가 신으로부터 얼마나 멀리 있든지 마음으로부터 신을 부르면 신께서 들어 주실 거야. 그리고 네 죄를 용서해 주실 거야.'라고 말이죠.

나는 신이 있다면 어떤 신을 말씀하시는 건가라는 의문이 들었습니다. 나는 지금까지 여러 나라를 돌아다니면서 수많은 신들을 보았습니다. 나는 마음속으로 외쳤습니다. '신이여, 당신이 실제로 있다면 얼굴을 보여 주세요.' 그러나 어떤 신의 모습도 나타나지 않았습니다. 또 다시 어머니가 나타나셨습니다. '이안, 간절한 마음으로 기도해 보거라.' 그래서 나는 '하나님, 살아 계시다면 나의 기도를 인도해주소서. 어떤 기도라도, 어떤 기도라도 좋으니, 내가 들어본 어떤 기도라도. 주기도문을 기억하게 해 주소서.' 그렇게 말했을 때 눈앞에 글자들이 나타나기 시작했습니다. '우리의 죄를 사하여 주옵소서.' 그동안 내가 너무나 많은 죄를 지었는데 하나님께서 나를 용서하실 수 있을까? 하고 생각했습니다. '하나님, 살아계시고 제 기도를 들으신다면 저의 죄를 사하여 주옵소서.'

「주의 얼굴을 내 죄에서 돌이키시고 내 모든 죄악을 지워주소서」

(시 51:9)

그러자 더 많은 글자가 나타났습니다. '너에게 죄 지은 자를 용서할지어다.' 나는 그러겠다고 대답했습니다. 나는 '하나님, 누가 어떤 죄를 지었든 간에 저는 용서할 수 있습니다.'라고 말했습니다. 그러자 눈앞에 나를 내동댕이친 택시기사의 얼굴이 나타났습니다. 이 친구가 왜 나타났을까? 하고 의아했습니다. 주님의 음성이 들리길 '오늘 밤 다 죽어가는 너를 길가에 버리고 간 이 사람을 용서할 수 있느냐?' 난 대답했습니다. '안 됩니다. 절대 용서할 수 없습니다. 이 친구는 절대 용서할 수 없습니다.' 곧 이어 호텔에 있었던 중국인의 얼굴이 나타났습니다. '이 자식은 또 왜 나타났어?'하고 생각했습니다. '병원으로 데려가 달라고 애원했던 너를 외면한 이 사람을 용서할 수 있겠느냐?'하고 물었습니다. 나는 또 안 된다고 했습니다. 두 사람의 얼굴을 보면서 도대체 무슨 일이 벌어지고 있는 것인가 하고 생각했습니다. 이건 통상적인 기도가 아니라 내가 하나님과 직접 대화하고 있다는 생각이 들었습니다. 이 음성은 내 기도에 대한 하나님의 응답이라고 생각했습니다. '하나님, 저의 죄를 사하여 주신다면 저도 이 두 사람의 죄를 용서하겠습니다.'라고 말하자 두 사람의 얼굴이 즉시 사라졌습니다. '뜻이 하늘에서 이루어진 것 같이 땅에서도 이루어지이다'라는 글자가 나타났습니다. '뜻이 이루어진다고요? 어떤 뜻을 말씀하시는 건가요?' '하나님의 뜻이 무엇인가요?'하고 물었습니다. '이 고통으로부터 저를 구원해 주신다면 평생 하나님의 뜻대로 살겠습니다.' 그렇게 대답하자 눈앞에 주기도문 전문이 나타났습니다.

그리고 내 평생 처음 계시록을 보게 되었죠. '천국이 가까이 왔노라. 뜻이 이루어지리니.' 그리고 내 마음엔 평온이 찾아왔습니다. 그리고 그 기도로 내 마음 깊은 곳에서부터 지금까지의 내가 새롭게 변하는 경험을 했습니다.

나는 서서히 죽어가는 것을 느꼈습니다. 매우 두려운 순간이었습니다. 하지만 주변의 소리는 다 들을 수 있었습니다. 의사와 간호사의 대화는 들렸지만 도저히 눈을 뜨고 있기가 어려웠습니다. 잠시만 눈을 붙였다가 다시 뜨기로 마음을 먹었죠. 눈을 감은 기억은 있었죠. 눈을 감았을 때 뭔가에서 해방되는 느낌을 받았습니다.

「그가 몸 안에 있었는지 몸 밖에 있었는지 나는 모르거니와 하나님은 아시니라」(고후 12:2)

생과 사의 힘겨운 싸움이 끝난 것입니다. 갑자기 똑바로 서있는 내 모습을 발견했습니다. 한 가지 이상한 점은 불빛 한 점 없었다는 것입니다. 나는 속으로 왜 병실의 불이 꺼져 있을까? 하고 물었습니다. 그러면서 불이 꺼져 있는 동안 내가 얼마동안 잠들었을까 하고 생각했습니다. 곧 어둠에 익숙해지면 주변이 보일 거라고 생각했습니다. 그래서 여기저기 둘러보았지만 아무것도 보이지 않았습니다. 암실처럼 완전한 암흑이었죠. 몸을 이리저리 돌려 전등 스위치가 있는 곳을 찾아보았습니다. 아무것도 보이지 않았고 오른쪽을 더듬어보았지만 벽도 없었습니다. 이상하다, 나를 다른 곳으로 옮겼나? 그리고 내가 누워있던 침대를 확인하기 위해 왼쪽을 살펴보았는데 침대도 없었습니다. 침대를 찾기 위해 더듬거리다가 문득 내 손도 보이지 않는다는 것을 알게 되었습니다. 그래서 얼굴의 위치가 있는 곳으로 손을 움직였지만 그대로 통과했습니다. 마치 얼굴이 없는 것처럼 말이죠. 나는 분명히 살아있었지만 투명 인간이 된 것처럼 아무런 형태도 없었습니다.

그리고 곧 내 오른쪽에 누군가가 나를 노려보고 있다는 것을 직감했습니다. 내 앞에서 보이지 않는 누군가가 나를 주시하고 있었습니다. 알고 보니 그 암흑 속은 차갑고 무서운 사탄이 지배하는 공간이었습니다. 나는 그제야 실제로 지옥에 와 있다는 것을 깨달았습니다. 순간 어둠을 뚫고 머리 위에서 밝은 빛이 쏟아져 내렸습니다. 빛이 내 얼굴에 닿는 순간 강한 힘이 내 몸을 감쌌고 내 몸은 빛을 향해 들어 올려졌습니다. 빛에 이끌려 위로 올라가면서 내 몸이 둥그런 빛을 향해 가고 있다는 것을 느꼈습니다. 내 몸은 마치 먼지가 빛에 이끌려 위로 올라가는 듯 했습니다. 위로 올라가면서 '이게 꿈인가 생시인가?'하고 생각했습니다. 고개를 돌려 아래를 보니 저 아래에 내가 있던 암흑이 보였습니다.

빛의 정체도 모른 채 계속 올라가 빛의 입구를 통과해 위로 올라갔습니다. 그제야 내가 빛의 터널을 들어섰다는 사실을 깨달았습니다. 빛의 터널을 따라 위로 고개를 돌렸을 때 빛이 쏟아지는 곳을 볼 수 있었습니다. 처음에는 그곳이 우주의 중심이라고 생각했습니다. 빛에서 전해오는 엄청난 힘이 느껴져 빛을 향해 움직이면서 그 빛이 쏟아지는 중심을 보았습니다. 그곳에서 쏟아지는 빛이 내 몸에 닿았을 때 따뜻함과 무한한 평안함을 느꼈습니다. 암흑 속에서 느꼈던 공포와 두려움이 단번에 사라져 버렸습니다. 그리고 생명의 빛이 내 몸을 감싸고 있는 것을 느꼈습니다. 마치 하얀 불과 같은 빛이 중심에서 쏟아지고 있었습니다. 정말 형언할 수 없는 아름다운 빛이었습니다.

잠시 후 빛의 중심에서 목소리가 들려왔습니다. 그 목소리는 앰뷸런스에서 나에게 죄 지은 자를 용서하겠느냐고 물었던 바로 그 목소리였습니다. 그리고 그분은 나에게 '돌아가고 싶냐?'고 물었습니다. 만약 돌아가고 싶다면 '하나님의 시각으로 세상을 보아야 한다.'고 말씀하셨습니다. 눈앞에 문장이 나타났습니다. '하나님은 빛이시라 그 안에는 어둠이 없을지니.' 하나님은 빛이다, 그렇다면 저 분이 하나님일까? 하고 생각했습니다. 그리고 여기에는 어떤 어둠도 없고 방금 전 암흑에서 왔는데 저 분이 누구인지는 모르지만 암흑과는 완전히 분리되어 계시고 여기에는 어떤 그림자도 어떤 악마도 없고 단지 순결한 하얀 빛만이 있고, 이 분은 내 이름도 알고 계시고 내 앞에 계신 분이니 하나님이 아닐까? 만일 하나님이라면 이 분은 완전히 발가벗겨진 내 영혼을 보실 수 있을 거라고 생각했습니다. 그분 앞에서는 아무것도 숨길 수 없었습니다.

나는 뒷걸음질 치기 시작했습니다. 내가 암흑 쪽으로 뒷걸음질 쳤을 때 그분에게서 빛이 내게 쏟아졌습니다. 나는 그 빛이 나를 다시 암흑 쪽으로 밀어버릴 줄 알았습니다. 그러나 그분에게서 나온 빛은 그대로 내 몸을 관통했습니다. 그것은 사랑이었습니다. 하나님의 사랑은 주체할 수 없는 감동을 일으켰습니다. 그리고 하나님의 영접을 느꼈습니다. '하나님 나는 당신의 사랑을 받을 자격이 없습니다.'라고 말했습니다. '저는 당신을 저주하기도 했습니다. 저는 너무나 많은 죄악을 저질렀습니다.' 그런데 더 많은 사랑을 쏟아 부으셨습니다. 하나님의 사랑을 받을수록 그동안의 타락했던 쾌락에 대해 회개를 하게 되었습니다.

빛이 열리면서 하나님의 발이 보였습니다. 눈부신 옷이 그분의 발을 감싸고 있었는데, 그 옷은 천으로 만든 것이 아니라 빛으로 이루어진 것이었습니다. 얼굴을 돌려 시선을 그분의 가슴으로 옮겨보았습니다. 눈부신 빛으로 이루어진 옷 속에서 그분의 팔이 저를 환영하고 있었습니다. 그분을 보면서 내가 하나님을 만나고 있다는 사실을 깨달았습니다. 그분의 모습은 정말로, 말로 표현하기 힘든 누구도 이러한 하나님의 모습을 상상하는 것은 불가능할 것입니다. 저는 너무나 큰 감격에 빠진 채로 그냥 서 있을 수밖에 없었습니다. 그분의 머리를 보았을 때 그분의 머리카락은 하얀 빛을 뿜어내고 있었습니다. 그분의 얼굴은 태양처럼 밝은 광채를 띄고 있었습니다. 너무 밝은 빛 때문에 그분의 얼굴 윤곽을 자세히 보기가 어려웠습니다. 그분의 얼굴에서 뿜어져 나오는 빛은 내가 본 어떤 빛보다도 7~10배나 밝았습니다. 나는 하나님에게 다가가기 시작했습니다. 하나님의 얼굴을 보고 싶었습니다. 하나님이 누구인지를 알고 싶었습니다.

하나님에게 가까이 다가가 내 얼굴을 빛 속으로 넣어보았습니다. 밝은 빛을 보고 있었지만 눈은 매우 편안했습니다. 조금 더 다가가 하나님의 얼굴을 확인하려 할 때 하나님께서 옆으로 비켜섰습니다. 그리고 하나님의 옆으로 천국을 볼 수 있는 창문과 같은 원형의 구멍이 나타났습니다. 그 안을 들여다보자 내 눈앞에 완전히 새로운 지구의 모습이 보였습니다. 나는 천국으로 통하는 문 앞에 서서 천국의 모습을 보고 있었습니다. 그곳에는 지구와 같이 빛과 생명이 넘쳐나는 풀밭이 있었습니다. 아름다운 초원에는 꽃이 만개해 있었고 밟고 지나가도 상하지 않는다는 것을 알았습니다. 천국을 가득 채운 생명들의 색깔과 에너지는 내게 말로 표현할 수 없는 감동을 주었습니다. 그곳에는 수정같이 맑은 강이 있었고 강둑에는 나무가 있었고 왼쪽에는 언덕이 있었습니다. 오른쪽에는 산들이 멀리 있었고 수정같이 맑은 푸른 하늘이 보였습니다. 천국을 보면서 내가 있어야 할 곳이 여기라는 사실을 알게 되었습니다. 하나님이 나를 만드셨다는 사실을 마치 이전부터 알고 있었던 것처럼 말이죠. 그래서 왜 처음부터 이곳에 태어나지 않았을까? 하고 생각했습니다. 천국을 찾기 위해 온 세상을 돌아다녔지만 그 천국은 바로 내 앞에 있었습니다. 이제야 집에 왔다고 생각했습니다. 천국으로 들어가려고 할 때 하나님께서 다시 모습을 나타내시고 천국의 문을 닫았습니다.

> 「그가 낙원으로 이끌려가서 말로 표현할 수 없는 말을 들었으니 사람이 가히 이르지 못할 말이로다」 (고후 12:4)

하나님께서 '천국으로 들어가길 원하느냐 아니면 돌아가길 원하느냐' 하고 물으셨습니다. '하나님 저는 결혼도 하지 않았습니다. 돌봐야 할 아이들도 없습니다. 굳이 돌아가야 할 이유가 없습니다. 돌아가고 싶지 않습니다.' 뒤를 돌아다보니 하나님께서 나를 정말 사랑했던 사람을 보여주셨습니다. 바로 어머니였습니다. 내 뒤에 서 계셨습니다. 나는 눈물을 흘렸습니다. 나는 하나님께 거짓말을 했으며 나를 정말 사랑하는 사람이 있다는 것을 깨달았습니다. 내가 이대로 천국에 들어간다면 어머니께서 내 기도를 통해 죄를 회개했다는 것과 생명을 하나님께 바쳤으며 하나님께서 나를 천국으로 부르셨다는 것을 모르실 거야, 어머니는 내가 지옥에 떨어졌을 거라고 생각하실 거야, 어머니는 큰 충격을 받으실 거고 자식을 잃은 고통을 겪으실 것이야. 자식이 지옥에 갔을 거라고 생각하면 어머니를 두고 천국에 들어갈 수 없었습니다. 그래서 '돌아가겠습니다.' 말하자 나는 곧 병원에 있던 내 몸으로 돌아왔습니다.

하나님이 내 생각을 가로막고는 말씀하셨습니다. '아들아, 네게 새 생명을 주었느니라.' 방금 하나님을 뵈었는데 어떻게 된 일일까? 갑자기 놀라운 힘이 전기가 흐르듯 내 몸을 지나가는 것을 느꼈습니다. 그리고 다시 온 몸의 감각이 되돌아왔습니다. 몇 시간이 지난 후 내 몸은 완전히 치유되었습니다. '주여 저는 이제 누구입니까?'라고 물었습니다. 하나님께서는'너는 다시 태어난 크리스천이다!'라고 대답하셨습니다. 하나님께서는 내가 회개를 통해 죄 사함을 받았고, 예수님이 십자가에 못 박혀 죽으심으로 나의 모든 죄가 깨끗함을 받았다고 말씀하셨습니다. 흰 눈처럼 깨끗하게 죄 사함을 받은 후 하나님을 만난 것입니다.

베드로후서 3장 13절 말씀과 같이 하나님은 우리를 위해 새 땅과 새 하늘을 준비하셨습니다. 하나님은 모든 육신은 사라질 것이라고 말씀하셨습니다. 하나님이 계신 천국으로 가기 위해서는 몸을 떠나야 합니다. 그럼 죽음은 어떻게 극복 하냐고요? 예수님이 죽음에서 부활함으로써 우리는 더 이상 죽음을 두려워하지 않아도 됩니다.

모든 죄를 하나님께 자복하고 회개한다면 하나님은 우리를 천국으로 부르실 겁니다. 그곳에는 생명의 강이 흐르며 그 물을 마시는 사람들은 모두 영생을 누리게 됩니다."(출처: 유튜브 간증 영상)

나의 주님이시여,

예수 그리스도의 이름으로 치유의 권능과

영광의 능력이 성령의 전이를 통하여

내 몸이 즉각적으로 치유되기 시작함을 선포합니다.

예수님의 이름으로 기도합니다. 아멘.

신유 선포 기도문

『전능하신 하나님 아버지,

하나님은 저희를 치료하는 여호와이십니다.

죄지은 나를 용서하사 내가 이 세상에서 없어지기 전에

나의 건강을 회복시켜 주시길 간절히 원합니다.

기도하는 나의 간구가 주의 전에 이르게 하시고

그가 채쩍에 맞으므로 저희가 나음을 받은 것처럼

병든 자에게 주님의 손을 얹은즉

그 즉시 나음을 받게 됨을 믿습니다.

기도드리는 이 순간 성령님의 임재 안에서

말씀으로 치유 받는 역사가 일어나게 하소서.

나사렛 예수의 이름으로 명령하노니 내 몸 안의 질병을

일으키는 악한 영은 물러갈지어다.

예수의 이름으로 손상된 세포와 조직들이 재생되고

온전케 될지어다.

하나님의 생기로 충만하여

하나님의 지은바대로 원상회복될지어다.

예수님의 이름으로 기도 드립니다. 아멘.』

「네가 만일 네 입으로 예수를 주로 시인하며 또 하나님께서 그를 죽

은 자 가운데서 살리신 것을 네 마음에 믿으면 구원을 받으리라」 (롬

10:9)

맺음말

「내 인생에 가장 위대한 만남은 삶의 광야에서 나를 건져주신 하나님과의 만남이었으며, 내 인생에 가장 후회스러웠던 것은 하나님을 좀 더 일찍 만나지 못했다는 사실이다.」

-SEO J H

하나님과의 독대

2018년 10월 25일 초판발행
지은이 | 서종한
발행인 | 김수곤
발행처 | 도서출판 선교햇불(ccm2u)
　　　　전화 : (02)2203-2739
　　　　팩스 : (02)2203-2738
등록일 | 1999년 9월 21일 제 54호
등록처 | 서울 송파구 백제고분로 27길 12(삼전동)
이메일 | ccm2you@gmail.com
홈페이지 | www.ccm2u.com

ISBN 978-89-5546-411-6 03230